高质量交付

SOONER SAFER HAPPIER

ANTIPATTERNS AND PATTERNS
FOR BUSINESS AGILITY

数智时代业务敏捷新思路

[英] 乔纳森·斯马特 (JONATHAN SMART)

[匈牙利] 若尔特·贝伦德 (ZSOLT BEREND)

[英] 迈尔斯·奥格尔维 (MYLES OGILVIE)

[英] 西蒙·罗勒 (SIMON ROHRER)　　　著

赵倩　　　　　　　　译

中国科学技术出版社

·北 京·

北京市版权局著作权合同登记 图字：01-2024- 3665。

图书在版编目（CIP）数据

高质量交付：数智时代业务敏捷新思路 /（英）乔
纳森·斯马特等著；赵倩译 . — 北京：中国科学技术
出版社，2024.8
书名原文：Sooner Safer Happier: Antipatterns
and Patterns for Business Agility
ISBN 978-7-5236-0678-0

Ⅰ . ①高… Ⅱ . ①乔… ②赵… Ⅲ . ①企业管理—数
字化—研究 Ⅳ . ① F272.7

中国国家版本馆 CIP 数据核字（2024）第 088285 号

策划编辑	杜凡如　王绍华	执行策划	王绍华
责任编辑	童媛媛	执行编辑	何　涛
封面设计	东合社	版式设计	蚂蚁设计
责任校对	张晓莉	责任印制	李晓霖

出　　版	中国科学技术出版社
发　　行	中国科学技术出版社有限公司
地　　址	北京市海淀区中关村南大街 16 号
邮　　编	100081
发行电话	010-62173865
传　　真	010-62173081
网　　址	http://www.cspbooks.com.cn

开　　本	710mm×1000mm　1/16
字　　数	325 千字
印　　张	22.75
版　　次	2024 年 8 月第 1 版
印　　次	2024 年 8 月第 1 次印刷
印　　刷	北京盛通印刷股份有限公司
书　　号	ISBN 978-7-5236-0678-0 / F·1246
定　　价	118.00 元

赏　评

本书抓住了许多领导者错失的要点——转型本身并不是我们追求的目标，而是优化业务结果的工具。对于希望运营一个真正的敏捷组织的领导者来说，本书提供了一份重要指南。为此，斯马特、贝伦德、奥格尔维与罗勒倾尽全力。他们解决了领导力、文化障碍和反面模式等问题，这些问题是众多组织的障碍，令它们在当今复杂的环境中难以发挥潜力。四位作者为我们提供了具体的方法，这些方法能够立竿见影地推动业务成果，并帮助组织建立相应的文化，加强长期的持续改进。对于任何希望在数字时代取得成功的商业领袖来说，本书都应成为他们的必读书目。

——戴维·西尔弗曼（David Silverman），

克劳力达（CrossLead）首席执行官，著有代表作《赋能》

在助人成功方面，乔纳森成绩斐然……这些故事来之不易、实用且真实。阅读本书，你将收获众多具有实操性的方法和全新的视角，帮助你与你的组织找到变革之路，实现更快、更安全、更令人满意地交付更高质量的价值。

——巴里·奥雷里（Barry O'Reilly），

商业顾问、企业家，著有代表作《扬弃》《精益企业》

能够读到一本没有将敏捷当成"万金油"的书，这真令人高兴。本书提供了组织应用（或不应用）敏捷的实用方法。理论全面，实践方法丰富。郑重推荐大家阅读。

——戴夫·斯诺登（Dave Snowden），

Cognitive Edge 首席科学官，Cynefin 框架的提出者

乔纳森·斯马特在商业和技术领导力上的影响力是当之无愧的。他的 BVSSH 哲学很快就被许多组织采纳，足以证明他的论点有效、具有说服力且合乎逻辑。我认为本书将成为各组织学习的重要文本。他与另外三位作者简明扼要地总结了众多观察结论与经验教训，并以通俗易懂的方式呈现出来，这是近几十年来的同类著作都未能做到的事。

——吉恩·金（Gene Kim），研究员，作为首席技术官多次获奖，

著有畅销书《独角兽项目》《凤凰项目》

多希望几年前，开始尝试在巴克莱银行内部审计部门改进工作方式时，我能有幸读到本书……这本书不仅是一本了不起的操作手册，能够为你的工作提供帮助，还是一部了不起的著作！

——莎莉·克拉克（Sally Clark），

企业行政教练、非执行董事、战略顾问和敏捷专家

本书囊括了有关业务敏捷的内容。乔纳森是帮助你实现业务敏捷的好伙伴。坦白说，经过与他的合作，如果你能在五年内取得任何重大进展，都需要归功于他。本书内容非常引人入胜。

——帕特里克·埃尔特里奇（Patrick Eltridge），

就职于澳大利亚 SEEK 公司、西太平洋银行、

澳电讯公司、苏格兰皇家银行、全英房屋抵押贷款协会

很多书介绍了优秀公司在追求成功的过程中做了什么。他们经常告诉你应该做什么。本指导书针对如何通过吸引客户、同事、领导者和重要的董事会参与，从而更快、更安全、更令人满意地交付更高质量的价值，是一本宝

贵的指南手册!

——**迈克尔·哈特**（Michael Harte），研究员、顾问、投资者、董事、首席运营官/首席信息官，曾就职于西班牙国际银行有限公司、巴克莱银行、澳大利亚联邦银行、PNC金融服务集团、花旗银行、恒天然集团

在当今企业界，我们曾多少次听到敏捷这个词被滥用？乔纳森的这部杰出著作为我们提供了一个非常实用的指南，告诉我们如何在一个日益数字化、混乱和充满挑战的世界中拥抱敏捷。在这个世界里，交付成果的道路充满了不确定性。

——**伊恩·布坎南**（Ian Buchanan），独立董事兼顾问，曾任巴克莱银行首席信息官、法国兴业银行首席信息官、野村银行首席运营官

关于组织敏捷的研究卷帙浩繁，但鲜少有著作能像本书一样全面且发人深省。乔纳森在敏捷运动的前线工作了近三十年，他近乎完美地将自己的直接经验与组织变革理论相结合。如果你想改进组织的工作方式，一定不要错过本书!

——**朱利安·伯金肖**（Julian Birkinshaw），伦敦商学院教授兼副院长

对于那些已经认识到需要将数字化转型的文化和技术联系起来的领导者来说，本书是必读书籍。乔纳森·斯马特建立了一套重要的模式和反面模式，对于以结果为基础的、从项目和瀑布方法向产品和创新的转变，这些正面模式与反面模式是必不可少的。

——**米克·科斯腾**（Mik Kersten），价值流管理平台 Tasktop 首席执行官

针对数字化转型和整个业务敏捷性的需求，本书提供了一个真正的业务

视角。

> ——**亚当·班克斯**（Adam Banks），
> 马士基集团非执行董事与前首席技术创新官

如果你的组织希望变得更安全、更快、更令人满意并创造更多价值，一定不要错过本书。"正面模式和反面模式"能够帮助你发现自己在哪些地方出了问题，并且帮助你找到一些行之有效的模式解决问题。本书与我见过的现场指南非常接近，提供了大量真实和实际的经验。

> ——**达维·奥利维尔**（Dawie Olivier），西太平洋银行企业转型总经理

对任何参与或对商业敏捷理论和实践感兴趣的人来说，本书都是一个宝藏。乔纳森·斯马特与另外三位作者为我们提供了一个令人信服的"为什么"，说明变革的必要性，并提供了清晰实用的反面模式和相应的成功模式。本书帮助我们完成了组织变革，我相信其他组织也能获得同样的帮助。

> ——**理查德·詹姆斯**（Richard James），
> 全英房屋抵押贷款协会工作方式支持领导者

本书介绍了一系列模式和反面模式，并提供了一系列实用的技巧，能够帮助你找到团队难以更快、更安全、更令人满意地交付价值的原因。

> ——**珍妮·伍德**（Jenny Wood），客户价值交付负责人

乔纳森提供了既具权威性又有吸引力的描述，介绍了如何组建团队取得伟大成就，并最终为我们展现一本关于组织整体效率和成功变革的手册，值得关注。

> ——**沃纳·洛茨**（Werner Loots），
> 美国合众银行企业员工价值体系（EVP）转型负责人

本书值得大力推荐。BVSSH 是一种"元框架"——灵活且可解释，实用并能有效实现变革。乔纳森是一位大师级的教练和指导。本书值得反复阅读和分享。

——约翰·卡特勒（John Cutler），

数据分析平台 Amplitude 公司产品布道者

本书是负责领导转型变革的商业领袖的必读之书。看到乔纳森、若尔特、迈尔斯和西蒙的实际行动之后，我发现本书不仅信息丰富，更包含了大量宝贵的经验。对于那些希望使交付过程更加高效的软件领域的领导者来说，本书的价值尤其突出。

——布里杰什·阿马纳（Brijesh Ammanath），

巴克莱银行贸易与营运资本首席信息官

与乔纳森及其团队的交流打破了我们对业务敏捷性的思考。过去我们是一个传统组织，将信息技术视为成本中心，现在我们将信息技术视为一个推动力量，能够实现真正的企业范围内的合作。更快、更安全、更令人满意地交付更高质量的价值的理念是我们工作的基础。它将重点放在领导力上，这与我的个人经历产生了共鸣。如果你想在市场中占据一席之地，并建设一个具有前瞻性的组织，绝对不要错过本书。

——克里斯蒂安·梅茨纳（Christian Metzner），

大众汽车金融服务（英国）首席信息官

大多数组织都会说他们有一个完备的战略，有些组织正在追求新的工作方式来实现该战略，但他们选择的往往不是最佳方式。BVSSH 能够为组织解开难题。本书将为你的制胜之路提供实际指导。

——考特尼·基斯勒（Courtney Kissler），耐克全球技术副总裁

作为大型金融服务机构的工作人员，本书提出的许多观点与我的个人经历产生了共鸣。反面模式与正面模式的对照能够帮助我们将原则应用于现实生活，并将现实世界的企业文化与一些影响和推动变革的"黑科技"叠加起来。本书适合所有商界人士阅读，我会将它推荐给所有的商业与技术合作伙伴。

——克里斯·奥森（Chris Orson），汇丰证券服务部数字和数据主管

这么多人都在尝试敏捷，而经验丰富的思想领袖乔纳森·斯马特证明他们都遗漏了一个重点，并且非常详细地为团队和公司提供了切实可行的方法来纠正错误……本书提供了一个合乎逻辑的、深入的指南，指出了大量反面模式的陷阱，它们均来自乔纳森在探索与实践更好的工作方式时的所见所想。本书提供了很多宝贵的企业敏捷的经验教训，可以用于 MBA 课程。如果本书能够提早出版十年（那时我的敏捷之旅刚刚开始），那么我的学习过程将变得更加轻松。

——莉亚·乔希姆（Leah Jochim），经验丰富的敏捷工作方式领导者

我们都曾见过这些反面模式——从组织以"一刀切"的方式处理敏捷性，到人们将注意力放在工具和流程上，而不是放在人身上。乔纳森·斯马特巧妙地将理论与现实世界的经验结合在一起，为我们提供了解决方案，专注于更快、更安全、更令人满意地交付更高质量的价值……对每一位敏捷从业者、领导者和变革代理人来说，本书都不可或缺！

——艾哈迈德·西德基（Ahmed Sidkey），

博士，国际敏捷联盟（ICAgile）主席，拳头公司业务敏捷主管

更快、更安全、更令人满意地交付更高质量的价值。将这个目标铭记于心，可能会改变一切……本书是一部既有洞察力又有实用性建议的杰作。翻开第一页就令人不忍释卷。在整本书中，复杂的概念逐渐清晰易懂，反过来

又为实用性的内容奠定了基础。将反面模式与正面模式结合在一起，读者可以从本书的任意一章开始，应用其中的策略来改进他们的业务。

——**埃文·莱伯恩**（Evan Leybourn），
业务敏捷研究所联合创始人兼首席执行官

真正的组织敏捷并不是严格遵循特定的框架或方法，而是承担起优化工作方式的责任，这样才有意义。对于那些希望帮助组织在日益具有挑战性的商业环境中屹立不倒，并真正茁壮成长的变革代理人来说，本书是一本宝贵的指南。

——**马克·莱恩斯**（Mark Lines），*规范敏捷的联合创造者*

本书提供了众多领导者的宝贵经验，他们曾领导大型国际组织成功转型。他们现在也在指导其他高管这样做。这些建议来自"战壕"，并经过了实践的检验。本书值得反复阅读，帮助你了解成功转型的策略。

——**斯科特·安布勒**（Scott Ambler），*规范敏捷副总裁兼首席科学家*

乔纳森·斯马特的这部著作号召那些希望在日益数字化、以人为本的环境中生存和繁荣的组织行动起来。

——**马修·史坎顿**（Matthew Skelton），*著有代表作《高效能团队模式》*

对于那些被大型"规模化"框架所困扰的组织来说，本书是必读作品。这些规模化框架将人和团队视为可互换的单位。这些组织需要仔细研究。并从本书提供的正面模式和反面模式中寻找结论，以实现真正的组织敏捷。如果组织要保持活力，就要这么做。

——**曼纽尔·派斯**（Manuel Pais），*著有代表作《高效能团队模式》*

2018 年 6 月 26 日，世界发生了变化。它悄然改变，几乎无人察觉。就在这一天，在经历了一个多世纪以后，通用电气公司（General Electric）被踢出道琼斯工业平均指数（Dow Jones Industrial Average），至此，道琼斯工业平均指数的所有初始成分股全部出局。

1896 年，查尔斯·道（Charles Dow）将通用电气公司纳入其 12 家公司名单之内。通用电气公司与美国烟草公司（American Tobacco）、美国制糖公司（American Sugar Refining Company）、田纳西煤铁公司（Tennessee Coal and Iron）等巨头并驾齐驱，这些公司统治了卡洛塔·佩雷斯（Carlota Perez）（研究技术对社会经济发展之影响的专家）所谓的电力和工程时代。

随着这个时代被石油和大规模生产时代所取代，制糖业失去了垄断地位。人们对健康的关注也使烟草业日益衰退。但通用电气一直在努力维持。它顺势而行，为美国的经济增长提供电力支持，并从一个工业集团转型为金融巨头。2004 年，通用电气公司的市值达到 3820 亿美元，全球排名第一。

2016 年，通用电气公司成为全球十大公司之一，这足以证明一家顺应时代需求的专业公司能够变得多么强大和稳固。但仅仅两年之后，情况就发生了变化。通用电气公司的市场价值降为 610 亿美元，仅为其巅峰时期的 15%，其股价在道琼斯指数中的权重不足 0.5%，通用电气公司已经跌出了顶级企业之列。事情发生了变化。

通用电气公司走下坡路的原因有很多（在石油上的错误押注、垃圾抵押贷款，以及通用电气金融服务公司的短期借款——这是引发 2008 年信贷危机的主要因素），但它并不是唯一一家从领头羊位置跌落的大型老牌企业。

如今创造性破坏的速度比以往任何时候都快。1964 年，被纳入标准普尔

500 指数（S&P 500 Index）的公司在其中的平均寿命为 33 年。到 2016 年，该平均寿命已降至 24 年。到 2027 年，公司预计不到 12 年就会被取代。按照目前的变动率，从 2018 年到 2028 年，标准普尔 500 指数的成分股公司将被换掉一半。随着公司扩张和收缩的速度越来越快，为了生存和繁荣，我们都需要顺应变革的需要。

看一看目前道琼斯指数所涵盖的几家公司，就可以发现标准普尔 500 指数的成分股公司名单更迭迅速的根源。除了埃克森美孚公司（ExxonMobil）和宝洁公司（Procter & Gamble）等实力强劲的企业，还有威瑞森通信公司（Verizon）、思科公司（Cisco）、IBM（国际商务机器公司）和英特尔公司（Intel），还包括微软公司（Microsoft）和苹果公司（Apple），这两家是全球市值最高的企业。目前，全球市值最高的 10 家公司中有 7 家是信息技术公司，除微软和苹果外，还包括谷歌的母公司字母表公司（Alphabet）、脸书（Facebook）[①]、亚马逊（Amazon）以及中国的腾讯和阿里巴巴。过去以石油和重复大规模生产为主的经济结构已经被以持续的信息技术创新和独特的产品开发为主的经济结构所取代。

重要的不仅仅是科技公司正在创造什么。对企业而言，当前最重要的问题是如何创造自己的产品。他们的行为规范和工作系统与以往截然不同。他们改进了工作方式，运用更好的工作方法，以适合其工作性质的方式交付价值。现在我们来到了数字时代。

在这个新时代，每个公司都是信息技术公司，无论他们是否意识到这一点。今天，企业的所有变革和产品开发（例如新型抵押贷款、新型疫苗或新型汽车）几乎都涉及信息技术。例如，预计到 2030 年，软件将占一辆新车总成本的一半。利用信息技术，并将软件视为创造新业务价值的核心而非成本中心，这样的企业才能蓬勃发展。

---

① 脸书，现已更名为元宇宙（Metaverse）。——编者注

重要的是，在重复大规模生产时代，例如一家工厂每天生产 1500 辆汽车，每分钟生产一辆汽车，每天生产 24 小时，但到了数字时代，你不需要将同样的软件程序写几千遍。你只需要写一遍，再修改几次加以完善，然后运行数千次。虚拟装配线上的每个软件二进制文件都是独一无二的。人们不知道自己想要什么，你也不知道怎样编写一个软件，直到你将这个软件开发出来。人们只有拿到软件之后，才知道自己不想要什么，你才能知道应该如何编写代码。工作领域不再是重复的、已知的和确定的，也不再充斥着"已知的未知"（如果出现问题，你知道如何修复它），独一无二的产品开发是完全未知的，它充满了"未知的未知"。在你完成此前从未做过的事情并得到反馈之前，你不知道自己不知道什么。

随着时间的推移和运算能力的提高，随着我们从穿孔卡片和反馈环路迟缓（比如需要通宵运行）的真空管计算机过渡到微处理器，并且拥有近乎即时的反馈环路，越来越多的软件工程师意识到，传统的"重量级"方式，即按顺序进行的阶段—关卡软件开发流程并不适合这个充满复杂性和涌现性的数字化知识型工作。

从业者们看到也感受到了痛苦。受《新的新产品开发游戏》（*The New New Product Development Game*）等文章的启发，20 世纪 80 年代末至 90 年代初，软件工程师注意到丰田（Toyota）、本田（Honda）和施乐（Xerox）等制造公司通过改良工作方式所带来的好处，这些公司不再采用顺序、大批量、按职业角色完成阶段—关卡流程的工作方式，而是授权跨职能团队，并频繁进行小规模迭代。这是产品开发情境下所采用的工作方式，深受传奇人物、"精益与敏捷管理之父"爱德华兹·戴明（W. Edwards Deming）的影响。通过实验和实践，软件开发的"轻量级"流程日益流行，它更适合数字化工作的涌现性。2001 年，这些轻量级流程的价值观和原则被编入《敏捷宣言》（*Agile Manifesto*）。

产品开发者发现，在这些敏捷原则的指导下，通过为团队赋能，他们可以尽早尽快地交付价值，从而获得更好的结果。这种敏捷工作法适合具有独特性与涌现性的产品开发工作，它改变了一切，因为它合理地优化了不同工作类型的工作方法。在这种工作法的基础上诞生了 BVSSH 理念，即更快、更安全、更令人满意地交付更高质量的价值。

越来越多的老牌传统公司（它们是"骏马"而非"独角兽"）感到有必要在组织中体现敏捷性，从而跟上那些"天生敏捷"的颠覆者，这些颠覆者不受传统工作方式的束缚。在数字时代，有组织的人类活动已逐渐从重复生产转向独一无二的产品开发。此外，在技术革命的推动下，变革速度也变得越来越快。

为了取得成功，组织逐渐认识到，面对工作日益增长的涌现性和持续不断的变化，必须采用适合这一特点并能对其加以利用的工作方式。组织也认识到业务敏捷的必要性。这些工作方式并非信息技术公司所特有，也不是针对某一部门的。它们对数字时代所有企业的生存和发展都至关重要。

跨越数字时代的转折点

为了从宏观上了解情况，我们有必要先看一看佩雷斯教授的研究成果。2002 年，佩雷斯撰写了《技术革命与金融资本：泡沫与黄金时代的动力学》（*Technological Revolutions and Financial Capital: The Dynamics of Bubbles and Golden Ages*）一书，分析了金融泡沫与技术变革之间的关系。在这本书中，佩雷斯证明，自第一次工业革命以来，每 40 ~ 60 年就会发生一次由新技术主导的革命，进而导致范式转移，出现具有社会影响的新经济结构。在每一次技术革命中期，紧跟热潮的过度投资会使金融泡沫不断破裂，最终导致经济衰退，然后开启一个新的黄金时代。每次衰退都是一个从旧常态到新常态的转折点。自 2000 年互联网泡沫破裂以来，我们一直处在数字时代的转折点。

在每一个时代，工作方式都会发生演变，以适应当下的情境。有组织的人类活动的每一次进步，都会带来生产力的提高。我们从工厂系统到分包，再到泰勒制和福特制（Taylorism and Fordism），然后到石油和大规模生产时代的精益生产。现在，我们面对的是数字时代的业务敏捷性。（图 I）

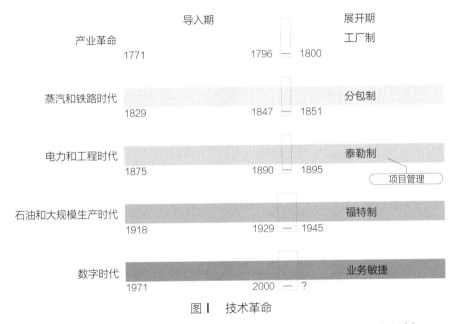

导入期　　　　　　　　展开期

| 产业革命 | 1771 | 1796 — 1800 | 工厂制 |

蒸汽和铁路时代　1829　　1847 — 1851　　分包制

电力和工程时代　1875　　1890 — 1895　　泰勒制
　　　　　　　　　　　　　　　　　　　　　　项目管理

石油和大规模生产时代　1918　　1929 — 1945　　福特制

数字时代　1971　　2000 — ?　　业务敏捷

图 I　技术革命

注：本图借鉴卡洛塔·佩雷斯《技术革命与金融资本：泡沫与黄金时代的动力学》。

项目管理和甘特图诞生于两次技术革命，它们针对当时的主要情境（即重复性、可知性、确定性和一般体力劳动）对工作方式进行了优化。工作方式的演变，加上工时研究，强化了管理者与员工的概念，同时也强调了命令和控制、命令下达者、命令接收者、行为规范。然而，这样的生产力提高是以人为代价的，工人被视为机器上的齿轮。

不幸的是，今天仍有一些组织将这种一百多年前的工作方式错误地应用于具有独特性、不可知性和涌现性的知识型工作上。如果要更快、更安全、更令人满意地交付更高质量的价值，企业就必须采取完全不同的行动方式。

本书简介

本书旨在帮助读者在数字时代找到更好的工作方式，从而获得更好的结果。本书收集了各种正面模式与反面模式，共分为九章，每章都是重要的学习内容。

这些内容是经过艰苦努力而总结出来的经验教训，可以帮助你避开潜在风险。具有涌现性的工作不存在最佳实践，也没有通用方法。你的情境是独一无二的。笔者通过亲身实践以及对数百个组织的观察，总结出这些正面模式和反面模式，它们会给结果的改进带来逆风（反面模式）或顺风（正面模式）效果。本书以及其中的正面模式和反面模式仅供参考。由于每个人所处的情境具有独特性，因此结果也会因人而异。组织所面临的障碍、它们的历史与文化都各不相同，因此它们必须将涌现思维应用于具有涌现性的工作上。组织要学会吸取这些经验教训，优化快速学习；扩大有效实验，缩减无效实验。

本书的重点在于结果，敏捷和精益只是手段而非目标。我们所追求的结果可以表述为更快、更安全、更令人满意地交付更高质量的价值（缩写为BVSSH）。

更高质量。质量是生产出来的，不是检验出来的。随着价值切片与跨职能团队的规模越来越小，变化往往发生在团队的认知负荷范围内（也就是说，你的大脑可以适应其复杂性），且"影响半径"有限——事故与断供的情况减少，返工的情况与故障减少，主动投入的时间增加，被动花费的时间减少。

价值是独一无二的。它是你做一件事的原因。这件事对某人有价值，可能是财务方面的价值，可能是维护公共安全方面的价值，也可能是慈善方面的价值。

更快针对的是上线时间、学习时间、调整方向的时间、去风险时间、避免"沉没成本谬误"的时间和进程锁定的时间，它的含义是尽早尽快交付价值。

更安全是指治理、风险与合规管理（GRC）、信息安全、数据隐私、遵从法规以及从混乱（网络攻击或全球范围的流行疾病）中恢复的能力。客户信任你的组织。组织是敏捷的，而不是脆弱的。它兼具了速度与可控性。这种文化能够保持风险对话的活力。一辆车的刹车系统越优秀，它的行驶速度就越快。

更令人满意。这针对的是客户、同事、公民和气候，而不是任何人力成本或气候代价的"多少"。它是高水平的客户支持与同事参与，同时会对社会和我们所在的地球产生积极影响。这是一种更加人性化的工作方式。

这些要素相互平衡。你不能降低"更好"与"更令人满意"的期望值，却要求实现"更快"。对 BVSSH 的改进并不是一种规定。衡量标准是矢量（期望值）而不是绝对值，因此你可以对比随时间推移而发生的改变。每个人都可以进步。在安全护栏内，团队获得授权与支持，根据 BVSSH 建立持续改进的肌肉记忆。有时敏捷和精益方法更适合；但有时，根据组织的历史——令人心生恐惧的命令和控制文化以及心理安全感的缺失，小范围内采取瀑布方法可能更加合适。这取决于组织的独特的文化、历史和情境。

本书中值得强调的一个关键主题是"慢下来是为了快起来"。第 2 章和第 7 章专门探讨了这一观点。我们虽然有快速取胜的方法，但不能尝试做得太多太快。人们进行忘却学习和再学习的速度有限。就像克努特国王[①]无法阻挡潮水一样，你也无法强迫他人按照一定的速度进行变革。强迫他人以一定的速度进行变革，可能会带来真正的、持久的改变，也可能根本不会带来改变（只是给旧行为贴上新标签），甚至可能需要花费更长的时间，承担更大的风险。持续的行为转变需要花费多长时间，取决于有哪些措施培养、忽视、强迫或破坏这种转变。变革可能遭遇顺风，也可能遭遇逆风。本书力求为你的变革提供顺风指导。

本书并不能涵盖所有的知识体系。这是一个如此丰富、深刻、引人入胜

---

① 漫画《海盗战记》中的角色。——编者注

的话题，有关它的著作足以填满一整个图书馆。拿到本书时，你可能会庆幸它并没有那么厚重。本书虽然聚焦于敏捷、精益和 DevOps（开发与运营维护的总称），但并未深入探讨其中的具体概念，例如系统思维、设计思维、用户体验（UX）设计、伊利雅胡·高德拉特（Eli Goldratt）的限制理论、戴明的渊博知识体系等。这是一趟美好的、永无止境的学习之旅。如果愿意，你也可以为之贡献力量。

本书的目的是帮助读者改进工作方式。它所讨论的不仅是敏捷和精益，更是数字时代下优化结果的工作方法。

我们是谁

20 世纪 90 年代初，我开始在投资银行业的交易大厅从事研发工作。我们是一个只有几人组成的跨职能团队，大家一起工作，形成了部落认同。我们组建了一个交换交易平台。我们一起完成业务，不分专业。我们天生敏捷，每天进行多次以技术支持的价值部署。我们遵循了一个适应性的"轻量级"流程，今天它被视为敏捷和精益流程。这是一种"开发运营一体化"的方法，它激励着我们开发具有可保障性和韧性的软件。这是一项充满趣味和吸引力的工作。

后来，我多次带领跨职能团队从传统的工作方式转变到更好的工作方式，以优化金融服务领域的成果。在敏捷和精益方面，我已有大约 30 年的实践经验。作为一名业务技术专家，我交付软件以生产商业价值，并在此过程中吸取经验教训，尝试可能会取得成功，也可能会遭遇失败。如果失败了，我们会继续学习、调整，然后再次尝试。

最近，我在帮巴克莱银行（Barclays）做咨询。这是一家成立于 1690 年的全球性银行，在全球拥有多个业务部门，共有约 8 万名员工。这是一家受到高度监管的大型企业。我的职责是提高其敏捷性，帮助银行的每位员工为客户提供更好的服务、更快地释放价值，并确保变革能够安全、合规地推进，提升客户和同事的满意度。下一章会提到我们由此获得的益处。目前我正在帮助各行业部门的组织改进他们的工作方式，应用适合其情境的原则进行优化，从而助其更快、更安全、更令人满意地交付更高质量的价值。

本书是团队合作的成果，我很荣幸能与其余几人一同走过这段"旅程"，完成本书。在本书中，我将与同事兼好友若尔特·贝伦德（Zsolt Berend）、迈尔斯·奥格尔维（Myles Ogilvie）和西蒙·罗勒（Simon Rohrer）一起分享我们在开发和应用更好的工作方式的过程中所收获的最重要的经验教训。

在我与若尔特、迈尔斯、西蒙共同从事敏捷和精益实践的几十年中，我看到了更好的工作方式的优势。我们多次看到，确定性思维、职能筒仓，以及"大处着眼，大处着手，慢速学习"的工作方式，导致数百人付出高昂的代价，结果却以失败告终。我们还看到无数赋能型小团队和团队型组织通过战略一致性、内在动力、共同成长、提高参与度和满意度、定期交付价值和改进 BVSSH 结果，在安全护栏内改进其工作方式。我们见过一个组织如何采用更好、更人性化的工作方式，也经历过阻碍结果优化的障碍，并且知道如何解决这些障碍。我们已经实施了许多有固定范围和固定日期的强制性监管计划。一旦未能按计划执行，业务活动就要停止，而我们按照敏捷和精益原则实施的计划很快都取得了成功。在这些情况下，瀑布方法的风险太大，因为开始学习它的时间太晚，变相增加了风险。大家可以通过敏捷和快速学习，尽早完成对这些活动中最难以理解且风险最大的部分的学习。我们回到英国监管机构，为提升其全球竞争力提供建议，他们希望更新立法，最后也确实这样做了。如果你的学习速度够快，即使是监管也并非一成不变。

本书为谁而写

本书的目标读者是那些大型复杂组织中的各级领导者，在数字时代，他们已经或即将踏上革新之旅。你可能遇到了一些问题，或者你尚未看到预期的结果，抑或你希望为自己的"旅程"找一个向导。

本书针对的是有一定实践经验的从业者，包括那些在敏捷和精益实践或大规模组织变革方面拥有数十年经验的人。他们可能会出现邓宁–克鲁格效应（Dunning–Kruger effect，见第 3 章），因此本书会让你意识到自己还有多少东西需要学习，学无止境。它可以作为一个基准，以此来调整人们的合作方式，将思维方式转变为重结果而非重产量，它也可以影响财务、人力资源、合规、内部审计和房地产等领域。这是在组织人类活动的过程中千载难逢的基准。因此，在迄今为止所有知识体系的基础上，这仍然是一个新兴话题，还有很多东西需要学习。希望随着大家的不断学习，本书将在未来进一步更新。

本书并非只针对信息技术人员，而是针对各种组织的从业者。它涵盖了一切，只要是阻碍了更快、更安全、更令人满意地交付更高质量的价值的问题，都可以参考本书。营销、销售、法律、合规、内部审计、人力资源、财务、采购、房地产、执行委员会成员、非执行董事、战略、业务、产品经理、数字化、数据、后台运营、项目管理办公室等各个领域或各个部门，都能通过本书的反面模式和正面模式受益。

如果你认为自己正在经历一种反面模式，那么本书可以帮助你向老板、同事和利益相关者提出自己的观点，帮助你优化工作方式，获得更好的结果。

本书的结构

反面模式与正面模式

组织是复杂适应系统。没有一种工作方式可以适合所有的情境。变革具有涌现性，变革方式的转变也具有涌现性。组织具有涌现性，并带有记忆。这使其涌现性增至三倍。唯一可行的方式是进行测试，通过快速反馈环路提高对情境的敏感度，并创建一个安全学习的环境。没有所谓的"最佳实践"，没有适合一切情境的通用方法。

通过观察敏捷、精益与 DevOps 社群的学习与共享学习，我总结出一些反面模式与正面模式。

反面模式是对一种情况常见的无效响应，有时它可能产生严重的反作用。反面模式是那些多次出现的无法优化结果的方法，有时还会使组织倒退多年，留下疤痕组织，制造强大的逆风。有时候，大多数组织的反面模式可能是另一个组织的模式。例如，可能存在这样的情况，即现金流不足存在极高的风险，但它对某个组织来说是关键战略。

正面模式是对一种情况的有效响应，它可以改进结果，当然，结果也有起伏得失，因为这一切都取决于人。正面模式可以为组织制造顺风。它不断改进结果，逐渐具有"黏滞"属性。它可以为组织的变革制造顺风。与反面模式一样，正面模式的结果也是因人而异的。在极少数的情境下，正面模式可能变成反面模式。但我建议谨慎行事，不要以此为理由，故意采用带有命令和控制、确定性思维方式的反面模式。我建议从正面模式开始，并进行能够获得快速反馈的测试。

本书阐述了一系列反面模式及其对应的正面模式。如果你读到某个特定的反面模式时感到不适，可以先查看相应的正面模式，找到可能产生更好结果的方法。

每一章都会介绍一组相关的反面模式和正面模式。我希望本书能够为你那独特、永无止境的"旅程"提供指引。你可以向他人学习，规避陷阱，提升速度，但请记住，这不是一本食谱或使用手册，无法替你完成工作。你应该将反面模式与正面模式放在自己的情境中去理解。这有点类似于学习滑雪，最好由滑雪教练指导，他可以预测前方会出现的颠簸或转弯，在他的帮助下，你将逐渐学会自己滑雪。

我认为这些反面模式和正面模式适用于大型官僚制企业——它们是"骏

马"而非"独角兽"。也就是说，随着一些独角兽企业的迅速发展，它们会从更大、更传统的公司招聘员工，两者在中间出现交集。"马"表现得更加敏捷，"独角兽"变得更加官僚。因此，即使是独角兽企业也必须不断改进。你需要去探测、感知和回应。

原则

本书每一章都总结了一些原则。我们会将每一章的精髓提炼为指导原则，为行为与决策提供指导。例如，"邀请而不要求"与"不存在通用方法"。这些原则适用于不同的情境。

将这些原则应用到独特的情境中，通过指导和实验，利用不同的知识体系，最终形成具体的实践方式。正如丹·特霍斯特-诺思（Dan Terhorst-North）所说："实践＝原则＋情境"。成功的模式是确定你认为对组织而言最重要的原则，大约十条，然后持续不断地向他人传达这些原则，并对符合这些原则的行为加以肯定。这些原则是积极行为的安全护栏。

本书特意提供了原则清单，帮助你更好地开始。原则本身具有自我参照效应，因此我们建议你实践这些原则。当然并非所有的原则都适合你，不存在完全通用的方法。你的情境与你所面临的障碍决定了哪些原则更加适合你。

如何阅读本书

不存在适合所有情况的通用方法，同样，阅读本书的方法也多种多样。你可以选择从左到右的线性阅读方式，也可以采用跳跃式的阅读方法。你可以深入研究自己感兴趣的领域，阅读相关的反面模式和正面模式。

本书分为三个部分。

- 序章简述了传统工作方式的诞生，并介绍了敏捷、精益和 DevOps 方法。
- 第 1 章至第 8 章是经验教训的总结，由反面模式和正面模式组成。

● 第 9 章是针对如何开始的建议。

现在让我们详细了解一下第 1 章至第 8 章的内容。

在第 1 章，我首先解释了敏捷和精益不是目标，重点是关注结果。

在第 2 章，我谈到了从小到大；不能在当前的官僚体制之上规模化敏捷；为了规模化敏捷并应用敏捷方法提高敏捷性，需要先对组织"瘦身"。

在第 3 章，我讨论了为何不存在一种适合所有情况的通用方法，如何发起变革而不是强加变革。本书的核心原则之一是，在一种情境下有效的实践不一定适合另一种情境。此外，与强迫他人工作相比，邀请他人参与更有可能取得成功。在本章我们还会看到 VOICE 方法。

在第 4 章，我讨论了领导力的重要性，包括树立理想行为的典范；创造鼓励实验的心理安全氛围；不要做指挥官，要做公仆式领导者；确保高度统一性与高度自主性。

在第 5 章，我讨论了做正确的事情，并解释了如何从离散的产量转变为连续的结果。这是从项目到产品、从产量到结果的基准。

在第 6 章，迈尔斯·奥格尔维谈到了如何做正确的事情：持续的合规性使团队保持在正轨上，同时又让他们自由创新和响应。这是保证安全的自主性和授权的最小可行护栏。

在第 7 章，罗勒探讨了持续关注技术卓越对体现敏捷性和交付更好结果的重要性。

在第 8 章，贝伦德解释了如何打造一个学习型组织。这是反面模式和正面模式的最后一章。组织都渴望成为学习型组织，希望持续进行忘却学习和再学习，在前进的道路上永不止步。

在本书中，你会发现来自不同行业的案例研究、实例和场景。选择本书，你将顺应变革之势。它会为你制造顺风，帮助你更快、更安全、更令人满意地交付更高质量的价值。

目录

0

序章

工作方式的演变

1992 年，中国全国人民代表大会投票通过了兴建长江三峡水电站的决议。工程师们起草了方案，随后开工建设。他们先建造了一座围堰，形成一道水渠，使这条中国第一大河的水流绕道而行。左岸的新船闸可以保证继续通航。三峡工程在获得批准的 5 年后实现了大江截流。随后修筑二期围堰，建设电站设施。一座永久船闸取代了第一座船闸。在全国人民代表大会投票通过了三峡工程的 10 年后，三峡水电站二期围堰被拆除，长江再次流动起来，为水库蓄水。

在三峡工程建设期间，中国政府为 130 多万人重新安置住处，1000 多座城镇和村庄被洪水淹没。到大坝开放时，施工成本共计约 240 亿美元，最多曾聘请 26 000 多名工人。大坝高达 185 米，横跨江面，长达 2000 多米，共有 26 台涡轮机，发电量是胡佛水坝的 20 倍。如今它拥有 32 台涡轮机，成为世界第一大坝。

显然，中国这样快速增长的经济体需要新的能源，理想情况下，这些能源比煤炭更加清洁。随着各施工阶段的逐一完成，中国成功完成了这个有史以来最复杂的工程项目之一。

当中国政府在全国第一大河上修建巨型水坝时，英国政府也在进行一项雄心勃勃的项目：实现邮政部门电脑化，从而改善福利金的领取方式。英国当时共有 1700 万人领取福利金，他们将通过一种特殊的磁卡来领取这笔钱。该系统有助于减少欺诈行为，降低成本，并且为政府和福利金领取者提供便利。

该卡于 1996 年发行。这一信息技术项目由英国的社会保障部（DSS）和邮局柜台负责。国际计算机有限公司（ICL）的子公司 Pathway 拿下了开发和安装该系统的项目。3 年后，也就是 1999 年，该项目夭折，邮局柜台损失 5.71 亿英镑①，国际计算机有限公司注销 1.8 亿英镑，英国社会保障部花费约 1.27 亿英镑。该系统本应在应对理赔诈骗方面节省 1 亿英镑，然而这一目标并未实现，因为该项目的失败，纳税人所承担的总成本约为 10 亿英镑。

福利金卡项目取消后，英国同年晚些时候发布的一份报告列出了 25 个政府信息技术项目，这些项目"给公民的生活造成了延误、混乱和不便，在许多情况下，纳税人花了钱，却没享受到相应的服务"。报告还指出，"20 多年来，全面实施信息技术系统一直很困难"，"过去人们提出改进建议的地方，如今问题仍然存在"。

这些问题并非英国信息技术项目所独有。2013 年，美国政府推出了网站 HealthCare.gov，这是一个健康保险购买网站，让美国人可以享受新的《平价医疗法案》（*Affordable Care Act*）。尽管在开发期间，该网站的预算从 9370 万美元飙升至 17 亿美元，但就在网站发布前 4 天，官员们才意识到该网站的容量仍然太小。网站一打开就崩溃了。当天结束时，在 25 万尝试访问该网站的人中，只有 6 人能够选择保险项目并提交了申请。

上述案例体现了"大处着眼，大处着手，慢速学习"的方法。已知信息最少的地方往往对未来有决定性的作用，等到项目在理论上结束时或结束后，我们才能掌握足够的知识，而这才应该是真正的开始。我们没有充分做到尽早尽快地学习和交付价值。确定性思维被反复应用于一个具有涌现性的工作领域，导致同样糟糕的结果。

这并非意味着中国政府比英国或美国政府更擅长完成项目。修建大坝是一项可知的工程。全世界有 57 000 多座大型水坝。中国是世界上筑坝数量最多的国家，有 23 000 多座大型水坝。大坝的建设需要专业技能。已经建成的混凝土结构已拦水 22 999 次，负责修筑这些建筑的人知道会发生什么，包括

---

① 1 英镑约等于 9.78 元人民币。——编者注

可能会出现什么问题或挑战。他们可能无法避免所有的问题，也不能保证从不延误，但他们知道哪些地方可能会发生延误以及发生延误的原因是什么。这些活动中存在"已知的未知"。由于此前已经多次进行过同样的活动，因此人们了解自己不知道什么。

但是，将英国 1700 万人的福利金领取与所有邮政机构数字化，这项工程在此前并未做过 5.7 万次。这是一项前所未有的工程。构建 HealthCare.gov 网站也是一项此前从未做过的项目。不仅如此，在上线第一天，美国的 36 个州使用 HealthCare.gov 接受申请。经过"大处着眼，大处着手，大爆炸式"的发布之后，用户一夜之间从零增加到 25 万个。

面对此前从未做过的工作，人们不清楚自己不知道什么。他们面对"未知的未知"。这两个项目都试图在一个涌现的工作领域强行施加一种确定式的工作方法，但这并不能取得神奇的效果。正如爱因斯坦所说："精神错乱表现在一遍又一遍地做着同样的事情，却期望得到不同的结果。"

相反，他们有必要在与真实客户或消费者的真实环境中尽早尽快地完成学习。这样可以降低交付风险、更快产生价值、通过调整实现价值最大化，并锁定进度。最棒的是，不同于固定的混凝土浇筑，对软件这种基于知识的产品和服务来说，这样的工作方式很容易实施。实际上，这是最简单的工作方式。

为了了解当今大多数大型组织在变革背景下所采用的传统工作方式，我们需要先了解这些传统的工作方式从何而来。

以前的工作方式是对重复劳动进行优化

效率增进运动的领导者之一弗雷德里克·温斯洛·泰勒（Frederick Winslow Taylor）为改进工业生产流程做出了重要贡献。19 世纪 90 年代，泰勒先担任机械师，后担任顾问。他运用科学的工作方法，使用秒表分析重复性工作，例如铲铁矿石或检查滚珠轴承，最终形成了一个自上而下、我们和他们、命令和控制的管理系统，被称为泰勒制。工人知道何时开始工作，何时停止工作，管理者设定工作量，工人无须自己设定工作节奏，任务也越来越专业化。管理者会观察工人，衡量他们的业绩，并下达改变的指令。管理者制订计划，工人完成任务。员工完成其他人指派给自己的工作。正如泰勒所说：

管理者至少要提前一天对每个工人的工作进行全面规划，在大多数情况下，每个工人都会收到完整的书面指示，里面详细描述了他要完成的任务以及工作时要采用的方法。这项任务不仅详细说明了他需要做什么，还说明了他要怎么做与何时做。

泰勒的方法虽然能够提高生产率，但对提高工人的幸福感或满意度几乎没有任何帮助。事实上，泰勒显然看不起工人："一个适合处理生铁的人……必定非常愚蠢……因此和其他人相比，他的精神特质更接近公牛。"

20世纪初，甘特图的开发者亨利·甘特（Henry Gantt）曾与泰勒一同工作。根据华莱士·克拉克（Wallace Clark）在《甘特图：管理工具》（*The Gantt Chart: A Working Tool of Management*）中的记载，我们现在所谓的甘特图过去被称为"工人记录表"。水平线代表工人的实际产量与管理者（而不是工人）计划产量的对照关系。如果你今天运送了足够多的粗铁，你就可以下班回家了。如果没有，你必须继续工作。"长线工人"会获得提拔，"短线工人可能会想尽一切办法掩盖自己的劣势"。

工人记录表的前提是监视工人并追踪工人的偷懒行为，这是对泰勒制的命令和控制文化的延续，管理者会告诉工人具体应该做什么。这种方式提高了效率，但也加强了"我们和他们、管理者和员工"的文化，并且引发了工会的骚乱。

泰勒倡导的工时研究法随后被其他人加以利用和改进，从而形成了福特T型车的专业生产线，并最终形成了丰田首创的拉动式、准时化供应方法，为现代汽车工厂注入动力。

泰勒制将工人变成了卑微的机器，而技术的进步使机器能够更好地完成工作。自动织布机取代了手动织布机，内燃机彻底改变了行程和交付时间，电报和电话提高了信息流动的速度，叉车和自动化技术取代了泰勒的钢铁工人。最终，随着微处理器的发明和数字时代的到来，劳动力的相对优势已从听从命令和运送铁块转变为创造独特的产品和服务，向客户交付成果。生产手段从体力变为脑力。

从批量生产到独特的产品开发

在泰勒的时代，工作是重复性的手工劳动。如今，越来越多的人类劳动需要依靠大脑完成，并且从来不会重复两次，自动化代替了重复劳动。今天最具活力的工作场所已不再是轧钢厂和废铁场，而是有咖啡机和共享桌椅的时髦咖啡馆。在许多城市，过去用来储存实物的仓库现在变成了滋养信息技术创新的温床。工作已经从手工重复劳动转变为独特的、基于知识的工作，它具有涌现性，充满了"未知的未知"。

同样，从石器时代到青铜时代，这不仅是工具的进步，还意味着一个全新社会的到来，新的生活、组织和工作方式出现。因此，今天的数字时代也产生了同样巨大的社会和经济影响。

2011 年，历史上第一款被普遍使用的马赛克浏览器（Mosaic）的开发者、风险投资公司安德森·霍洛维茨（Andreessen Horowitz）的联合创始人马克·安德森（Marc Andreessen）在接受《华尔街日报》（*The Wall Street Journal*）的采访时说：

软件正在吞噬世界。计算机革命已发展了 60 年，自微处理器发明至今已有 40 年的时间，现代互联网兴起已有 20 年，所有用于改造行业的技术都通过软件得以实现，并在全球范围内广泛应用。

那些能够采用适合其工作领域的工作方式的组织不仅生存了下来，而且获得了前所未有的发展。字母表公司、亚马逊公司、苹果公司和微软公司的市值都超过了 1 万亿美元。2018 年 8 月，苹果成为第一家实现这一成就的上市公司，在随后的 18 个月里，另外 3 家公司的市场价值均超越了这一标准。在短短 20 多年的时间里，字母表公司（谷歌）和亚马逊公司的市值从 0 美元升至 1 万亿美元。回顾过去，我们可以看到每个具有里程碑意义的市场价值最终都变成了一种新常态，组织采用适合技术革命和工作类型的新工作方式。1987 年，IBM（国际商用机器公司）成为史上第一家市值达到 1000 亿美元的公司，当时正值数字时代。1955 年，在石油和大规模生产时代，通用汽车公司成为第一家市值达到 100 亿美元的公司。1901 年，在电力和工程时代，美国钢铁公司是第一家市值达到 10 亿美元的公司（2014 年该公司从标准普尔 500 指数中出局）。

这并不意味着企业必须在这个新的数字时代采用新的工作方式。企业可以选择不去适应这个时代。人们经常引用爱德华兹·戴明的一句话："改变并非必须，生存无从强制。"

例如，从 2010 年开始，零售业就进入了动荡时期，在新冠疫情大流行之前的 2019 年，美国有约 10 000 家门店倒闭，英国也关闭了 16 000 家门店。这背后的主要原因是电子商务的兴起。托迈酷客（Thomas Cook）、德本汉姆（Debenhams）、帮玛什百货（Bonmarch）、好妈妈（Mothercare）、克林顿（Clintons）、卡伦米伦（Karen Millen）、杰克威尔（Jack Wills）、卫浴商店（Bathstore）、西尔斯百货（Sears）、博德斯书店（Borders）、美国托普少普（Topshop US）和巴尼斯百货（Barneys）等，这些只是在过去几年内倒闭或需要救助的众多零售商中的少数代表。2020 年，美国约有 25 000 家店铺倒闭。与此同时，数字原住民们计划在 2023 年之前开设 850 家店铺，以实现"从线上到线下"的扩张计划。有很多空置的门店供他们选择。

你要优化什么

这是一个重要的问题。你的组织有哪些地方需要优化？你要通过较高的客户拥护度与员工敬业度来加快安全价值的流动，还是将工作从一个职能筒仓传递到下一个职能筒仓，几乎没有端到端的所有权概念？你要优化价值和价值实现时间，还是对多年来通过一道道关卡和委员会推动"未来解决方案的承诺"的过程进行优化？你要对快速学习和调整方面进行优化，从而在尽可能短的时间内以最小的努力和最低的风险取得最大的成果，还是为了遵循一个预先确定的项目计划进行优化，通过影响半径较大的大爆炸式的执行方式，将学习推迟到最后并变相增加风险？你在为每个人进行优化，让他们发挥自己的才智进行安全试错，从而持续不断地改进，还是为了让他们遵循命令而进行优化？

正如我们所看到的那样，那些对工作方式进行优化、使其适应工作类型的组织得到了迅速发展。他们提高了客户期望，也提高了行业标准。新冠疫情进一步推动了一种新常态，加速了数字时代的发展。

考虑到针对工作类型采取最佳方法的重要性，了解什么是敏捷、精益、DevOps 和瀑布方法以及它们的历史至关重要。本书面向大型复杂组织中各个级别和承担着各种角色的领导者，他们不需要或基本不需要事先了解工作方式。当然，这是我在实践中发现的规律。从历史的角度来看，人们很少花时间思考或改进他们的工作方式。

什么是敏捷？

敏捷（以及精益）的概念源于日本制造业，自 20 世纪 50 年代起深受爱德华兹·戴明教授的影响。正如上一章所述，1986 年《哈佛商业评论》（*Harvard Business Review*）刊登文章《新的新产品开发游戏》（*The New New Product of Game*），阐述了丰田、本田和施乐等制造公司通过改进工作方式而获得的益处。这篇文章的内容至今仍未过时。从事新产品开发的组织建立并授权小型跨职能团队，他们通过小规模迭代来工作，拥有明确的"北极星"指标。他们获得了授权，可以在安全护栏内通过大量实验来完成任务。这篇文章发表之时，施乐公司正在开发新产品，与之前按顺序的阶段-关卡流程相比，这次新产品开发所用的人员数量与时间都是原来的一半。

这篇文章用橄榄球运动进行类比。球队需要共同在场上移动争球，受此启发，肯·施瓦伯（Ken Schwaber）和杰夫·萨瑟兰（Jeff Sutherland）在 20 世纪 90 年代初将他们的迭代式增量软件开发过程称为 Scrum，这是一个源于橄榄球比赛的术语，意为"列阵争球"。

与此同时，软件开发领域的其他人，包括我在内，正在尝试"轻量级"流程（相对于重量级、顺序式、阶段—关卡流程），我们发现它可以更加安全、快速地交付更多价值，员工的参与度也有所提高，并且避开了"沉没成本谬误"。通过不断实验与实践，软件开发的"轻量级"流程日益流行起来，它更适合数字化任务的涌现性质。正如《扬弃》（*Unlearn*）一书的作者巴里·奥雷利（Barry O'Reilly）所说："大处着眼，小处着手，快速学习。"

2001 年，17 位杰出的软件开发人员在美国犹他州的雪鸟（Snowbird）召开会议，讨论软件开发的新型轻量级方法，共同制定了后来所谓的《敏捷宣言》。本宣言由 4 个核心价值和 12 条原则组成，旨在优化独特的产品开发的结果。遵循这些原则的团队愿意接受产品开发后期的需求变更；信任富有动力的个人能够完成工作；相信最好的架构、需求和设计来自组织团队；定期调整行为，以提高效率。虽然该宣言由软件开发人员制定，但其价值观和原则并不限于软件开发，它们适用于任何具有独特性和涌现性的工作。

宣言中提出的原则与泰勒提出的自上而下的管理方法截然相反。他们认为，组织不需要主管下达命令，而是应强调跨职能团队协同配合，从而实现与业务战略相一致的明确结果。他们通过安全试错来测试结果假设（探测），测量结果（感知），并做出相应的反应（响应）。团队在最小可行护栏内（例如，合规性、标准和法规）获得授权。基于反馈进行调整并改变你的变革方式，这对结果的优化至关重要。这些原则可以利用涌现性，尽早降低风险，并通过调整更快地实现更多价值。

《敏捷宣言》希望人们了解如何应用这些原则，因为组织是复杂适应系统，每个情境都是独一无二的，不存在适合一切情况的通用方法。

其中一条原则指出："尽最大可能减少不必要的工作，简单是敏捷流程的根本。"他们认为，重点在于结果而不是产量。也就是说，组织应以最小的产量实现结果的最大化，以最少的努力交付最高的价值。"生产力"的定义是每单位投入的产出数量，但对具有独特性和涌现性的工作来说，生产力不是最重要的。相反，组织的重点应该放在"价值生产力"上，以最少的产出实现结果的最大化。

正如丹·梅齐克（Dan Mezick）所说，当我们度过数字时代的转折点，一个"敏捷行业综合体"应运而生。这是一种自上而下的敏捷实践，具有通用性，不需要为团队授权。它是被推动的，不是被拉动的。它是规范性和公式化的，缺乏涌现性和自主性，难以在具体情境中对期望结果进行优化。这是一种以传统的、确定性思维强制实施的涌现性工作方式。它是敏捷的"万金油"，是一种通用模型，为敏捷制定了框架。有了它，你就可能变得敏捷。这是一种为了敏捷而敏捷的方法。它以敏捷为目标，衡量我们的敏捷性到底有多高。它不一定能够保证实现敏捷化，也未必能带来更好的结果。

人们对"敏捷"一词早已形成自己的看法。我遇到过许多人，他们过去曾因过度实施敏捷而蒙受损失。这个词会令人心生抵触。《第五项修炼》(*The Fifth Discipline*)的作者彼得·圣吉(Peter Senge)曾说："用力越大，系统的反作用力也越强。"考虑到历史和文化的差异，为了提高敏捷性、优化结果，有时候最好的方法并不是敏捷。

　　本书中的"敏捷"有两层含义，一是指敏捷性，它是一个名词，针对产品、过程、实践，是"实践敏捷"。但只有敏捷性未必能带来更好的结果。我更喜欢用"敏捷"的另一层含义，即将它作为动词而不是名词，它指的是"具备敏捷"，是对敏捷性的体现。它针对的是行为、文化、原则，我们每天在这些东西的基础上做出数以百万计的决定。二者的详细区别见图 0-1。敏捷的表现是独一无二的，因为你的情境是独一无二的，我们将在本书中多次看到这一点。

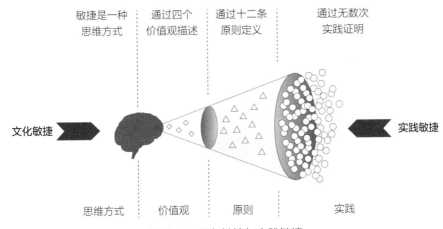

图 0-1　具备敏捷与实践敏捷

注：改编自艾哈迈德·西德基(Ahmed Sidky)。

　　有时，我会用"灵活"一词来代替敏捷，以便进行合理性检验。例如，我们希望变得更加灵活(即我们想快速学习、持续改进和调整)，而不是实践敏捷(我们开站会、点数，并进行强制性的、自上而下的两周"冲刺"，但这未必会带来改进，它仍是以更广泛的确定性思维方式工作)。同样，我们也不是要"实践灵活"或进行"灵活转型"。我们希望改进工作方式，使其适合独特的情境，从而实现结果的优化。

由于组织是复杂适应系统，因此不存在最佳方法。敏捷主要针对行为规范和文化，而不是流程和工具，它的作用顺序应该是人、流程和工具。

从批量生产到精益生产

"精益生产"是约翰·克拉夫西克（John Krafcick）提出的一个术语，他是丰田和通用合资建立的新联合汽车制造公司（NUMMI）的首位美国工程师。他在新联合汽车制造公司接受了长期培训，包括在日本丰田汽车工厂实训，在那里他学习了精益生产的基本原理。这个术语首次出现在《改变世界的机器》（*The Machine That Changed the World*）一书中。有一种描述称："精益生产的一切都是'精简'的，与大批量生产相比，精益生产只需要一半的劳动强度、一半的制造空间、一半的工具投资、一半的产品开发时间与一半的项目时间。"其核心理念是客户价值的最大化与浪费的最小化。

精益生产始于20世纪50年代的丰田生产系统。由于经济上的局限性，该系统的产量低于美国或欧洲的产量，并且资金短缺。丰田首席生产工程师大野耐一（Taiichi Ohno）设计了一种方法，将车身板件的机器冲压模具的更换时间从1天缩短为惊人的3分钟。在这样做的过程中，他发现小批量生产比大量生产的成本更低，因为它清除了大量库存的成本，且任何冲压错误几乎都会立即显现，减少了浪费。

基于丰田创始人丰田佐吉（Sakichi Toyoda）与其子丰田喜一郎（Kiichiro Toyoda）的理念，大野耐一与所有员工一起推出了"持续改进"制度，而不是像美国汽车业和泰勒制那样，由其他人承担改进工作。最后，大野耐一开发出新的方法来协调供应链内的零件流动，形成及时化、自动化的系统，进一步消除库存和浪费，并优化了流程。大野耐一花了20多年的时间才将这些概念完全落到实处。最终，到 2008 年，丰田成为全球第一大汽车制造商，78 年来首次超越通用汽车公司，拿下全球销量第一的桂冠。目前，丰田汽车公司是所有汽车制造商中市值最高的企业之一，其市值是通用汽车公司的 4 倍、福特汽车公司的 7 倍。

在《精益思想》（*Lean Thinking*）中，丹尼尔·琼斯（Daniel Jones）和詹姆斯·沃麦克（James Womack）概述了 5 个精益原则：

1. 价值：根据客户需求，重新定义价值。

2. 价值流：从概念到现金识别价值流及其所有步骤。

3. 流动：限制在制品；稳定流程；关注前置时间、吞吐量和流动效率；解决流动中的障碍。

4. 拉动：从基于推动的工作系统转变为基于拉动的工作系统；根据工作系统的容量进行生产，不要过度生产。

5. 尽善尽美：不断追求尽善尽美。

精益和敏捷的发源地都是第二次世界大战后的日本，它们有很多共同点，例如注重质量、价值、流程，尊重他人，使用拉动式的工作系统，以及持续改进与可视化工作。但两者的关键性差异在于，精益生产关注"标准化生产"，求尽善尽美，大规模生产追求"足够好"。前者对于重复生产是可行的，但对产品开发这种具有独特性、不可知性和涌现性的领域不适用。用伏尔泰的话来说，"完美是优秀的敌人"。精益生产（适用于已知的重复性工作）追求最小的可变性与尽善尽美。在某些情况下，它的目标是六西格玛[①]水平的完美状态。敏捷（适用于未知的独特工作）通过多次最小可行性安全学习实验，积极寻求可变性，并从中受益，从而优化结果。

---

① 一种管理方法和质量改进体系。——编者注

什么是 DevOps

DevOps 是一个整合了开发和运营的综合体。DevOps 专注于打破产品开发团队与运营维护团队之间的壁垒。这个术语由帕特里克·德布瓦（Patrick Debois）于 2009 年在比利时的根特举办的 DevOpsDays 大会上提出。在软件开发领域，敏捷开发已经缓解了客户、业务分析师、开发人员和测试人员之间的流动障碍；然而，在许多传统组织中，软件开发人员与运营人员之间仍然存在一堵看不见的墙。他们之间缺乏共同的理解、责任和端到端的价值流动。

开发人员构建了一个产品，然后便撒手不管，通常不会为负责生产与维护的其他部门人员提供支持性的建议。信息技术运营部门往往要重复手动修复生产中遇到的问题，而开发团队对此毫不知情，因此许多问题难以得到彻底解决。信息技术运营（"维持亮灯"）成本将持续上升，导致可自由支配的开支缩减。通常情况下，开发人员与运营人员不会坐在一起。他们之间缺乏协作，彼此了解（甚至直接处理）重复性支持查询的能力也受到限制。因此，逐渐实现"开发运营一体化"，将人们组织在一个跨职能团队中，使测试和部署自动化，关注失败需求、可保障性、韧性和可观测性，这一切都有助于结果优化。为自己的产品提供支持，这是保持高质量和可保障性的强大动力。基本的部落认同要与客户、价值流和产品一致，而不是与职业角色保持统一。团队取得成功需要共同学习。

在《独角兽项目》（*The Unicorn Project*）中，吉恩·金（Gene Kim）定义了 DevOps 的五个理念：

1. 局部性和简单性：减轻团队与组件之间的依赖性。

2. 专注、流动和快乐：工作顺利流动，使人专注和快乐。

3. 改进日常工作：持续改进，偿还技术负债。

4. 心理安全：团队业绩的首要预测指标；使改进成为现实。

5. 以客户为中心：优化客户价值而不是某个职能筒仓。

根据我的经验，DevOps 的含义包括狭义上的信息技术开发加信息技术运营，和广义上的企业 DevOps。广义的 DevOps 是更快、更安全、更令人满意地交付更高质量的价值。它是指应用更好的工作方式，从端到端，以交付业务和客户价值，在此过程中利用多个知识体系，包括敏捷和精益。最有可能阻碍流动和结果优化的是行为规范、领导力、财务、人力资源、项目管理办公室（PMO）、房地产、治理委员会等。如果要在你的情境中应用 DevOps 的狭义概念，你需要小心局部优化的问题。一旦链条中最薄弱的环节不再是最薄弱的一环，那么继续对它进行强化就失去了意义。你需要找出下一个最薄弱的环节，例如基于项目的融资，增强这一环节，然后继续寻找下一个薄弱环节。

敏捷、精益、DevOps 和其他知识体系都是实现目标的手段，而不是目标本身。它们是在人类活动中共同学习的成果，可用于不同的情境，改进结果，从而助你更快、更安全、更令人满意地交付更高质量的价值。

什么是瀑布方法

在独特的变革情境下，大部分大型的老牌传统组织过去采用过或现在仍然采用瀑布方法。"瀑布"（Waterfall）是指一个连续的阶段—关卡流程，一个阶段的工作完成后再进入下一个阶段，依此类推。它是单向的，大批量的工作在不同的职能部门间传递。在已知信息最少的情况下，这种方法通过大量的预先规划和设计，对工作时间、成本、范围和质量进行预测。计划中的变更控制会抑制敏捷性。出现"范围蔓延"（因为人们在执行过程中发现了未知的东西），人们会对它进行抑制。价值实现的时间通常以年为单位。这种方法的重点是实现预定的计划，而不是尽早尽快地学习，以实现价值与结果的最大化，或尽早终止计划，尽可能降低失败成本。

这种方法会导致沉没成本谬误（"我们已经投资了 1 亿美元，不能浪费这笔投资，因此我们要继续下去")、学习滞后、爆炸式执行，风险高，影响半径大。滞后学习会推迟价值的实现，降低价值最大化的可能性，也会显著增加交付风险，并将风险推迟到最终响应时间所剩无几的时候。人们最终会为了在"截止时间"前完成任务而偷工减料，或者对计划的失败感到沮丧（实际上，这就是已知与未知之间的差距）。学习开始得越晚，犯错的概率越高，犯错的成本也越高。到交付价值的时候，世界已经前进了。"信息技术不会像商业发展得那么快"，这是与瀑布方法相关的常见评论。

瀑布方法背景下，员工的敬业度不高，因为他们直到很晚才能看到自己的劳动所带来的价值增值，这还是在幸运的情况下。人们被困在自己的职能筒仓中，缺乏责任感，也没有实际的端到端责任。人们只能在职能筒仓内得到提拔与激励，最终导致相互指责。"这不是我的问题，我已经尽力了，问题出在他们身上"，大爆炸式的瀑布方法所出现的故障问题被描述为"应用程序开发危机"。

在独特的变革情境下应用瀑布方法，这是一种思维上的错误。这种错误思维将涌现性的工作（具有未知性）错误地归类为确定性的工作（具有可知性）。它所采取的方法是工人铲铁矿石或建造第 57 001 座水坝（之前已经完成了足够多次的任务，因此任务是可知的）时会采用的方法。它将瀑布方法应用于独特的产品开发（以前从未做过这项任务，因此任务是不可知的）。

与瀑布方法属于同一类的是瀑布式 Scrum。它对完全按照顺序的阶段—关卡流程进行了微小的改进，但它不属于敏捷方法。它通常表现为一个瀑布式项目，一般会进行宏大的预先规划和事先设计。"冲刺"一词在甘特图中间出现了 10 次，每次"冲刺"的工作都经过了预先规划，直到后期组织成员才开始学习，并进行大爆炸式的测试与执行。这种方法并未体现敏捷性，也没有优化结果。它只是将确定性的思维方式应用于涌现性的工作领域。

温斯顿·罗伊斯（Winston Royce）是最早提出瀑布模型的人之一，他在 1970 年写道："具体实施这个开发模式时会有很大的风险，它也可能带来失败。"

在考虑一个工作类型的最佳方法时，我们并不是要选择敏捷方法或瀑布方法。我们需要考虑的是敏捷方法（未知，独特）和精益方法（已知，重复）。瀑布方法是"大处着眼，大处着手，慢速学习"，在我看来，它没有值得考虑的理由。为什么不加以优化，尽早尽快地学习、持续地改进并提高敏捷性，从而完成独一无二的变革，降低风险，更快实现更多价值并改善结果？建筑业都开始采用敏捷和精益的原则和实践了。

正如我们所见，为了更快、更安全、更令人满意地交付更高质量的价值，我们需要根据工作类型选用理想的工作方法。在下一小节中，我们将了解 Cynefin 框架，它对解决这一问题很有帮助。

根据领域选择工作方法

正如我们所见，产品开发和独特的变革具有涌现性而非确定性。这样的工作充满了"未知的未知"，在空间中的行动会改变空间。相反，一个整天在装配线上制造车轮的工人知道何时制造车轮、何时不需要制造。一个每天处理 1000 万笔支付业务的组织也是如此。在这种情况下，你需要的是标准化工作，而不是可变性。

如果你做的每项任务都是独一无二的，那么困难也会随之增加。只有当产品建构出来之后，你才能意识到是否还有更好的做法，甚至意识到需要完全不同的产品才能更好地满足消费者的需求。在一个具有涌现性的领域，你需要了解可变性，然后增加实验次数，以优化预期结果。

这意味着不再有"一刀切"的工作方式。无论是敏捷、精益还是 DevOps，它们都未必适合一切情境。因此你需要根据工作领域和独特的情境优化工作方式。

Cynefin 框架

1999 年，戴夫·斯诺登在担任 IBM 全球服务部的管理顾问时，提出了

"Cynefin"框架，对工作的领域进行了分类。该框架以威尔士语中的"栖息地"（habitat）一词命名，它提供了五个解决问题和决策的模型（图 0-2）。这是一种非常有用的方法，可以帮助我们确定在什么情况下采用敏捷方法、精益方法或其他方法。

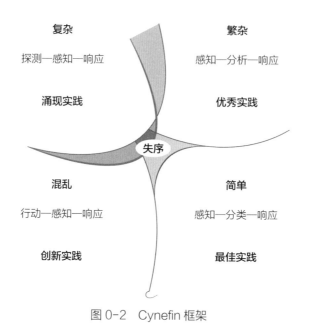

图 0-2　Cynefin 框架

注：改编自戴夫·斯诺登。

简单域：孩童游戏

在 Cynefin 框架中，简单域的工作是简单易懂的，并且有可预测的结果，就像一种孩童游戏，不需要项目计划、冲刺或待办列表。孩子知道，如果他先向左拐，再向右拐，然后再向左拐，就能抵达学校。每天的路线一样，结果也一样。这类工作有"已知的已知"和最佳实践。在英国你要靠左行驶，在美国你要靠右行驶。因果关系非常明确。在这一领域，你可以感知情况和环境（例如，我在英国），然后根据你所了解的情况进行分类（在这个国家，人们要靠左行驶），并通过遵循规则或应用最佳实践（出发，然后靠左驾驶）做出响应。

繁杂域：最适合精益方法

繁杂域的工作需要更多的判断力。这一点不难理解，因为在此情境之前，这项活动已经进行了多次。它不是孩童游戏。它需要专业知识。这个领域内存在"已知的未知"，你需要对其中的因果关系进行分析或学习。在该领域，你可以感知、分析，然后做出响应，应用合适的优秀实践。这类工作有优秀实践，但没有最佳实践。虽然优秀实践的意义非凡，但仍需改进，减少浪费，提高质量并优化流程。

例如，信息技术公司在数据中心安装服务器，汽车制造商制造汽车，投资银行交易和处理股权交易，人力资源部招聘新员工。这些活动都是可知的，因为它们以前都重复过多次。然而，这些工作也需要专业技能，尤其是在出现问题时。即便如此，过去也曾出现过失败的模式。这类工作是有序的、重复的、已知的，最适合采用精益方法。

复杂域：最适合敏捷方法

独特的产品开发属于复杂域的工作。这个领域存在"未知的未知"，在空间中的行动会改变空间。人们只能通过回溯来判断因果关系。前两个领域都是有序的，而复杂域是无序的。它没有最佳实践，甚至没有优秀实践，因为复杂域内的活动具有涌现性。最好的方法是通过安全试错进行测试，验证假设，感知结果，然后通过扩大有效实验或缩减无效实验做出响应。

在数字时代，所有的软件开发都是独一无二的。同一代码不能被写两次。人们不知道自己想要什么，直到他们看到产品。你也不知道如何编写软件，直到你将它写出来，然后当你意识到还可以对它进行完善，使其更加便于使用、维护或提升其韧性时，你需要对它进行重构。即使安装第三方应用程序，例如 ERP（企业资源计划）系统，也是一种创新活动，因为此前从未在拥有这些数据源、人员和流程的环境中安装过该系统。尽快学习是关键，快速反馈环路能够降低交付风险，实现结果优化。这类工作最适合采用敏捷方法。

混乱域：行动先行

有时候我们必须在"混乱"的情况下做出决策。与知识相比，快速行动更有助于恢复秩序。我们通过行动建立秩序来止血，感知稳定所在，并通过响应，将"混乱"变为"复杂"。与复杂域一样，这个领域也是无序的。

全球新冠疫情就是这一领域的典型例子。随着全球强制封锁，人们被迫居家隔离，各组织迅速采取了行动。他们可能建立更多的网络连接，使许多人能够在家工作，在航空、汽车和酒店等服务停运的情况下继续工作。超市和供应商可以努力保持供应链的运营。在这种情况下，人们没有时间花上几个月进行规划，然后等待多个委员会的批准。组织经常说，在这些情况下，他们往往处于最佳状态，人们团结在一起，不分职能部门和业务部门，大家作为一个跨职能团队快速解决问题。之后大多数人又回归他们以前的工作方式。在完成混乱域的工作时，人们偶然发现的技术可能会成为复杂域或简单域的优秀实践或最佳实践，满足日常业务的需求。

失序

Cynefin 框架中的最后一个领域是失序，即当前尚无法归于上述四类的领域。真实情况可能的确如此（你确实无法确定，在这种情况下，你需要将工作拆分成更小的部分），也可能并非如此（这意味着你自满地忽视了差异，将复杂工作当作繁杂或简单工作一样处理）。

工作在各领域间移动

工作很少始终保持在一个领域内。例如，推出新型汽车等新产品，组织需要先从复杂域开始。在应用敏捷方法时，组织会成立以客户为中心的小组、绘制铅笔草图、利用计算机辅助设计（或"数字孪生"模拟），并最终以最短的时间和最低的学习成本完成小型原型和风洞测试，从而避免沉没成本谬误。到了某个阶段，人们会制造一个全尺寸原型，最后在撒哈拉大沙漠和阿拉斯加州的极端地区进行测试，不断更新，以最大限度地实现预期结果。之后每年都会基于该模型制造 100 000 件产品，此时工作的领域为繁杂域。此后，由于故障，某些模型被召回，工作向混乱域倾斜，组织需要通过实验修复故障，这项工作具有一定的复杂性质。此后工作重新回到繁杂域，组织可以采用精益生产。详见图 0-3。

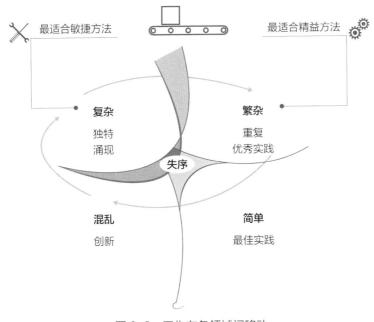

图 0-3 工作在各领域间移动

敏捷和精益都可以为软件开发带来益处。软件二进制文件通过敏捷方法创建，上线流程采用精益方法，软件开发每天都会重复且高度自动化地运行多次构建、测试和部署的过程。在上线过程中，执行人员需要定期进行阶跃式敏捷测试，然后再回到精益模式。软件就是精益传送带上由敏捷创造的盒子。

数字时代的生存与繁荣

选择利用最新的技术革命并采用适合当今多数工作性质的工作方式，这样做的好处是显而易见的。《2019 年 DevOps 全球状态报告》显示，与低效能者相比，高效能者通过技术实现商业价值的频率提高了 208 倍，从事故中恢复的速度提高了 2604 倍，变革失败率降低到 1/7；学习、反馈和价值实现的速度更快，更能通过调整最大限度地接近预期结果；具有更强的韧性与稳定性，从而可提高客户和同事的满意度。这些因素以及心理安全与组织的效能呈正相关。

以我个人的经验为例，近几年来，在独特的产品开发情境下，我作为公仆式领导者，带领巴克莱银行改进工作方式。我们看到，前置时间（即开始工作到将产品交给客户的时间）和花在学习、调整、降低风险上的时间平均减少了 2/3，价值实现和反馈的速度比过去提升了 3 倍。我们看到数千个产品开发团队中价值项目的吞吐量也相应增加了 300%，事故数量下降到 1/20，独立接受调查的员工的敬业度得分达到有史以来的最高值；取得最大进步的团队将价值实现时间缩短到 1/20，吞吐量也相应增加了，学习速度提高了 20 倍，去风险速度、调整能力、响应回馈的能力、学习能力、改变方向的能力与停止的能力也同样得到了提高。就像《2019 年 DevOps 全球状态报告》中的高效能团队一样，巴克莱团队正在更快、更安全、更令人满意地交付更高质量的价值。

这是我们经过艰苦学习并观察了大量库布勒–罗斯曲线（Kübler-Ross）后的成果，在库布勒–罗斯曲线中有激动情绪的顶点、失望的低谷，然后曲线往往会爬升到更高的控制点（更多内容请参见第 3 章）。我们在"紧迫感"这一章及后文都会提到，持久的行为改变无法通过强迫实现。它不是短期活动。它是连续的活动。

随着新的生产方式的出现，变革的速度越来越快。变革不再像过去那样断断续续。特别是产品开发，从项目到产品，不再是大爆炸式地开发大量产品，任其被淘汰，任由杂草丛生，直到需要另一次大爆炸式的铲除、焚烧、重写。组织正在转向"持续一切"。

随着时间的推移，软件系统和人类系统都会丢失信息。如果单独使用，它们的效率和可维护性都会降低。软件变得过时，人们出于善意引入官僚制度，这往往会带来意想不到的后果。杂草又开始生长。相反，我们需要不断照料花园，使其保持常青，培育文化，在飞行时升级飞机，并避免行为、过程和技术负债，这些负债会复利积累。变革与持续改进应该是一种可持续的习惯，一个不断实验、反馈、学习和调整过程，这样才能优化结果。毕竟，客户不仅购买了一个时间点的产品，他们还购买了持续的创新和体验。人们希望在一个工作方式可持续、具有吸引力且人性化的地方工作。

一些组织仍在使用前两次技术革命诞生的工作方式，将其错误地应用于现在的工作上。另一些组织则采用其他工作方式，它们适合数字时代具有涌现性的工作。我们从电力和工程时代的泰勒制发展到福特制，又到石油和大规模生产时代的精益生产，再到数字时代的业务敏捷。重复、高效、可持续、不间断地以更快、更安全、更令人满意的方式交付更高质量的价值。这将成为新常态。

下一章我们将更加详细地讨论 BVSSH，它是本书的核心，也应成为任何想要在数字时代生存和繁荣发展的企业的焦点。

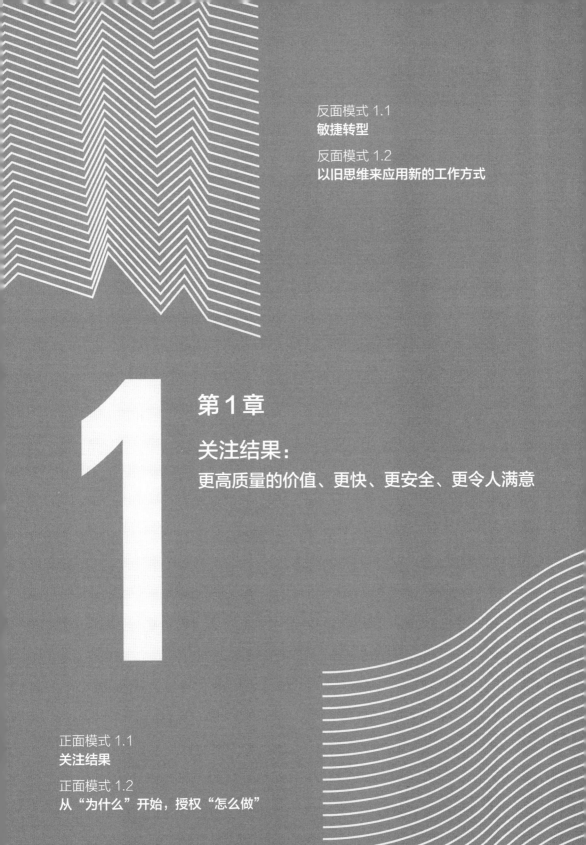

1

第1章

关注结果：
更高质量的价值、更快、更安全、更令人满意

你是否准备进行或正在进行敏捷、精益或 DevOps 转型？如果是，我的建议是：不要这么做。将注意力放在你想取得的结果上，然后你会变得敏捷。

请重点关注：更高质量的价值、更快、更安全、更令人满意。

这是我近 30 年里学到的最重要的经验。在过去 30 年里，从领导全球化、受监管的大型老牌组织，到与跨行业的大公司合作，我一直在实践敏捷和精益方法，在数字时代通过软件交付业务价值。作为一个团队型组织和公仆型领导者，我们一起进行了实验、学习和调整。

敏捷、精益和 DevOps 不是目标。一个组织可能会在"我们的敏捷性有多高"的测试中获得高分（或者更糟的是，他们以"在多大程度上严格遵守敏捷框架"或"有多少个 Scrum 团队"作为衡量标准），却无法产出更好的业务成果。这种情况我已见过多次。这种组织可能很快就会犯错。团队可能会变成"功能工厂"，在补充待办列表的自证预言下，关注"提高产量"，而不是更好的结果。此外，敏捷可能会被视为一种信息技术专用方法，只能带来局部优化，不过是传统方法的汪洋大海中的一个泡沫。团队可能出现货物崇拜行为，采用新的标签和仪式，但行为仍与以前无异。

敏捷、精益、DevOps、设计思维、系统思想、约束理论等都是工具箱中为人熟知的工具，组织可以利用这些工具来实现期望的结果。它们是知识体系，是人类通过多年有组织的活动积累出来的智慧，常常被称为原则和惯例。正如我们所见，这些工具适用于特定的情境。这些情境是数字时代的新常态，连令人尊敬的老牌企业（它们是上一个时代的"骏马"，不是新的数字时代的"独角兽"）都在转变 100 多年前的工作方式，这些工作方式源于 19 世纪末的两次技术革命。

每个组织都是独一无二的，组织是复杂适应系统。文化变革具有涌现性质。因此，组织所选择的干预措施需要根据具体情况加以应用。没有通用的方法，没有通用的模型，没有万金油，也没有万灵药。要知道你所使用的知识体系、原则和实践能否产生预期的影响，你需要知道自己的预期结果是什么，然后将注意力全部放在结果上。你要用这些知识完成哪些任务？你希望产生什么结果？

在我工作过或与之合作过的所有组织中，这些期望的结果都可以被表述为：更高质量的价值、更快、更安全、更令人满意。

"更高质量的价值、更快、更安全、更令人满意"的含义是什么

"更高质量的价值、更快、更安全、更令人满意"的含义是什么（图1-1）？每个词语代表什么含义？如何对它们进行衡量？需要注意的是，它们不仅限于信息技术的成果和标准。它们适用于所有组织，无论组织在什么领域交付价值。它们也与职业角色无关。它们针对的是一个集体的"我们的业务"，而不是"我们的业务和他们的业务"。在数字时代，每家公司都是一家直接或间接的软件公司，很少有价值交付不涉及信息技术的情况。

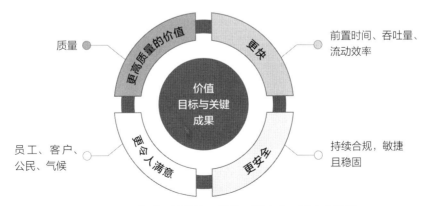

图 1-1　更高质量的价值、更快、更安全、更令人满意

更高质量。例如，对于软件产品来说，"更高质量"意味着生产事故减少，平均恢复时间缩短，静态代码分析方法获得进一步提升。对于内部审计来说，"更高质量"意味着减少内部审计报告的返工。对于组织运营来说，例如处理支付、交易或贷款申请，"更高质量"意味着降低错误率。"失败需求"越低，用于维持运作的成本就越低，可用于新的增值活动的预算就可以得到提高。质量是生产出来的，不是检验出来的。

价值取决于旁观者。它是独一无二的，并通过季度业务成果（也被称为目标与关键成果）体现。它是你开展业务的原因。"价值"可以是市场份额、收入、销售量、损益、利润、多样性、碳排放量、应用程序下载量、流媒体分钟数、订阅人数等。价值应涵盖消费者和生产者的视角。

业务结果是一种假设，因为我们处于涌现的领域。它们是嵌套的，一脉相承，长期延续，是整个组织的战略结果假设（年度战略与多年战略）。每天将价值交到客户手中，获得快速反馈，从而验证假设。价值衡量标准是目标与关键成果中的关键成果（KR），分为超前指标和滞后指标。每天、每周、每月的嵌套节奏可以根据快速学习进行调整。通常组织每个月都会对季度业务成果进行检查和调整。随着每日的价值释放，组织就有可能对多年战略假设进行每日反馈。详见第 5 章。

流动**更快**，这是敏捷和精益的核心。在尊重他人的前提下，对安全价值的快速高效流动进行优化，有三个关键指标可以汇总到组织层面或者分散到团队层面：

- **流动效率**是指在已经流逝的端到端的前置时间内，积极进行工作而不是等待工作完成的时间的百分比（图 1-2）。这是最重要的衡量标准之一，但很少有组织了解知识型工作的流动效率。根据我的经验，大多数大型服务组织的流动效率通常为 10% 或更低。这意味着任务等待的时间至少占 90%。这是可以获得极大提升的地方。大多数的组织专注于未进行工作的时候，而不是工作正在进行的时候；关注工作，而不是员工。等待时间通常由阻碍流动的障碍引起，例如，职能或时区的切换或多个委员会的审查步骤，导致工作需要排队进行。组织试图让多项工作并行，也会导致等待时间过长。路上的车辆越多，车辆行进速度就越慢。组织应确定阻碍流动的障碍并加以解决，限制在制品。

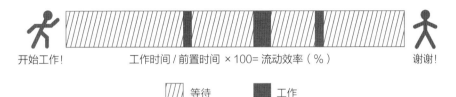

图 1-2　流动效率

- **前置时间**是指上市时间，即从开始一个项目到向客户交付价值的时间。缩短前置时间可以提升反馈和学习的速度，降低风险，更早实现货币化，更快实现成果最大化。前置时间符合典型的韦布尔分布，这是一种连续的概率分布，它类似于左偏的正态分布且带有长尾效应。建议以前置时间第 85 百分位数及其随时间的变化作为衡量标准。
- **吞吐量**是在给定的时间内交付给客户的价值数量。随着前置时间的缩短，吞吐量应该会增加。如果没有增加，说明流动的上游存在障碍。理想情况下，吞吐量不会随前置时间的缩短而立刻增加。相反，缩短前置时间后所争取到的时间应该用于创新、与客户相处，以及继续改进工作系统，进一步解决流动障碍。我们希望以最小的产量实现结果最大化。

请注意，此处没有出现"更迅速"一词。"更迅速"可能有负面含义。一个"功能工厂"可以快速完成工作，快速生产出没有人需要的功能，但这是苦干而不是巧干。

更安全意味着持续合规，敏捷且稳固，这是本书第 6 章将讨论的主题。组织不要因泄露客户数据而登上新闻头条。更安全是指信息安全、网络和数据隐私安全，组织应遵守一般数据保护法规、了解客户、反洗钱、反欺诈等。它需要治理、风险和合规管理。更安全需要兼顾速度和控制，不能以牺牲这一个来换取另一个。更安全是一种文化，需要人们持续关注风险。

更令人满意是指满足同事、客户、公民和环境的需要。改进工作方式但不需要付出任何人力、社会或环境代价。这是一种更人性化、更具吸引力的工作方式，拥有以客户为中心的跨职能团队。更满意需要我们巧干而不是苦干，需要我们改进工作制度，消除障碍。组织不仅要关注客户的满意度（而不是短期财务指标，前者能为我们带来收益），还要关注社会和环境责任。

更高质量的价值、更快、更安全、更令人满意，这四个方面需要相互平衡。如果通过更加努力地工作或走捷径来实现"更快"，结果"更高质量"与"更令人满意"的趋势就会降低。

BVSSH 包含结果的两个层面。更高质量的价值、更快、更安全、更令人满意是指结果怎么样。它们可以衡量工作系统的改进情况。价值是指结果是什么，它是工作系统产生的业务结果假设，我们将在第 5 章讨论这一点。这两个层面形成了一个良性循环。提高反馈速度，调整能力、质量与同事和客户的参与度，那么第一层面的改进将带来第二层面的改进。

请注意，我没有提到"更迅速"，同样的，我也从未使用过"更便宜"一词。日本的企业在实践精益原则和方法时吸取了一个教训，即"更便宜"是一种反面模式，它会带来逆风。不希望自己或同事失业，这并不是一个鼓舞人心的行动号召。"更便宜"对质量和满意度会产生负面影响。

此外，关注可见成本的降低往往会造成流动效率的降低，从而增加隐性成本。削减成本可能会带来隐性成本。例如，引入更多的交接、通信路径、时区处理挑战、差异化激励等，都会降低流动效率。它们会增加工作等待的时间，进而降低吞吐量并延长前置时间，会导致工作系统的效率降低，学习和调整的速度变慢。公司的开支虽然减少了，但能够完成的工作也变少了，工作系统的效率降低了。这对价值创造能力造成双重打击。由于流动效率降低，该组织的价值生产逐步下降，增值梯度也随着时间的推移而减小，进而导致组织发展减速。这样一来，组织收入减少，需要对成本进一步压缩。

改进产品开发的工作方式关系到"价值生产力"。我们希望优化价值与学习时间。结果比产量更重要。我们希望在最短的时间内以最少的产量实现结果最大化。我们希望将价值曲线不断延长，切断尾部，接入另一条价值曲线（图1-3）。通常，关注"更便宜"会适得其反，导致价值实现时间和学习时间延长。

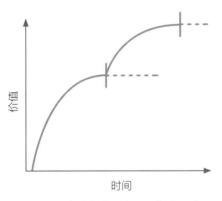

图 1-3　价值曲线最大化；切断尾部

组织不应将重点放在降低成本上，而应关注结果，即更高质量的价值、更快、更安全、更令人满意，并改进工作系统。组织要缩短前置时间，提高吞吐量，努力在最短时间内实现最高价值。伴随敏捷性的提高，在其他条件相同的情况下，与维持现状相比，组织成本收入比率中的"收入"部分会得到提高。

如果一个组织没有先改善跑道或宏观驱动力（如全球范围内爆发的流行病），就想改变业务基础，并迫使人们减少开支和工作，那么我的建议是密切关注工作系统。组织要避免随着流动效率的降低和价值实现时间与学习时间的延长而增加隐性成本。以牺牲流动效率为代价来削减成本，可能会导致隐性成本的增加。组织应重点关注吞吐量核算与传统成本核算。

现在，你已经深入理解了"更高质量的价值、更快、更安全、更令人满意"的含义，并且已经准备关注结果而不是敏捷本身，那么接下来我们来看两个最重要、最基本的反面模式。它们会给组织带来强大的逆风。这两种反面模式都是有害的，因为它们并未将敏捷思维应用于敏捷。这些反面模式（与所有的反面模式一样）通常会降低实现预期结果的可能性。它们使艰难的工作变得更加困难。

反面模式 1.1　敏捷转型

我见过许多想要进行"敏捷转型"的组织和领导团队。这个过程往往以相同的方式启动。我们与高层领导者坐在一起，询问他们为什么希望改变。他们常以沉默来回应。有的凝视天花板，有的伸伸腿。最后终于有人勇敢地举手说：

"我们需要花很长时间才能将新想法推向市场。速度慢，效率低。"

"很好，"我说，然后把它写在黑板上，"其他人还有想法吗？"

陆续有人发表自己的看法，我依次将它们写下：

"其他人都在这么做。"

"我们正在努力防止人才流失，吸引人才。"

"我们的客户满意度在下降。"

"我们不想落后。"

"我不明白。我认为我们现在已经做得很好了。"有一个人说，他双臂交叉在胸前，眉头紧锁。

这些答案都是合理的，也是可以理解的（包括最后一个）。我们继续询问，"为什么贵公司希望改变工作结果与工作方式"。最终有人谈到了存在主义的观点："我们正在遭受惊扰。如果不改变工作方式，我们就无法生存。"

通常，组织即将开始或已经开始"敏捷转型"，或者他们过去曾有过"精益转型"或六西格玛的痛苦经历，或曾尝试提升 DevOps，关注工具的应用。

通常情况下，期望结果只会通过"我们有多少敏捷、精益、DevOps 团队"这一个问题进行表述。甘特图带有预先确定的解决方案、日期和在已知情况最少的情况下所预测的支出，这是一个年度的、自下而上的财务规划过程，需要执行人员花 6 个月来规划和重新规划，其重点在产量而不是结果上。敏捷是这片汪洋大海中的泡沫。在这个过程中，有"最后期限"或"死线"（当然大多数情况下无关生死）；RAG（检索增强生成）状态与变化控制流程；一个包含了 20 个强制性工件的变化周期，大多数都有自己的阶段—关卡管理委员会；传统瀑布方法的项目管理办公室；60 页的指导委员会文档；项目计划中间有 10 次"冲刺"；缺乏心理安全；通过绩效评价模型激励平庸者（少说多做），并采用大处着眼、大处着手、慢速学习的方法。好消息是，组织的确希望改进。

（一）工具箱中的工具

组织不应为了实现"敏捷"、"精益"或"DevOps"而采用敏捷、精益或 DevOps 方法。形象地说，它们只是工具箱中的工具。重要的是你要拥有一系列知识体系，可以在自己的情境下进行最理想化的部署。工具上的转型，如"敏捷转型"，并不是优化结果，而是优化工具。

例如，你想在墙上挂几幅画，所以你进行了"钻头转型"。将这个类比进一步扩大，钻头的品牌代表一个特定的敏捷框架。例如，"博世（Bosch）钻头转型"或"百得（Black&Decker）钻头转型"。在钻头转型结束时，一个跨职能团队或许能够更迅速地在一面墙上钻出无数个直径 0.25 英寸 [①] 的孔，兑现钻孔的承诺，但这并不意味着你已经将画挂到了墙上。敏捷和精益的原则、实践、方法和框架是实现目标的知识体系，但它们不是目标。同样，成功并不意味着团队能够使用工具，如 JIRA（一个具有有限功能的项目管理软件）。由工具主导的转型并不等同于敏捷。

---

① 1 英寸约等于 2.54 厘米。——编者注

（二）货物崇拜

第二次世界大战期间，美国在南太平洋美拉尼西亚的几座小岛上建设了空军基地。飞机会定期降落，运送药品、食品、帐篷和岛上居民以前从未见过的武器等物资。战争结束后，飞机不再回来。岛上居民的反应被人类学家称为货物崇拜。他们用木头搭建了控制塔，头戴椰子制成的耳机，用木制步枪进行阅兵和地面演习，用稻草制作与实物一样大小的飞机模型。他们看到，当美国人做出类似行为时，飞机就会满载物资抵达。他们试图复制美国人的行为，但飞机并没有再回来为他们带来物资。

这种货物崇拜行为可能发生在正在进行敏捷转型的组织中。当组织要"实践敏捷"，它会为了达到敏捷的目的而追求敏捷，或者关注"我们的敏捷性有多高"，而不是期望结果。员工可能不会戴椰子制成的耳机，但他们会有新的头衔、迭代、站会、回顾和报事贴，这些东西本身未必会带来更好的业务成果。人们正在举行仪式，但飞机没有降落，货物也从未送达。

大型组织和小型组织中都会发生货物崇拜。在 2010 年之前，诺基亚的智能手机市场份额一直位居第一。诺基亚开发团队采用了敏捷工作方式，并应用"诺基亚测试"，他们本着积极的意图改进以往的工作方式。"诺基亚测试"可以衡量公司相对于 Scrum 敏捷框架的敏捷性。在短短两年的时间里，即从 2011 年到 2012 年，诺基亚的塞班（Symbian）操作系统在市场上的占有量从最高下跌到零。上一款采用塞班系统的诺基亚手机于 2012 年 2 月面世。在英国，所有大型运营商都未储备这款手机的现货。2013 年 9 月，诺基亚将其手机业务出售给了微软公司。

自 2012 年起担任诺基亚董事长的里斯托·斯拉斯玛（Risto Siilasmaa）在其著作《变革诺基亚》（*Transforming Nokia*）中描述了当他得知编写塞班系统需要两天，完整搭建需要两周时的感受：

就像有人用大锤敲了我的脑袋。我们开发平台的方式存在根本性缺陷，而我们的赢利能力和近期的增长主要依赖平台的开发……后来我了解到，完成整体搭建需要两个星期！这就是导致灾难的原因，而灾难正是我们面对的东西。

团队可能会按自己的喜好"实践敏捷"。他们有产品负责人、站会、冲刺等，这些都是对传统瀑布方法的改进，需要很长的概念兑现时间和学习时间。它并没有拯救塞班系统或诺基亚手机。斯拉斯玛认为，更大的问题在于人们缺乏心理安全感。人们掩盖坏消息，而不是揭露、讨论和处理问题。没有人夸大事实，整体搭建的时间的确是两周。实践敏捷并不能解决问题。

根据我的经验，组织中的行为规范是改变工作方式的最大杠杆。正如我在第4章中所解释的那样，行为规范也是最难以撼动的。如果诺基亚主要关注结果而不是工具，那么其结局可能会有所不同。关注"更快"可能会让我们看到塞班系统漫长的前置时间。关注"更令人满意"可能会暴露心理安全缺乏的问题。如果在开发过程中关注 BVSSH 结果，塞班系统或许能够与安卓系统和苹果系统抗衡。

我亲身体验过这种货物崇拜行为。这是我曾经学到的最大教训之一。2015 年，我在巴克莱银行实施了一次敏捷转型。我们进行了一次主题为"你的敏捷性有多高"的四个层级的自我评估调查。这个测试的意图本身是积极的，它提供了一个粗略的指标，表明谁在使用敏捷原则和实践，谁还在实践旧的瀑布工作方式。

事后看来，我不应该这样做。这个测试导致了货物崇拜行为，大家只是给旧方法贴上了新标签。我们也有一些团队采用了敏捷原则和方法，但由于后面几章所描述的各种原因，他们都没能收获预期的有益结果。他们关注的是敏捷实践，而不是结果。

更糟糕的是，我们有四个敏捷层级的目标（你评估什么，就会得到什么），团队找到了钻空子的方法，在某些情况下甚至导致了更多的货物崇拜行为。每个业务部门都实现了"你的敏捷性有多高"的目标，在年底绩效考核前，他们的敏捷性突然猛增，有些让人不可思议，几乎令人难以置信。这项调查的意图可能是积极的，然而事后看来，这是一种误导。有了这一教训，之后我们就进行了调整。

反面模式1.2　以旧思维来应用新的工作方式

将"敏捷"、"精益"或"DevOps"作为目标，而不是实现目标的手段，这就是以旧思维来应用新的工作方式。

从员工的角度来看，敏捷转型意味着他们正在进行非自愿的、强制性的变革，无论他们是否愿意。"敏捷"代表了他们将如何变革，"转型"代表了他们必须变革。这两个词都背负包袱。它们暗示了外在（推动）动机而非内在（拉动）动机。

这个反面模式中的"敏捷"告诉员工，他们必须是产品负责人、敏捷专家或团队成员。他们必须运用站会、回顾、故事、史诗和报事贴方式。他们必须学习新的行话，并且能够自如地谈论速度、故事点、故事映射、计划扑克、燃起图、燃尽图、技术刺探、最小可行性产品（MVP）、目标与关键成果、价值流程图（VSM）、极限编程（XP）、持续集成/持续交付（CI/CD）、小队、部落、分会、行会、"道场"（dojo）、"套路"（kata）、持续改进、作战室和累积流图。这是革命式而非渐进式的变化，你别无选择。它是一种强加的敏捷。

这个反面模式中的"转型"代表一种强加的变革。它代表一种工作计划，有开始日期和截止日期，然后公司就会神奇地发生彻底的改变，如同毛毛虫蜕变成蝴蝶。这是一种自上而下的命令，它被视为一个项目，具有确定性思维；提前规划，设定"最后期限"（再一次拿死亡类比）；有18个月的倒计时。在某些情况下，这是一场精心准备的成本削减运动，是一种大爆炸式的变革。它只是将成员重组为小队和部落，赋予他们新的角色，并进行裁员。在某些情况下，人们需要重新申请自己的工作，连续几个月处在不确定的状态中。

你的那些顶尖人才有能力在隔壁找一份新工作，他们有可能会在这样的不稳定性中继续徘徊吗？在我所了解的那些组织中，不止一个组织给出了否定答案。

大型的老牌组织的反应往往是悲观的："又来了，又是一个转型计划。我就坐在那里，把头埋进沙子里，等待这场转型烟消云散。"我观察到一些任职时间较长的员工，他们在维持现状方面拥有令人难以置信的技术和能力。强迫的力量是强大的。对那些处在职业生涯末期的人来说，他们即将到了领取养老金的时候，因此没有任何动力去动摇现状。恰恰相反，他们只想维持现状。

转型作为一种强制计划，试图以旧思维来应用新的工作方式。它所应用的工作方式起源于 19 世纪末的电力和工程时代，从工厂的重复体力劳动演变为数字时代独特的涌现性变革。它并未将敏捷思维应用于敏捷方法上。引用《敏捷宣言》签署人之一马丁·福勒（Martin Fowler）的话来说："强加的敏捷方法会与敏捷方法的基本价值观和原则产生冲突。"

接下来我们将讨论这种冲突所带来的一些情绪反应。

（一）恐惧与抵触心理

强加的变革与工作方式会引发恐惧和抵触心理，这不足为奇。人们担心失去控制，害怕不确定性，拒绝改变习惯，害怕失败、无能和更多工作（"我不得不做这项工作，你还要我改变工作方式？"），对变革感到疲惫，"只想选择熟悉的东西"。

管理者习惯于传统的工作方式，即命令和控制式的文化，管理者发出命令，并想看到这些命令被执行，他们担心这种变革会导致失控。领导者和利益相关者习惯于坐在控制室内，预先计划项目的每一步（在已知信息最少的时候），他们认为未来是可预测的，害怕接受新兴的、需要实验的领域。命令和控制未来更容易。职能筒仓的领导者感受到了威胁，为自己所建立的"帝国"感到担忧，他们不知道变革对自己意味着什么。每个人都害怕改变自己已有的习惯，即使是最自信的员工也会患上冒充者综合征。当前的工作系统让他们拥有了现在的位置，他们担心工作系统的变革会暴露自己的无能、弱点或脆弱。

此外，他们还担心变革会导致工作量的增加。就算天崩地裂也必须交付价值，因此人们现在必须用"速度""冲刺"和"要点"等行话来改变交付业务价值的方式。人的惰性也发挥了一定作用。对许多人来说，"已知的困难"要好过敏捷和精益带来的未知困难。

从进化的角度来看，特别是对那些已形成固定思维的人来说，变革会引发他们的生存恐惧，恐惧的程度取决于对变革原因的阐释以及变革的实施方式。原有的思维模式占据上风后，人们会产生抵触情绪与不理性的想法：我能改变吗？如果我不能适应怎么办？我还能应付得了吗？

正如罗伯特·莫勒（Robert Maurer）在其著作《积跬步以致千里：持续改善之道》（*One Small Step Can Change Your Life: The Kaizen Way*）中所解释的那样，杏仁核能够激活"战或逃"反应，因此当我们想偏离平时的安全路线时，它就会敲响警钟：

任何新的挑战或机遇都会触发大脑产生一定程度的恐惧反应。面对一份新工作，抑或只是遇到一个陌生人，大脑的杏仁核都会提醒身体的某些部位做好行动准备，而大脑用于思考的部分，即大脑皮层的活动会受限，有时甚至会被关闭。

（二）损失厌恶

人类进化过程中产生的对变化的恐惧也体现在损失厌恶上：人们倾向于规避损失，而不是争取同等价值的收益。研究表明，损失对心理的影响是收益的两倍。恐惧可能是一种进化残留现象。我们的祖先始终挣扎在生死边缘，损失一天的食物可能就足以导致饥饿。能够获得额外的食物固然不错，但他们已经生存下来了。额外的食物还需要进行储存和保护，这并不能延长他们的寿命。在这种情况下，损失的影响远远大于收益的好处。这种规避损失，甚至是避免获得收益的进化趋势，进一步巩固了人们维持现状的愿望。

（三）代理状态

强迫人们做出改变，并且要求他们如何改变，这只能带来外在动机而不是内在动机。一些人会出现"代理状态"，在这种状态下，他们感到必须服从命令，即使他们认为这些指令无法带来最佳结果，甚至会造成违背道德要求的后果。他们将结果的责任推给下达命令的人。

1961 年，耶鲁大学心理学家斯坦利·米尔格拉姆（Stanley Milgram）进行了一系列实验，观察志愿者是否愿意听从一位身穿白大褂的实验者的指示，对一个回答错误的陌生人进行高强度电击。在一次实验中，米尔格拉姆报告说，多达 65% 的志愿者同意实施电击（他们被告知电压为 450 伏），虽然他们也担心这可能会导致被电击者死亡。

此后，研究人员吉娜·佩里（Gina Perry）查阅了米尔格拉姆的笔记，并采访了实验参与者，于 2013 年发表了她的研究结果。佩里表示，在观察了实验的多种变体后，她发现约有一半的实验参与者认为他们所实施的电击是真实的，在某些情况下，2/3 的人拒绝实施电击。然而，人们仍然表现出服从的状态。虽然有些人认为他们在串通一气做坏事，但其他人仍然按照指示采取行动。他们所发挥的作用就是接受和执行被视为权威者的命令。

因此我们应避免使他人产生代理状态。如果以旧的行为方式强制实施新的工作方式，作为一种命令和控制式的指令，尽管人们在服从时表现出一些民族文化的差异，但大多数人仍会选择服从命令，即使他们认为这可能会产生不良后果。我遇到过这样的情况，人们在服从命令的同时，也希望改变败局。为了证明自己的观点，他们一丝不苟地执行命令，最后用失败的结局对命令发出抗议。

一种类似的心理状态是习得性无助，由于缺乏心理安全，再加上命令和控制文化的影响，人们在等待下一个命令时往往选择原地不动。如果将旧的行为方式和思维方式用于新的工作方式，人们就不会独立思考。他们不会改进。他们将听从命令，然后等待下一个命令。这种情况我已见过多次，团队遵循强制性的机械的敏捷动作，既没有优化结果，也没有体现敏捷和精益的价值观。

（四）丧失三大工作动机：自主性、掌控力、使命感

丹尼尔·平克（Daniel Pink）在其著作《驱动力》（*Drive: The Surprising Truth About What Motivates Us*）中解释道，当今能够激励员工，尤其是知识工作者的，并不是承诺经济回报。泰勒模型的一个著名特点就是通过增加几美元的工资来激励体力劳动者，但如今，再多拿几块钱也不能激励员工多写几行代码。使人们不断进取的是自主性、掌控力和使命感。我们都希望掌控自己的生活，擅长自己所做的事情，并且感受到自己所做的事情的重要性。这些都是内在动机。

当员工听说他们正在经历"敏捷转型"时，这三大动机中至少有两个动机就消失了，即缺乏自主性（你必须做这件事，别无选择）和缺乏掌控力（经历漫长的职业生涯后，你又变成了一个初学者）。

因此，提高敏捷性可能要付出巨大的代价。这个代价能够换来什么？为什么要求他们付出这样的代价？如果将原因表述为降低成本或提高赢利能力，如果变革的原因仅仅是为了让公司赚更多的钱，或者避免自己或同事失业，那么员工的使命感就会消失，他们的三大动机——自主性、掌控力和使命感——都被剥夺了。

人们常常被迫采用敏捷或精益实践，而不是被邀请和被激励，让他们主动渴望创造更好的结果。正如圣吉在《第五项修炼》中所说："用力越大，系统的反作用力也越强。"

 **从反面模式到正面模式**

关注结果，从"为什么"开始，授权"怎么做"

我们已经明白，敏捷、精益和 DevOps 都是工具箱中的工具。它们是实现

目标的手段，而不是目标本身。实践敏捷并不能让你变得敏捷。强行实施敏捷方法会导致货物崇拜：人们机械地遵循敏捷操作，但飞机并没有空投货物。

我们还看到，强加的敏捷并不是敏捷。它会导致恐惧和抵抗。它不会为团队授权；相反，它会导致人们处于代理状态，一味地听从命令，不加质疑，也没有自己的想法，对结果不承担责任。它还剥夺了三大工作动机：自主性、掌控力和使命感。

敏捷和精益是几十年来积累起来的知识体系，它们有自己的原则、实践、思维方式和行为方式，如果在一定的情境中实施得当，可以带来更好的业务成果。这些结果（以及它们如何相互平衡，避免给人类、社会或环境带来损失）是我们需要关注的重点。

例如，在一个组织中，我发现在产品开发中采用敏捷方法并不是改进结果的最佳方法。该组织之前经历过多次失败的敏捷转型，留下了"情感疤痕"。相反，尊重当前的角色和职责，追求渐进式的改进，一开始先采用较温和的传统瀑布方法，关注结果，并让员工自主决定工作方式，这是以更快、更安全、更令人满意的方式交付更高质量的价值的最佳方法。组织不需要进行革命，因此不会引发恐惧和抵触心理。最终，该组织从一个项目调整到一个产品，通过跨职能团队和更短的上线时间来体现其敏捷性。采用敏捷原则和实践，但其目的并不是敏捷。相反，人们需要发挥自己的才智，研究在该情境下如何以最佳方式做到更快、更安全、更令人满意地交付更高质量的价值，并提供相应的支持和反馈。在这个过程中形成一种新的、持久的肌肉记忆，即一个组织能够自发改进，而不是等待命令，这是一种新的"习得性自助"能力。这才是你真正需要的东西。

除了明确预期结果并授权团队自主决定工作方式以外，组织还需要明确地阐述独特的变革理由。组织需要了解改进工作方式的原因，这些原因必须能够激发人们的内在动机。以削减成本和避免失业为理由可能会扼杀变革。如果组织没有面临生存威胁，谁会费力让自己或同事失业？为什么他们应该做出牺牲，从而向机构投资者支付更高的股息，或满足董事会做出的其他短期财务承诺？因此改进工作方式的原因很重要。

敏捷性需要以敏捷的方式显现。授权、实验、尊重、自主、学习，每个人都让自己的大脑投入到工作中，并不断改进自己的工作方式，这些都是敏捷和精益思维的核心原则。这项工作本身具有涌现性，改进这项工作的工作系统也具有涌现性。

请记住，正确的模式未必总能带来成功。每个处境都是独一无二的，因此没有通用方法，所得结果也因人而异。

正面模式 1.1　关注结果

关注结果，以更高质量的价值、更快、更安全、更令人满意为目标，敏捷、精益或 DevOps 不能作为目标。

社会学家埃弗雷特·罗杰斯（Everett Rogers）在其 1962 年出版的《创新的扩散》（*Diffusion of Innovations*）一书中描述了创新的扩散过程。创新首先扩散到少数创新者，然后扩散到早期采用者，被同等数量的早期跟进者和后期跟进者接受，最后被滞后者采用（图 1-4）。

巴克莱银行度过中点后，进入后期跟进者与滞后者阶段，我们意识到需要进行调整。"敏捷"是锚而不是加速器。它就像一块磁铁。创新者、早期采用者和早期跟进者有相同的极性。他们被新的工作方式吸引，并接受了公司提供的支持。获得帮助后，他们完成了过去一直想做的事情。后期跟进者和滞后者的极性与他们相反。

调整后，我们开始关注结果。我们改变了标题重点和所有可见的文化标识，更换了海报和落地横幅，更改了团队名称、内部沟通方式等，开始衡量 BVSSH 结果，但并未将它们制成大标题。事后看来，我应该以一个关注结果（更高质量的价值、更快、更安全、更令人满意）的标题开始。

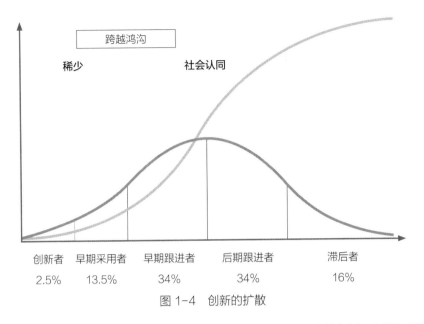

图 1-4 创新的扩散

以前我们避免强加一个特定的敏捷框架或方法，而是倾向于授权团队，让他们根据自己的情境决定"怎么做"，同时我们提供支持与第 5 章和第 6 章要讨论的最小可行护栏，即将重点放在结果上，进一步增加授权，减少阻力。我们没有强加一种工作方式，特别是可能给员工造成负担的工作方式。

与领导团队交谈时，我的叙述从"嗨，我是乔纳森，我来这里是为了帮助大家应用敏捷方法，您可以选择如何实施敏捷方法"改为"嗨，我是乔纳森。如果您愿意，如果您需要帮助，我可以帮助您更快、更安全、更令人满意地交付更高质量的价值"。

可以想见，这两个开场白会产生截然不同的反应。

任何一个头脑清醒的人都希望改进结果，以更快、更安全、更令人满意的方式交付更高质量的价值。在没有指令和目标的情况下，人们仍然拥有改进的动力，希望自己最后的选择是完全自主的，依靠的是内在动机。由于不存在抵触心理，因此组织面对的抵抗力降低。我认为，在改进结果时，"说服"和"抵抗"不应该出现在词汇表中。

无论你是在一个有 50 年历史的旧代码的大型主机上交付价值，还是尝试一个新的移动应用程序，或是生成内部审计报告、处理付款或招揽新客户，都无关紧要，任何人都可以选择改进，做得更好。它不是针对创新系统的敏捷方法或记录系统的瀑布方法。我认为这是一种不负责任的做法。大处着眼，大处着手，慢速学习的方法已经行不通了。敏捷和精益思维的关键部分是持续改进。无论起点和情境如何，每个人都可以并且应该不断改进，更快、更安全、更令人满意地交付更高质量的价值。

BVSSH 结果数据应在各业务部门中保持透明。随着时间的推移，我们表现出（或没有表现出）改进的趋势，从推动转变为拉动。我们放下目标和敏捷水平，将改进结果作为战略优先项，关注随时间推移的趋势而不是绝对值。我们制定改进工作系统的激励措施，不再以敏捷或精益为目标。在取消了目标之后，我们为团队授权，让他们自主决定需要改进的程度，或者他们也可以决定不做改进。BVSSH 数据透明是关键。这是硬数据，不存在争议性。从人性的角度来说，没有人想成为进步最少的人。

对后期跟进者和滞后者的拉力几乎在一夜之间飙升。在发布了两次结果数据的趋势后，我接到了一个电话，请求在之前工作停滞的地方提供支持。在我看来，这完全是因为关注重点在结果上，关注更高质量的价值、更快、更安全、更令人满意，而不是关注敏捷方法的应用。

根据对一系列组织的观察以及对会议和社区共享的案例研究，我看到所有组织都可以用"更高质量的价值、更快、更安全、更令人满意"来概括他们在数字时代期望通过更好的工作方式获得的结果。

正面模式 1.2　从"为什么"开始，授权"怎么做"

在反面模式 1.2 中，我们看到，敏捷转型对员工来说是一种非自愿的、强制性的改变，它不考虑员工的意愿。"敏捷"代表了他们将如何变革，"转型"代表了他们必须变革。通常，组织将转型视为有开始日期和截止日期的项目，将旧思维应用于新的工作方式。强加的敏捷不是敏捷，敏捷也不能被视为确定性项目。此外，人类经过进化后产生了损失厌恶。总之，所有这些都会引发人们的恐惧、抵触心理和代理状态。强制变革会使人们失去三大工作动机：自主性、掌控力和使命感。

除了明确期望的结果并授权改进的方式外，组织还需要以激发内在动机的方式明确说明进行改进的原因。对大多数员工来说，削减成本、增加每股利润、增加净资产收益率、优先考虑股东的短期财务利益等原因可能并不充分。那么原因到底是什么？

（一）从"为什么"开始

西蒙·斯涅克（Simon Sinek）在其著作《超级激励者》（*Start with Why: How Great Leaders Inspire Everyone to Take Action*）中对比了两种公司，一种公司以"我是做什么的"来定义自己的经营，另一种公司以"为什么"来定义自己的经营。

例如，大多数人会根据微处理器、内存量、硬盘大小和价格来选择个人电脑。因为大多数个人电脑制造商卖的就是个人电脑。

然而，苹果公司的产品看起来与市场上的其他产品完全不同。它们拥有设计理念、风格和崇拜者。苹果公司诞生于北加利福尼亚州改革和反建制情绪高涨的时代。其联合创始人史蒂夫·沃兹尼亚克（Steve Wozniak）在《超级激励者》中向斯涅克解释道："苹果电脑赋予了个人力量，公司能做的事，个人也能做。史上第一次，个人可以取代公司，只因为他们有能力使用这项技术。"三年内，苹果公司的市值就达到1亿美元。

2009年，苹果公司的"为什么"是："我们所做的每一件事，都在挑战现状。我们热爱标新立异。"今天的"为什么"是："苹果公司的员工致力于制造地球上最优秀的产品，让世界变得更好。"自2010年第二季度以来，苹果公司每个季度都是市值最高的三大上市公司之一，在大多数季度，它的市值位居各公司之首。苹果公司是第一家市值达到万亿美元的公司。2019 年，它连续第九次荣登《福布斯》（*Fobes*）全球最具价值品牌排行榜的榜首。

斯涅克说："吸引人们购买的，不是'你是做什么的'，而是'你为什么这么做'。"苹果公司的"为什么"是吸引人们购买苹果产品的原因。

这里的"购买"可能意味着购买产品或服务，也可能意味着支持变革。麻省理工学院斯隆管理学院（MIT's Sloan School of Management）前教授埃德加·沙因（Edgar Schein）表示："只有当生存焦虑大于学习焦虑时，学习行为才会发生。学习焦虑来自害怕尝试新事物，害怕在尝试中暴露自己的愚蠢。它会威胁我们的自尊甚至身份认同。"只有克服了这种焦虑，学生才能进行忘却学习、再学习并采取行动。如果学习焦虑高于生存焦虑，学生就会出现无所作为的情况。理想的情况是，学校应为学生创造一个让其心理安全的学习环境，并给予他们支持和指导，从而降低他们的学习焦虑。组织不应通过增加成员的生存焦虑来降低其学习焦虑，然而这是大多数组织有意或无意的做法。

此外，为了克服学习焦虑，组织需要阐明"为什么"，即行动号召，从而激发成员动力。但研究表明，大多数变革的"为什么"不具有这样的作用。领导者关心的东西（在他所传达的信息中，至少有 80% 的信息都以此为基础）并不能激发员工 80% 的动力去克服学习焦虑。

"为什么"不仅仅在于提升赢利能力、股东回报率或股价，它不仅仅是公司的短期财务回报。当员工被问及在工作中最能激励自己的因素时，他们的答案基本可以归纳为五类。

- **社会**：员工希望自己的工作对社会产生积极影响（例如，创造或保护就业，帮助那些不幸的人，或促进地球的可持续性发展）。
- **客户**：他们希望提升客户满意度并创建品牌倡导者。
- **公司**：他们希望对公司及股东产生影响，从而实现其他四个方面的积极影响。

- **团队**：他们希望对同事产生积极影响，例如创造一个更具吸引力和回报更高的环境，或帮助团队成员进步。人们每天都能看到对自己所重视的人产生这样的影响。
- **个人**：他们希望"为什么"能够对自己，对他们的自主性、掌控力和使命感，以及对他们的成长和个人发展产生积极影响。

这个模式需要我们找到变革的原因，人们会因这个原因而"买单"，它是你的组织所独有的。

然后你要重复这个原因。经常向他人传达这个原因，次数是你认为有必要的次数的 3 倍，所以你现在只完成了 1/3。需要注意的是，在针对任何工作方式进行培训时，无论是内部培训还是外部培训，每次培训你都要强调组织的独特原因，不要过度传达"为什么"。接下来，你要为那些克服学习焦虑的人提供社会认同、认可和奖励。你要证明选择变革是安全的，这些人已经开始变革并从中受益。这样的话，其他人自然会产生加入其中的动力。

（二）工作方式的改进具有涌现性，要授权"怎么做"

组织有必要将新的思维方式和行为方式应用于新的工作方式中。

变革（和改变你的变革方式）在人类系统中是不确定的或复杂的。你不能把变革拆开，看看它是如何工作的，换掉几个零件，然后再把它们放回原处。变革是涌现的。改变工作方式的最佳方法不是转型，不是将它作为有开始时间和截止时间的"项目"或"计划"。在这个领域没有最佳实践，也没有能在所有情境下优化结果的万能方法。它并不是进行重组，设置新的职位头衔，制定新的仪式，采用所谓的 Spotify[①] 模式，然后宣布这匹"骏马"将转型成"独角兽"。这么做只是在马头上贴一个角，它仍然不会释放彩虹。

---

① 是一家音乐流媒体平台。该公司的商业模式由两部分组成：免费服务和订阅制服务。——编者注

组织是复杂适应系统。复杂适应系统的行为是涌现的。各个部分的行为具有不可预测性，对大公司来说，这些部分本身就是一个个复杂适应系统。组织具有适应性，因为行为会随着变化事件而变化。人们希望提高他们所认为的生存能力。在空间中行动会改变空间。在复杂适应系统中进行的任何实验都不是真正意义上的实验，因为你无法撤销，它们就像倒入咖啡的牛奶。

复杂适应系统也不是线性的。它很容易受到蝴蝶效应的影响，即蝴蝶扇动翅膀引发千里之外的龙卷风。诀窍是找出能产生巨大积极影响的小变化。复杂适应系统拥有悠久的历史。它们在进化，过去对其现在的行为产生了影响。历史和民间传统很重要，人们不会轻易遗忘。

变革具有涌现性，改变变革的方式也具有涌现性，一旦你清楚 BVSSH 结果与组织独一无二的"为什么"，最理想的做法就是将敏捷思维应用于敏捷。正如前一章所述，这是 Cynefin 框架复杂域中的工作。你必须在自己独特的情境下，大处着眼，小处着手，快速学习，探测、感知和回应。经过支持和指导，在安全护栏内进行安全试错，不要孤注一掷地进行大爆炸式变革。如果一开始的力量过于强大，组织产生的抵抗力也会很强大。

这里成功的关键是邀请参与。创新扩散曲线左侧的创新者（图 1-4），即横轴前 2.5% 的人群，将自愿走在最前面。他们有欲望，渴望成为第一，可能已经正式或非正式地采用这种方式工作了一段时间。识别创新者的一个好方法是建立一个自愿参加的实践社区，为每个地区组织一次会议，尽可能亲自开会，看看每次的与会者都有哪些人。我之前创建并主持了一个组织内部的全球敏捷实践社区，现已发展到 2500 人。在用更好的方式在组织内开展工作方面，它领先了 3 年，这意味着我们已经了解了全球多个业务领域的创新者和早期采用者。这些人拥有强烈的信念，这些信念来源于他们的敏捷和精益实践，有些人的实践经验长达 20 年。社会认同表明，敏捷方法可以带来更好的业务成果，这些人希望参与领导变革。

邀请创新者后，你要保持较低的变化梯度，在你的独特情境和风险胃纳^①中，用实验进行验证，要先验证后拓展。人类进行忘却学习和再学习的速度是有限的。你无法强迫他人按照一定的速度进行变革。你要在组织中寻找愿意加入的创新者和早期采用者，确保他们来自"我们的业务"，包括信息技术人员、合规人员、财务人员等，以避免单一职能或职业角色的局部优化，也要避免"18个月扭转败局"这样的要求。

确定自愿参加的人员后，你要为他们提供支持。建议设立一个"工作方式支持中心"，以给他们提供指导（请注意，它被称为"支持中心"，而不是"卓越中心"）。工作方式支持中心是一个位于核心的小型公仆式领导团队。其公仆性在于，为同事提供支持，动员组织消除障碍，以实现更高质量的价值、更快、更安全、更令人满意。其领导性在于，它要引领前进的道路，照亮前路，认可、奖励、交流、分享学习、建立社区，并了解改善BVSSH成果的工作方法。指导应该是拉动式的，而不是推动式的。这就像学习滑雪一样，如果有人指导你，那就容易多了。指导者可以在你的前面，与你并列，或在你身后，然后转向下一个学员。否则你会摔倒受伤，然后只想回酒店喝一杯热红酒。

随着时间的推移，创新者和早期采用者取得了进步，其他人看到了结果、认可、激励和社会认同。他们加入其中。BVSSH结果数据显示了迄今为止实施实验所产生的影响；对结果的衡量标准进一步提高；更多人愿意加入；那些愿意加入的人现在充满了热情。最终，那些想过上舒适生活的滞后者，意识到自己已经被甩在了后面。公司的大部分人都已采用新的工作方式，团队开始更快、更安全、更令人满意地交付更高质量的价值，所有人都有理由去改进，此时滞后者若没有改进，他们就会变得引人注目。而这正是一个滞后者最不想看到的结果。根据我的经验，这些滞后者要么选择退出公司（这很

---

① 风险胃纳指追求某目标或愿景的公司或个体，在深思熟虑之后愿意承担的风险。——编者注

好），要么选择加入去改进结果（这更好）。

为了更快、更安全、更令人满意地交付更高质量的价值，我们在引入更好的工作方式时应以结果为导向。人类系统无序，变革从未停止，改进持续不断。一位曾就职于日本丰田公司的员工告诉我，所有"办公室员工"都应把 40% 的时间花在持续改进上，这令我感到震惊。这意味着在 5 个工作日中，我们需要将两天的时间用于持续改进。在变得更好这条路上，永无止境。

■ 案例研究：全英房屋抵押贷款协会的工作方式

全英房屋抵押贷款协会（Nationwide Building Society）是一家拥有 135 年以上历史、1500 万会员的大型金融服务组织，目前正致力于变革工作方式。负责此项工作的领导者理查德·詹姆斯（Richard James）解释道：

"我们意识到自己需要适应快速发展的市场，跟上新加入者的步伐，同时简化和降低变革的成本与复杂性，提高服务的稳定性与韧性。历史上，全英房屋抵押贷款协会的结构和工作方法相对传统，由一组功能性业务社区（部门）组成，其中有一个大型的核心变革团队——独立的信息技术开发团队与运营团队，工程资源大量外包。几乎所有的变革都利用瀑布方法集中进行项目管理和交付，由业务利益相关者对需求文件进行分析，然后一个或多个信息技术开发中心进行开发，在过渡到信息技术运营之前采用手动发布流程。人们反映，这种方法缺乏灵活性，成本高，上线速度慢。我们需要对它进行变革。

"为了应对这一挑战，不同部门开始实施有针对性的变革举措，以提高速度，降低成本。技术部门建议提高对敏捷方法、自动化、吸纳工程人才和 DevOps 实践的关注。变革部门建议重点关注简化方法并减少各部门交接次数。数字化部门建议引入跨职能产品团队，这些团队关注客户的重建，会将业务、变革和信息技术开发的同事整合到长期团队中。这样一来，数字化部门就可以关注快速上线、以会员为中心和灵活性。各部门提出的独立举措都有确定性的计划，力求在 12 ～ 24 个月内取得显著的改进。

"虽然这些相互独立的计划拥有相似的意图，但它们在交付的过程中会发生重叠，导致同事和供应商的时间表出现混乱。每项计划都在一定程度上关注"测试和学习"，但它们都有确定性的执行计划，这些计划试图在完成初步学习后，以更快的速度和更大的规模系统地实施改进。每个项目的交付方式都假定所有受影响区域的回报是一致的，所有变革都在项目开始后两年内完成。虽然有三个计划取得了进展，但最终结果并不理想。变革使同事疲惫不堪，董事会的耐心也逐渐被消磨殆尽。

"2019 年新任首席运营官（COO）的到来引发了人们的反思。在最初的 12 个月里，变革、信息技术开发和信息技术运营与控制部门一起，组成韧性和敏捷部门，该部门的目标也有所调整，其重点是相互合作，以提升速度并简化变革。新任首席信息官（CIO）起到了催化剂的作用，加快了向 DevOps 的转变，同时引入了一个工作方式支持中心，以支持团队改进端到端的价值流动，同时嵌入持续学习和实验的文化。

"工作方式的实施从确定性的变革计划转向催化性的赋能团队，涉及各个层面，以假设为导向，随着时间的推移逐渐推行，重点在于使团队能够更快、更安全、更令人满意地交付更高质量的价值。认识到所有团队和同事都处于各自工作的不同阶段，工作方式支持中心并不寻求通用的敏捷方法，它要与团队建立长期的伙伴关系，进行测试、学习和适应，同时在更广泛的组织中分享新出现的成功模式。

"本着'大处着眼，小处着手，快速学习'的信念，我们采取的方法是实验，团队希望根据与结果相一致，即与 BVSSH 一致的假设（通过领先指标与滞后指标进行测量），解决阻碍流动的障碍。缩小演进的规模，以适应团队的日常工作生活，这么做能带来深远的益处——在情境下逐步解决更大的问题，实现可持续的变革，在这一过程中，学习和实验都是值得称颂的。"

小　结

如何完成一次转型？重点在于结果

在本章中，我们已经看到，敏捷或精益不是目标。这种转型可能导致货物崇拜，对改进结果毫无助益。强加的敏捷不是敏捷。相反，组织要关注结果，更快、更安全、更令人满意地交付更高质量的价值，在特有的情境中，利用工具箱中最合适的工具，并提供指导和支持。

我们也讨论了"转型"，以及将旧的思维方式和行为方式应用于新的工作方式。来自高层的命令，具有确定性思维的传统项目或计划，通用方法，缺乏令人信服的原因或同事参与，这些都会引发恐惧和抵触心理，使人们丧失三大工作动机：自主性、掌控力和使命感。

组织要从激发内在动机的"为什么"开始，要关注 BVSSH 结果，邀请员工参与并授予其实施方式上的自主权。组织应从安全护栏内的安全试错开始，提供支持，如建立"工作方式支持中心"，提供指导。

继续前进吧！道路上没有障碍，道路本身就是障碍。将你的脚从油门上拿开，路两边的杂草很快会再长出来，所以你必须继续前进。你必须努力拓宽前进的道路，支持组织不断改进工作方式，更快、更安全、更令人满意地交付更好质量的价值。你的最终目标是成为一个不断变化和持续改进的学习型组织。尽力做到更好。

原则

关注结果。

更高质量的价值、更快、更安全、更令人满意。

组织整体敏捷。

信息技术上的敏捷只是局部优化。

将一切纳入其中。

第 2 章

从小到大

1962 年，伊丽莎白·库布勒-罗斯（Elisabeth Kübler-Ross）在科罗拉多大学医学院执教，当时学院安排她去接替另一位教授的工作，这令她十分紧张。库布勒-罗斯当时只有 34 岁，她出生于苏黎世，讲话时带有浓重的德国口音。她要接替的教授是一位颇受欢迎的老师，能够在讲台上侃侃而谈，台下座无虚席。而库布勒-罗斯几乎无法让别人听到自己的声音。

为了帮助自己讲课，她邀请了一名 16 岁的女患者走进课堂。这个女孩患有白血病，库布勒-罗斯请学生们向她提问。

教室陷入寂静。很多学生显得坐立不安，但渐渐地，他们开始询问这位少女的血液测试和化疗情况。他们重点关注她的治疗过程和症状，所有问题都围绕着她的疾病。最终，女孩受够了，她愤怒地提出了自己的问题：

"你知道不敢想象高中毕业舞会是什么感觉吗？"

"知道自己永远都不能出去约会是什么感觉吗？"

"知道自己永远不会长大是什么感觉吗？"

"为什么每个人都在骗我？"

这节课结束时，许多学生流下了眼泪，库布勒-罗斯借此向他们解释了 5 个悲伤阶段中的第二阶段。她在 1969 年出版的著作《下一站，天堂》（*On death and Dying*）中指出，临终的人或失去至亲的人，要经历否定、愤怒、讨价还价、抑郁和接受 5 个阶段。每个人经历的顺序可能会有所不同，也可能不会完整地经历 5 个阶段，但任何遭受过创伤的人都熟悉这些感受。

改变工作方式不同于生命将逝或面对丧亲之痛。然而，人类对变化的反应是相同的。库布勒-罗斯将她的模型进行了扩展，将各种类型的损失囊括其中，例如失业或一段关系的结束。

在定期进行的员工意见调查中，我多次观察到这一模式。当发生变化时，这个模式尤为显著。当人们产生兴趣（或否认现实）的时候，情绪达到峰值，然后随着人们意识到改变习惯的困难性，情绪开始减退。正如第 1 章所述，在大多数情况下，随着人们逐渐接受新形势，掌握新常态，学习焦虑会攀升，但人们最终会走出困境，在更快、更安全、更令人满意地交付更高质量的价值方面取得稳步改进。

变革之路总是困难重重。改变工作方式很难。资历深的老员工可能会突然发现自己失去了掌控力，充满学习焦虑，感觉一切又从头开始，仿佛刚从学校毕业来到了一家新公司。至少他们的一些内在动机（掌控自己的命运，擅长自己的工作）正面临压力。

在前一章中，我谈到了"敏捷转型"，探讨了能够激励他人的因素，并提出了我的观点，即重点不在于敏捷或精益本身，而在于通过更好的工作方式，更快、更安全、更令人满意地交付更高质量的价值。在这一章中，我将探讨如何实现这种变革，以及在规模化敏捷之前对工作"瘦身"的重要意义，这样一系列尽早尽快开始的、可安全试错的变化符合一条持续不断的 S 曲线，能够快速实现价值、快速学习、降低风险并将结果最大化。

反面模式 2.1　转型越剧烈，曲线起伏越明显

那么，当员工听说他们的公司正在经历一场大变革时，会发生什么？在工作场所发生变革的背景下，他们如何经历库布勒-罗斯模式（图 2-1）？

（一）震惊和否定

第一阶段的持续时间最短。如果员工面临可能会导致工作、地位和能力受到威胁的强制性变革，他们需要时间来消化这一消息。员工们得知，让他们走到今天这个地位的东西可能无法再推动他们进一步前进。有人会否定现

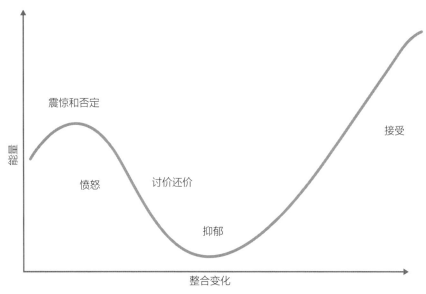

图 2-1　库布勒-罗斯曲线

注：本图借鉴库布勒-罗斯的著作《下一站，天堂》。

实。他们告诉自己这只是另一个转型计划，这种转型每两三年就会发生一次，以前他们都设法避开了，也可能会暗示自己，所谓的变革似乎仍遥遥无期，什么变化都没有。有些人内心存在强烈的愤世嫉俗之情。他们选择逃避现实，继续（至少在相当长的时间里）假装一切都没变。在最初的变革冲击之后，随着公告与热烈的讨论，一些人的士气可能会提升。此时人们尚未看到艰苦的工作、忘却学习和再学习以及更难以克服的障碍等现实情况。

（二）愤怒

当员工看到转型没有结束，自己必须直面现实的时候，一些人可能会感到愤怒。他们可能会责怪公司，责怪变革推动者，责怪一些领导者。他们可能会指责赶时髦的科技思想与那些自以为找到所有解决方案的人。他们可能会责备同事："这肯定是一时的风尚，不是吗？""我们一直都是这样工作的，为什么现在要改变？"随着挫折感增强，他们变得易怒，甚至难以共事。他们确信所有支持变革的人都是错的，他们的士气开始衰退。他们的愤怒表明，他们不再否认变革，变革已经得到了承认。拒绝门限见图 2-2。

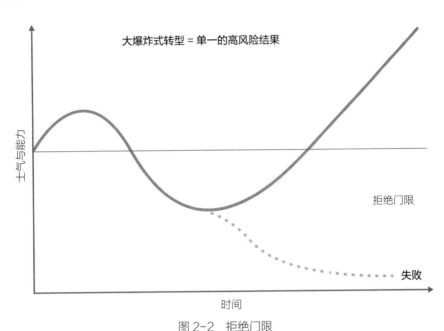

图 2-2 拒绝门限

（三）讨价还价

面临死亡或身患绝症的人几乎没有讨价还价的余地，但众所周知，患者都会祈祷延续生命，为此他们会主动行善。一些面临强制变革的员工会试图与周围的人讨价还价。他们说："你的想法很好，但我们不一样。"他们会尽量坚持自己的工作方式，作为交换，他们可以接受一些变革的要素。这一阶段是进一步的心理接受过程，至少会带来一些改变，他们不会否定或抵制改变，而是想方设法地将改变最小化。

（四）抑郁

下一阶段是抑郁。这时团队成员知道变革不可避免，自己必然受到影响，并且他们认为自己无法阻止这种变革。于是他们不再担忧，认为对未来充满热情或制订计划都已失去了意义。随着习惯的改变，当人们开始忘却学习和再学习时，他们也会感到抑郁。人们因再次成为学习者而备受打击，需要重新建立掌控力。组织的障碍增多。这个阶段非常艰难，已经超出了人们的舒适区。这是变革过程中的低谷时刻。如果没有支持和指导，或者下降幅度过大、时间过长，一些团队就会选择放弃。

（五）接受

最后，通过尝试更好的工作方式，赋能、支持和指导，让人们看到更好结果的萌芽，通过与其他团队共享学习、社区支持和社会认同，人们开始走出低谷。组织应在提供指导的情况下，让人们发挥自己的才智，找到改进结果的方式，从而减少他们在低谷徘徊的时间。如果员工出现习得性无助、工作方式僵化、缺乏心理安全、缺乏支持等问题，情况会变得更加困难。

但是请牢记，人们未必会按顺序经历每个阶段，他们可能会从不同的地方开始。我们在前一章中看到，不同的人在创新扩散曲线上也处于不同的位置。创新者会经历更加缓和且短小的库布勒–罗斯曲线。滞后者的曲线起伏更大，长度也更长（其中有些人还想破坏变革，因此变革最好从创新者开始）。并非人人都会前进。退回前一阶段的情况也时有发生，每个阶段的持续时间也不尽相同。同样的，随着更多人踏上征途，随着新人不断加入组织，人们可能还会循环通过各个阶段。每经历一次循环，曲线的位置都会有所提高。

变革越剧烈，低谷的深度越深，持续的时间越长

变革越剧烈，陷入混乱的程度就会越深，混乱持续的时间也越长。根据我的经验，如果在整个公司内进行一场大爆炸式的变革，那么集体的学习焦虑、忘却学习、根据目标调整行为和过程、在抑郁阶段士气衰落然后回到变革开始之前的状态（以及在接受阶段士气上升之前），都要持续数年，具体的

时间长度取决于组织的规模和文化。这里我们假设组织确实走出了困境。

　　首席执行官、首席运营官或首席信息官的任期可能比这段时间更短。他们的任期结束之时，可能正是抑郁阶段的最低点，即曲线的低谷。首席官们可能在公司走出困境之前已经找到了前进的方向，新的领导者上任后，大家一起研究如何走出困境。这是一种幸运的情况。但也可能出现另一种情况，新任领导者认为这种敏捷方法行不通，公司重新回到了传统的工作方式，回到"大处着眼，小处着手，慢速学习"的时代，采用确定性的思维方式和适合 19 世纪末工厂的重复、无须特殊技能与手工劳动的工作系统。

　　抑郁阶段低谷的深度与公司陷入低谷的速度，取决于最初转型的力度。换言之，转型越剧烈，曲线的起伏变化就越剧烈（图 2-3）。

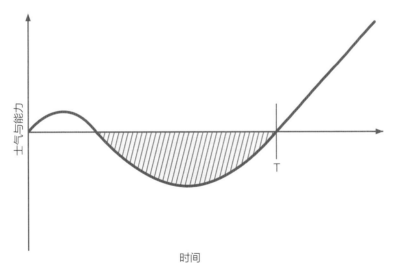

图 2-3　转型越剧烈，低谷的深度越深，持续的时间越长

　　如果你正在进行一场大规模的、大范围的、大爆炸式的转型，你可能会看到，曲线中出现一处又深又长的凹陷。抑郁阶段来得更快，程度更深，持续时间更长，并且影响到更多的人。与此同时，每个人都在进行忘却学习。行为、过程和工具无法支持新的工作方式。这种情况下的障碍最大，风险也极高。

凹陷越深，爬升的难度就越大，所需的时间也越长。一些公司在面临生存威胁之前甚至从未考虑过变革，因此它们可能没有足够的时间走出低谷。"我们没有时间了，必须动作大一点"，这可能是一种谬论，也是一种自我实现的预言。大动作或许可以证明你确实没有足够的时间。

在大多数情况下，一个从大处着手、囊括一切、孤注一掷的方法是一个反面模式。它并没有将敏捷思维应用在敏捷上，也没有意识到组织是复杂适应系统，对组织与自身行为方式的改变都具有涌现性。人们进行忘却学习和再学习的速度有限，你无法强迫人们按照一定的速度进行变革。这种方法是将确定性思维应用于涌现领域，只不过是给旧行为贴上了新标签。

为了实现更快、更安全、更令人满意地交付更高质量的价值，你要改变行为，如果这种改变是成功的、可持续的、安全的、持久的，那么你可能会发现，将敏捷思维应用在敏捷上，能够进一步优化结果。

你可能不希望所有人同时学习滑雪

假设你是一名滑雪教练。有一个组织或业务部门找到你，希望你尽快教会所有人滑雪。

你知道，第一节滑雪课总是最难的。人们要忍受寒冷和疼痛，并且只能以极慢的速度滑行。人们会多次摔倒，还可能会受伤。全制动姿势会消耗大量能量，让人感到疲惫不堪。但你知道，掌握了全制动，学会转弯，并开始掌握平行式技巧后，滑雪的乐趣就会增加；他们的滑雪速度也会提升；同样的距离和时间所消耗的能量也会减少。滑雪变得有趣起来，他们会迷上这项运动，很快就会忘记最初尝试时的痛苦，他们会感激自己掌握了这项有趣的新技能。

那么，如何从平缓坡地开始困难重重的第一课，直到让学员在粉雪坡道上享受滑雪的乐趣？

方法有以下几种：一种是完全跳过全制动姿势。把所有想学滑雪或必须学滑雪的人带到滑雪缆车的顶点。让他们排成一行站在滑道起点，雪板指向正前方，然后用力将所有人推下去。

能够到达坡底的人会在下坡的过程中掌握滑雪技巧。这部分人数不会太多，但他们都具备一定的天赋。

但你的目标是让团队中尽可能多的人安然无恙地抵达坡底。所以，另一种方法是，你可以尝试同时教所有人，让每个要学习滑雪的人都能达标。你可以要求所有人参加课堂培训，学习滑雪知识（先不进行实际的滑雪练习）。最后，每个人都会获得证书。从理论上讲，这么做可以立刻解决一部分问题，然后每个人都能以同样的速度共同前进。

然而，这其中也存在一些问题。当人们开始尝试滑雪后，他们会发现平缓坡地的容量有限。雪量、教学时间和监督都是有限的。如果你想将所有人安排在同一时间，许多人会在同一个时间的同一空间内，在一个还没有为那么多人进行优化的环境中练习全制动姿势。如果没有足够多的滑雪教练四处巡视，也没有足够大的空间允许人们犯错误和学习，学员们的滑道会互相重叠，彼此碰撞，并将别人撞倒，会没有足够的直升机将伤员空运到医院，对那些仍然有行动能力的人来说，也没有足够的电梯、餐厅和药店来满足巨大的需求。结果可能会出现排队和混乱，大多数人都会受伤，大失所望，然后放弃。他们不会再回到斜坡上去学新技巧，而是找一家酒吧，将一杯杜松子酒一饮而尽，以此获得慰藉。

这就是大爆炸式转型的结果。前期已经积攒了大量问题，而它们全部被堆积到最困难的阶段，然后一股脑儿地被散播到人数最多的群体中。这种方式很难让员工做出改变。对公司变革来说，这也是最困难的一种方式。在初始阶段，人们对变革的抵触最为强烈，因为它牵涉到人们的既得利益。此时改进工作方式与流动所面临的障碍最多：行为、流程和工具都支持传统的工作方式，人们尚未完全理解变革，外部压力过大等。人们存在认知偏差，组织没有通过实践得来的经验来挑战这种认知偏差。

在大型、多样化、受监管的跨国组织中，文化规范主要是命令和控制，你会看到转型引发的否定、挫折和愤怒。一个大变革更有可能引起文化上的组织排斥，为那些反对变革的人提供更多"弹药"，其影响半径大约是它所能触及的最大范围。组织需要有较高的风险胃纳。情况可能会先恶化，然后才能好转。有些人会在这个过程中大获成功。

认知超载

要从毛毛虫变成蝴蝶，很多人需要经历忘却学习和再学习。这个过程需要时间。行为科学家已经证明，认知超载是拒绝改变的一个主要原因。人的认知推理能力有限，并且很容易耗尽。心理学家温迪·伍德（Wendy Wood）的研究表明，人们每天做出的决定中，约有 40% 的决定是无意识做出的。它们都是习惯，因此为了不断改进工作方式，必须忘却大多数习惯。伍德说："深思熟虑的有意识的思维很容易脱轨，人们往往会依赖习惯行为。意志力是一种有限的资源，当意志力耗尽时，你又会依赖习惯。"

如果变革没有被内在化和嵌入，或者是被以强制的方式在整个组织内推行的，那么它就会像一条弹力带一样伸展开来。一旦负责转型的领导者离开，组织的习惯和编码的流程就会迅速恢复。一个大型传统组织至少需要 3 年的时间来培养新的肌肉记忆，但只需要几个月就会退回原样。持续改进永远没有止境。

因此，与"小处着手，快速学习"的方法相比，大爆炸式的转型更加难以成功，耗费的时间更长，还会制造更多的混乱，而前者更有可能带来更快、更可持续、更稳定的结果。"大处着手"的方法不符合敏捷的价值观与原则。它并没有应用敏捷思维来提高组织的敏捷性，而是将确定性方法应用于涌现性领域。它的特点是大批量、大爆炸式与高风险。这种变革方式与员工的需求相悖。

■ 案例研究：澳新银行（ANZ Bank）的大动作

2017 年，澳新银行宣布重组员工队伍，并采用"规模化敏捷方法"。其目标是更快地响应客户需求，提高上线速度，并授权团队成员，使其尽最大努力利用可用资源。

这一转型将持续到 2018 年，据技术新闻网称，此次转型将"大大提升银行目前对敏捷方法的使用率（原来的使用率为 20%，主要集中于技术和数字团队）"。

银行开始进行大动作。一年内，有 9000 人（占澳大利亚籍员工总数的一半）被告知，他们需要重新申请工作，其中包括了高层领导。并非所有接受视频面试的人都能重回公司。负责这次敏捷转型的高管之一克里斯蒂安·文特（Christian Venter）表示："那些每年拿着巨额奖金，滥用权力欺凌他人，导致'尸横遍野'的'摇滚明星'们会丢掉工作。相反，一种新型领导者会出现。当我们这样做时，组织就知道我们是认真的。这就是文化转型的开始。"

但不仅仅是"摇滚明星"们没能重返岗位。在这 12 个月的时间里，该银行总共失去了 11% 的澳大利亚籍员工。留下来的人都接受了新领导方式的培训，即公仆型领导力，它强调好奇、透明、赋能、同理心和无私的成长。澳新银行引入的新工作方式受到了 Spotify 模式和其他组织（如荷兰商业银行）的启发。在这种模式下，澳新银行将员工组织为"部落"，每个部落 150 人，然后将部落分成小队，每队 5 ~ 9 人，让他们完全专注于自己的工作。公司发现，跨部落协作是一个挑战，因为人们只对自己的部落负责。

2019 年 5 月，银行总经理谢恩·埃利奥特（Shayne Elliott）在一次媒体会议上表示，银行基本完成了新工作方式的转型。他说："我没有目标。我不在乎数字。如果新的工作方式可行，那么我们希望更多人采用这种工作方式，我们会对其进行推广。"

尽管银行在将员工人数减少了 30% 的情况下完成了同样工作量，但它发现新的工作方式在分行、联络中心或交易厅都不起作用。转型将继续，但不会"因为它在组织结构图上看起来不错就强制执行"。

反面模式 2.2　为工作"瘦身"之前规模化敏捷

我曾参与指导过许多公司的工作方式改进，大多数都是大型公司。它们大多拥有百年历史，形成了多年的"疤痕组织"和工作方式，几乎根深蒂固。这未必会对企业本身不利，它们只是随时间推移而出现的东西。

1955 年，诺斯古德・帕金森（Northcote Parkinson）在《经济学人》（*The Economist*）上撰文解释道，在完成工作所允许的时限内，工作会不断增加，直到所有时间都被占据为止。他说，一个"拥有大把空闲时间的老人"可能会花一整天的时间给住在博格诺里吉斯（Bognor Regis，英国海岸的一个海滨度假胜地）的侄女写信，并寄上一张明信片，"他或她会花一个小时寻找明信片，花一个小时寻找眼镜，再花半个小时寻找邮寄地址，然后花上一小时十五分钟的时间写信，最后花二十分钟决定是否带雨伞步行去找邮箱……而一个忙碌的人只需三分钟就能完成同样的任务"。

帕金森更进一步解释。他认为，不仅工作会不断增加以填补可用的时间，官僚组织还会以每年 5% ~ 7% 的速度扩展，"无论要完成的工作量（如果有的话）是否有变化"。他以英国殖民地部门的扩张为例，在 1935 年至 1954 年，虽然大英帝国的面积从 1700 万平方英里 [①] 缩小到 400 万平方英里，但该部门

---

① 1 英里大约等于 1609 米。——编者注

平均每年扩大 5.89%。在大英帝国面积最大时，殖民地部门的规模最小，而在大英帝国面积最小时，殖民地部门的规模却最大。

他认为，官员们互相为彼此工作，他们不希望竞争对手成倍增加，只想增加自己的下属。他们希望管理更多的人。

帕金森谈到了英国公务员制度。我想补充一个我在当代大型组织中观察到的推论："政策、标准和控制会随着聘用的员工数量的增加而扩大。"

如果没有人专注于改善工作系统，对更快、更安全、更令人满意地交付更高质量的价值的阻碍就会悄然而至。这有点像玩打地鼠游戏，虽然意图是积极的，但无法充分执行控制或流程，无法针对更快、更安全、更令人满意地交付更高质量的价值进行优化。人类系统处于无序状态，官僚主义不受约束地卷土重来。这时有必要进行继续修剪。

大型的老牌传统组织已经形成了多年的"疤痕组织"，其工作方式也延续了百年，它们处于其收入所能支持的最低效状态，但其官僚作风已达到最高的程度。现在，我们已经度过了数字时代的临界点，组织发现他们无法再支持这种低效的运行，也无法继续保持竞争力。

对于这样一个效率低下且官僚作风严重的组织来说，将一套实践方法、规定性框架或方法论一次性地应用于整个组织，这不是最佳选择。在这种情境下，规模化、官僚体制、沟通途径的数量都会阻碍更快、更安全、更令人满意地交付更高质量的价值。这就像是在教大象跳舞。

敏捷框架并不是灵丹妙药，无法彻底解决周围的流程、控制、交接、文化规范、委员会、强制性工件、审查委员会和 6 个月的详细规划（这种规划每年做一次，资金周期以项目为基础，预先确定产量）等问题。这也可能导致一种谬论："好吧，我们以前有 100 人做这项工作，现在我们也需要同样多的 100 人来实践敏捷。"正如正面模式 2.2（见 P079）所示，问题可能不在于这 100 人。

相反，重要的是在规模化敏捷之前对工作进行"瘦身"。这与规模化敏捷不同，规模化敏捷是"实践敏捷"而不是体现敏捷性。组织应将敏捷思维应用于敏捷管理，从小团队、小价值切片和小投资开始，从小到大实施。

反面模式2.3　草根触及草坪天花板

我发现，许多组织将工作方式视为团队层面的东西，通常指向信息技术团队或组织内某个数字实体。规模化往往发生在产品开发团队中，会横向扩展。

这往往会遗漏中间管理层、副总裁、董事和负责实施公司战略计划的管理者。麻省理工学院高级讲师乔纳森·伯恩斯（Jonathan Byrnes）将这个管理层描述为"冷漠中层"。我更喜欢将他们描述为"受迫中层"。从传统上来看，高层领导者制定战略并授权下属去执行。受迫中层需要交付成果，与此同时，他们还被要求改变交付的方式。

特别是从信息技术软件开发团队开始，可能会出现彼此孤立的敏捷气泡。组织最终形成了一个个敏捷的容器，却缺少跨职能的中高层支持。这充其量只是一种局部优化，对端到端的影响可以忽略不计。新的实践无法传播到组织的其他部分，这是一种缺乏凝聚力的方法。我曾多次看到三种不同的方法在组织中同时竞争敏捷性：第一种方法来自"业务"；第二种方法来自信息技术；第三种方法来自"数字化"，它与业务和信息技术相分离。

"草根"意味着敏捷只针对组织底层，即团队，忽视了领导者。"草根"突出了团队层面与更传统的权力结构之间的差异。我们需要清除组织障碍时（组织可能有很多障碍），就会触碰到"草坪天花板"。组织需要借助高层领导者的支持来确定优先级并分配有限的资源，以消除组织范围内的障碍。领导者的行为也可能构成障碍。领导文化和领导者对工作方式的理解可能存在问题。如果将规模化敏捷局限在团队层面，那么敏捷只是瀑布方法海洋中的气泡，对结果的改进十分有限。

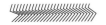

从反面模式到正面模式

简化到合适的状态

我们已经看到，转型越剧烈，抑郁、挣扎、忘却学习的程度就越高，甚至在某些情况下会出现混乱或放弃，并且这种状态的持续时间也会越长。最高管理层的领导者任期结束时，公司可能尚未走出低谷。或者，该组织可能会重拾 20 世纪初适合大规模生产的工作方式，将其应用于数字时代具有涌现性的独特的知识型工作。我们也看了帕金森的研究结果，即工作不仅会不断增加以填补可用时间，人类组织也会以每年 5%～7% 的速度自然增长，不论要完成的工作量有多少。如果一个大型的老牌传统组织在一个世纪或更长时间内可以不受控制地扩张，那么它很可能处于其收益所能支持的最低效状态，且组织内的官僚作风盛行。在这种状态下，在整个组织中应用敏捷框架或方法并非最佳选择。规模化本身会阻碍更快、更安全、更令人满意地交付更高质量的价值。而且，只在水平方向上实现基层的业务敏捷可能产生敏捷泡沫，将受迫中层或冷漠中层的支持排除在外，而变革的成功和发展离不开他们的支持。

在接下来的模式中，我将描述如何从小处着手进行简化。这种简化非常重要，而且需要付出一定的努力。据说，从西塞罗（Cicero）到马克·吐温（Mark Twain），很多作家都曾因写长信而道歉，因为他们没有时间精简语言，写一封简短的信函。因此在规模化之前，组织需要对工作以及自身进行"瘦身"，并简化端到端的流动。我还将着眼于纵向规模化（从小处着手，建立高层领导、受迫中层和团队的连接）与横向规模化。这样一来，之前的草根就能突破草坪天花板，变成一棵大树，从树冠顶部获取光，从根部获取水。

在这些模式中，我将描述如何从小到大，经过 S 型曲线的变革，以更低的风险进一步、更快地向前迈进。

正面模式 2.1　从小到大

正如反面模式 2.1（见 P057）所示，以大爆炸的方式对大型组织进行变革后，结果可能是一条波动剧烈的库布勒-罗斯曲线：最初曲线伴随着兴奋或否定轻微上升，然后在面对现实时，人们陷入抑郁（图 2-4）。我已经深刻地认识到，忘却学习和再学习的速度有限。你不能强迫人们按照一定的速度进行变革，即使你认为自己可以，其结果只是给旧行为贴上新标签，人们像机器人一样执行敏捷的指令，陷入代理状态，机械地等待下一个命令，并且几乎没有实际的敏捷性。改变可能面临顺风，也可能面临逆风。改变最初可能像在糖蜜中行走，但如果邀请所有人同时在糖蜜中行走，可能会超出我们的风险胃纳。

相反，我们需要将敏捷方法应用到敏捷中，从小到大实现目标。

从小团队、小价值切片和小投资开始，可以更快地实现价值、学习、取得成就、改进结果（不仅仅是活动）。低谷的深度会变浅，持续的时间会缩短。人们可以及早发现障碍物，在安全范围内通过实验学习（实验都在风险胃纳之内）在组织丛林中开辟出一条道路。你的情境是独一无二的。你的组织是一个复杂适应系统，域是涌现的、不可知的。确定最佳行动方案的唯一方法是在安全范围内学习，孤注一掷不是安全的学习。

转型越剧烈，低谷越深，持续时间越长，如图 2-4 中库布勒-罗斯曲线所示。根据我的经验，对于一个大型组织来说，$t2$ 阶段至少需要两年。大库布勒-罗斯曲线上方的曲线代表了一系列小库布勒-罗斯曲线。这是采取"从小到大"的方法时会发生的情况。虽然仍有低谷，但其深度较浅，持续时间较短。失败也是一种学习，挫折不可避免。滑雪新手会摔跤，音乐新人会弹错音符，初学一门新语言的学习者总会用错单词。尽快遭遇失败，往往能更快地学习。没有失败的实验，这些都是学习的机会。

这些学习是小规模的、安全的。初学登山的人不会尝试攀登珠穆朗玛峰，初次登台的钢琴演奏家也不会和爱乐乐团一起演奏他们的首场音乐会，他们

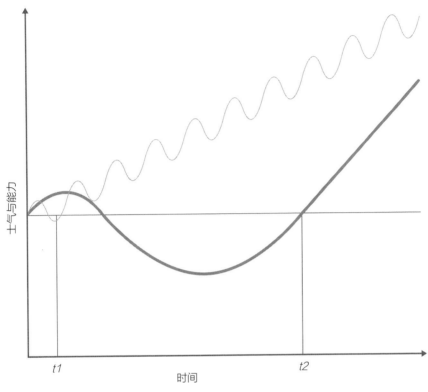

图 2-4　从小到大，更快地改进结果

会先从攀岩墙和为亲朋好友演奏开始。复杂适应系统内的变革是杂乱的，不可能像更新操作系统一样，执行"单击此处安装敏捷"的指令。你无法强迫人们按照一定的速度进行变革，也无法预测变革，但你可以培养，使其具备可行性。你可能会给变革带来顺风或逆风。BVSSH 指标是你的反馈环路，即仪表板。通过一系列平衡的措施，你可以看到是否有进展，然后再决定扩大或削减实验。你在组织丛林中开辟了一条道路，让其他人更容易跟随。为了更快学习，更快实现价值，在风险胃纳内，考虑到忘却学习和再学习的速度有限，你在公司追求符合结果的持续转型时，应该尽早尽快出现连在一起的小变化曲线。

你可以在生产中采用"一法则"：

做一次实验；

针对一个客户或团队；

在一个地点。

从天生善于接受新思想的人开始，他们是最初的拥护者，即创新扩散曲线左侧的创新者。他们热衷于采用更好的工作方式，在这方面可能拥有多年的工作经验。在他们的曲线中，低谷的深度较浅，学习和反馈速度更快。从他们开始，风险较小。这些拥护者过去可能一直在小规模地尝试实施类似的变革——尽管可能并不是出于对公司的考虑，他们最适合开拓这条道路。这些拥护者具备成长型思维模式和复原能力。

这就像滑雪教练没有同时教所有人，而是询问谁想先去滑雪。他们知道，最先举手的 5 名学员往往最有热情（创新者）。他们以前可能有过滑雪经历，可能看过冬奥会，并希望有一天能像奥运选手一样滑雪。他们迫不及待地想站上滑雪板。

因此，教练告诉其他人继续做他们正在做的事情，比如在酒吧里喝热巧克力，然后他带领这 5 名滑雪者来到平缓坡地上。这些滑雪者热情高涨。他们渴望学习。最终，他们在滑雪道上平稳地转弯，滑行到终点，溅起的雪花飘向酒吧的窗户。他们也会犯错，也会摔倒，但与此同时，他们也收获了快乐。他们正在学习。每当他们的滑雪板前端交叉或被滑雪板绊倒，脸朝下摔进雪地时，他们就能进一步掌握滑雪技巧。这个过程中有一个反馈环路，可以帮助他们调整自己的动作。此外，他们还了解到更多有关环境和地形的信息，能够为快速追随者提供建议，告诉他们去哪里和不去哪里，以便追随者能够更好、更快、更安全、更满意地学会滑雪。

最后，另外一批人也想尝试一下。他们已经看到第一组取得的进步，也看到了滑雪的乐趣。教练邀请他们加入进来。现在他有一个由 5 名新生组成的小组，还有另一个由 5 位中等生组成的小组，他们正在自己练习滑雪。中等生能够帮助和鼓励新生。两个小组都在通过实践学习。他们仍然会犯错误，他们也在继续学习。

很快，越来越多的人加入进来，最终大多数人都来到了斜坡上。第一组学生已经出发坐上了滑雪缆车，准备进行更加刺激的滑行。其他小组也掌握了足够的知识，知道如何在平缓坡地避免相互碰撞。经过充分的练习，许多人已掌握了足够的技能，可以为初学者提供帮助。最终，那些在酒吧里度过了大半天时光的人觉得自己错过了机会。越来越多的人开始滑雪，因为他们不想被冷落或显得与众不同，他们可以看到其他人在享受滑雪的乐趣，最后只有少数人还留在酒吧喝杜松子酒。有些人最终选择摇摇晃晃地回家，完全没有学习滑雪技能，这已经没关系了。

人们忘却学习和再学习的速度有限，与其同时改变所有人，不如邀请最初的拥护者先进行改变，他们会说："好吧，就这么办！"他们是创新者，先验证，后拓展，在你的风险胃纳之内进行安全学习实验。如果一个实验有效，就将其扩大。如果它不起作用，就将其缩减，然后重复实验。变革的成功创造了社会认同，现在人们可以选择加入其中，知识在小组其他成员中传播。没有否定，也没有抑郁，因为这不是强行施加的变革。

S 型曲线的上升

我们在前文图 2-4 中看到，最好先进行一系列小规模的安全试错，而不是孤注一掷地开始大动作。在这样的实验中，低谷的深度都较浅，持续的时间也较短，人们可以更快、更安全地看到结果，因此也会感到更加满意。这就是将敏捷思维应用于敏捷性。重要的是，我们将图缩小后，可以看到这些小曲线连在一起，形成了一条大的 S 型曲线。正如前文图 1-4 所示，创新扩散曲线符合正态分布，它由 508 项研究推导而来，这些研究涉及人们随时间推移如何接受变革。将正态概率分布绘制为随时间的累积分布，会得出一条 S 型曲线（图 2-5）。这也符合我在实践中得出的经验。

这条 S 型曲线横跨数年，反映了人类群体适应变革的过程。随着时间的推移，你无法强迫人们按照一定的速度来改变行为。变革面临的可能是逆风，也可能是顺风。

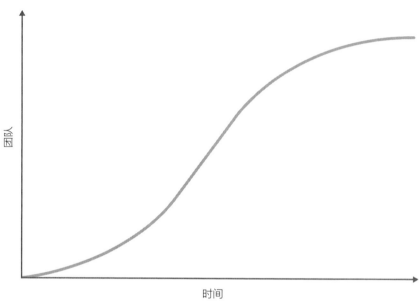

图 2-5　长期变革的 S 型曲线

变革不是通过一个陡坡快速直达山顶。起步时的坡度是平缓的，创新者走在前列。他们在组织的情境下创造社会认同，从而使早期采用者和早期跟进者都可以参与进来。一条小路就这样被开辟出来了，于是事情的难度降低。摩擦减少，理解加深，障碍减少，更重要的是，这种变化在风险胃纳之内。财务、内部审计、采购、人力资源等都开始从小处着手进行变革。复杂适应系统正在调整，以无威胁的方式接受新常态，避免引起企业内的排斥反应或不可接受的风险或文化上的组织排斥。

坡度会随时间增加。起初你可以每次邀请一个团队在最小可行护栏内尝试新的工作方式。如果此举效果良好，则邀请下一个团队参与进来，以此类推。当 10 ~ 15 个团队都开始尝试新的工作方式且进展顺利时，你可以一次邀请 5 个团队参与；当大约 30 个团队都能顺利采用新的工作方式后，你可以一次邀请 10 个以上的团队参与，以此类推。每次所面临的障碍都会变得更加系统化，也更难以解决。在障碍得到解决之前不要继续推进。你不需要以大爆炸的方式彻底消灭所有问题，只需逐步缓解，使其不再是整个链条中最薄弱的环节。你要持续关注最薄弱的环节，因为它并非固定不变。

我们无法预知或强制要求变革的速度。重要的是预测未来，为变革提供支持，使其顺利推进。你要关注 BVSSH 的趋势。变革取决于文化、历史、领导力、支持、依赖关系、理解、现有流程等。一开始的确很艰难，之后难度会大大下降。到达中点时，后期跟进者也会根据结果改进工作，转变开始形成自己的动力，特别是在内部审计参与的情况下。

我发现，这就是积极变革自行发生的时刻。团队和业务领域开始优化，以实现更快、更安全、更令人满意地交付更高质量的价值。在审计一个领域时，内部审计会引导人们走向支持更好的工作方式的控制环境或生命周期（情境敏感的最小可行护栏）。内部审计控制更加有效，风险更小，从而可以产生更好的结果。BVSSH 指标可以反映我们是否做出了改进，从而促进行动。由于社会认同与结果的显著改进、通过拉动而非推动，业务部门从以职能筒仓和临时团队为基础的临时项目，转向长寿命产品，这些长寿命产品位于长寿命跨职能团队的长寿命价值流上。

这是否意味着每个人都"超级敏捷"？当然不是。因为"敏捷"可能不是答案。但人们正在进行优化，借助一个能够提供支持的控制环境，更快、更安全、更令人满意地交付更高质量的价值。人们所做的工作可能是在大型计算机上使用 50 年前的代码，也可能是在社交媒体上打广告战。

S 型曲线图并不代表团队在实践敏捷或精益。它反映的不是"Scrum 团队"的总数。它所体现的是受邀在最小可行护栏内实验工作方式，以改善结果的产品团队。从更安全的角度来看，它明确表明，以前受传统、瀑布方法、确定性、不可持续的改进、万能方法、重量级方法、大批量、最终质量检查、控制环境所制约的团队，现在由新的、不断改进的轻量级方法、情境敏感、

"持续一切"的控制环境和生命周期（即最小可行护栏）支配，以实现而不是阻碍更快、更安全、更令人满意地交付更高质量的价值（我们将在第6章继续探讨这个话题）。

从风险、控制、合规、内部审计和外部监管的角度来看，这一点非常重要。它符合风险胃纳。S型曲线左侧是旧的工作方式和现有的控制环境，它们一开始占大多数。S型曲线右侧是新的工作方式和新的、不断改进的控制环境，它经过优化，可以更快、更安全、更令人满意地交付更高质量的价值。我发现，负责风险、控制、合规和审计的人都很清楚，S型曲线上升的速度在风险胃纳之内。如果出现问题，则先暂停，先解决问题。安全学习的成本最低，且失败的影响最小。这意味着两个控制环境需要并行运行一段时间。但你不能让旧的控制环境继续阻碍BVSSH结果，应将它标记为非战略性控制环境，在未来停止使用，同时将变化控制在最低限度。与此同时，如果发现任何新的控制缺口，你需要继续调整控制环境，使其与目标一致。理想情况下，你必须确保做出的任何改变都可以来自新的持续控制环境（见第5章与第6章）。最终，不支持速度和控制的旧的控制环境被淘汰，所有变化都在新的持续控制环境中完成。这个域具有涌现性，存在未知的未知。在一个大型传统组织的控制环境中，发生在一夜之间的大爆炸式调整往往超出了风险胃纳，因为它更短暂，但实际上这个过程不可能短暂。

如图2-6所示，尝试强制采取一定的变革速度、按顺序进行变革，会出现另一番局面。

它的结果只是给旧行为贴上新的标签，导致货物崇拜，并带来潜在的风险。它是脆弱的，而非敏捷的。它也可能招致挫败，因为许多人被要求采用新的工作方式，但其环境并不支持新的工作方式，这是自相矛盾的。过去我曾犯过相同的错误，后来我观察了具有相同经验教训的组织，并与他们交流、合作。即使在赋能的情况下，我们仍然试图做得太多、太快。这是一个教训，我不会重蹈覆辙。我们需要转变方向，按照变革的速度前进，同时观察符合创新扩散研究的 S 型曲线的变化情况。

但它未必是一条 S 型曲线。许多小的 S 型曲线连起来可以形成一条 S 曲线。我发现，一个成功的模式是一个业务单位或最上层价值流的 S 型曲线，以及一个关键系统推动因素的 S 型曲线。每个业务单位通常都有自己的亚文化、历史与障碍。在前一章，我提到了"工作方式支持中心"，这是一个小型的公仆型领导中心。工作方式支持中心应该以每个业务单位的小型工作方式支持中心作为补充，后者联合形成前者，又作为前者的分形。每个工作方式支持中心都能支持每个业务单位或最上层价值流的 S 型曲线，使系统性障碍显露出来。

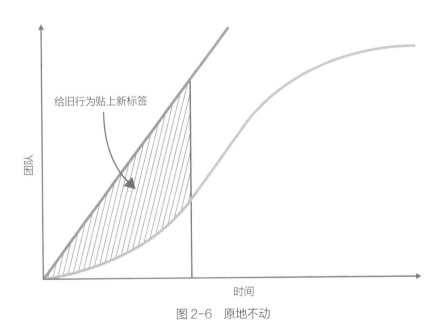

图 2-6　原地不动

根据我的经验，对于大型传统组织来说，在顺风状态下的整条 S 型曲线上，达到二八法则的时间至少是 3 年，在逆风状态下则是 5 ~ 7 年（如果有的话）。S 型曲线的初始阶段变化率较低，持续 12 ~ 18 个月。你要抵住压力和诱惑，不要试图做得太多太快。根据我的经验，在顺风状态下，大约 4 年后，旧的、传统的、阶段—关卡式的变革控制环境就会被淘汰，所有的变革都会通过适合数字时代的生命周期和控制环境进行管理。

结果因人而异，改进永无止境。人类系统会经历信息丢失，如果你的脚离开了油门，事情可能会慢慢恢复原样。你的情境是独一无二的，对新的工作方式的实验将产生新的 S 曲线，从而进一步实现更快、更安全、更令人满意地交付更高质量的价值。

正面模式 2.2　在规模化之前先精简

我们在反面模式 2.2 中看到，一个大型的传统组织现在很可能处于或接近其收入能够（或几乎不能）支持的最低效状态，且官僚作风盛行。在未来几年，这种状态可能会不断膨胀和蔓延，因为规模化本身可能会阻碍更快、更安全、更令人满意地交付更高质量的价值。在现有组织功能失调的基础上应用敏捷方法或框架，并期望奇迹发生，保留大量官僚体制和文化，同时遵循机械的敏捷动作，这样做的结果可能并不理想。

"规模化敏捷"应该意味着在整个组织中展示敏捷性，而不是增加敏捷实践。为了提高敏捷性，优化安全价值的快速流动，工作和工作系统需要瘦身。规模化敏捷就是精简。

斯诺登说过："你不能通过聚合或模仿来扩展复杂系统，应将复杂系统分解到最合适的粒度，然后在情境中进行重组。"也就是说，对于一个由不同成分组成的多样化的复杂组织，在其中应用敏捷框架（即模仿、照搬）并不能奏效，从小处着手，进行多个小范围内的实验，要使它们尽可能简单，但不能过于简单（精简，少即是多）。

组织是一个相互依存的服务网络。因此，精简应包括打破依赖关系，而不仅仅是管理依赖关系。这样可以减少瓶颈，减少协调所需的工作量，增强自主性，提高敏捷性。

组织应通过多个小范围内的实验，对端到端的工作流程进行精简；邀请更多人加入跨职能团队，减少工作中的交接和等待时间；先验证后拓展。

如正面模式 2.1 所示，组织会持续提高规模和范围，形成一条或多条 S 型曲线。尽可能推广你在情境中已完成瘦身的工作方式，这是一个安全试错的好时机，可以在 S 曲线右侧新的持续控制环境中进行安全试错。这个控制环境包含情境敏感和最小可行合规护栏，为 BVSSH 进行优化（详见第 6 章）。随着时间的推移，通过精简改进流程将变得越来越容易。

组织通过精简工作和工作系统实现规模化敏捷，此时你需要确保具有高度自治权的团队也具有高度一致性。也就是说，你要确保工作与战略结果假设相一致，解耦团队朝着同一方向发展（第 5 章将详细讨论该问题）。

一个组织或团队目前的规模可能会对结果构成最大的障碍。例如，我知道有一个组织拥有一个大约 100 人的团队，他们多年来遭遇了无数次失败，始终无法以传统的瀑布方式交付业务价值。组织对此已经厌倦。它采用了一个解决方案：建立两个 100 人的团队，让他们都尝试以瀑布方法交付相同的业务价值。我想你可以想象这个计划的结果，甚至会对此心生同情。

后来该组织改变了策略，将重点放在了精简上。组织任命了一位曾利用敏捷原则成功交付价值的领导者。这位领导者创建了一个只有 5 人的团队。他们是敏捷原则和实践的创新者。在 12 周内，他们将产品交到客户手上。他们满足了客户需求，增加了价值，并提供了组织急需的经验和反馈。从那以后，即使他们的业务数量和范围大大扩展，他们的团队数量始终没有超过 3 个，每个团队不超过 9 人。

以最初的 100 人为例，向他们强加培训，并应用机械的敏捷动作，无法解决固有的膨胀问题，还可能会导致解决方案过于复杂，因为问题并不在于这 100 人。

■ 案例研究：建立敏捷不是瞄准并射击

博世是一家全球技术和服务供应商，它发现自上而下的管理方式已无法适应当今的商业环境。它认识到需要对工作方式进行变革，并承认其业务的各个部分将从不同的方法中获益。在 2018 年《哈佛商业评论》特别版《规模化敏捷》（*Agile at Scale*）中，达雷尔·K. 里格比（Darrell K.Rigby）、杰夫·萨瑟兰（Jeff Sutherland）和安迪·诺布尔（Andy Noble）写道，博世公司创建了一个"二元组织"。业务中最具活力的部分由敏捷团队运营；传统职能则以旧的方式运行。它没有推行大变革，而是将公司内的敏捷性保持在较小且集中的范围内。

2015 年，管理委员会决定将敏捷性深入到整个组织中。他们首先设定了目标、目标日期和定期状态报告的时间表。这是一种传统的、非敏捷的工作方式。他们很快发现公司各部门对另一个自上而下的变革计划持怀疑态度。

所以团队改变了战术。它选择多点并重，并与部门领导者，即"冷漠中层"合作。它建立了小型的敏捷团队，测试了不同的方法。很快，团队成员就体验到了提高速度和效率的满足感。在两年内，该公司仍然拥有敏捷团队和传统结构单位，但整个公司的协作性已经提升，"几乎所有领域"都采用了敏捷价值观。他们看到并感受到了新的工作方式所产生的积极成果。

公司的领导团队并没有预先计划好一切。3 位作者表示，领导者认识到，他们不知道需要多少敏捷团队，不知道应该以什么速度将这些团队组合在一起，也不知道如何在不颠覆组织的情况下（就像大爆炸式敏捷转型一样）解决官僚制度的限制。当博世公司认为需要提高敏捷性时，它会组建新的敏捷团队，收集关于这些团队创造的价值和面临的限制的数据，然后平衡敏捷性结果对组织的价值与获得这样的敏捷性所付出的经济成本。如果成本高于收益，公司就会停下来，寻找方法来提高已有的敏捷团队的价值或降低变革的成本。

正面模式 2.3 先纵向后横向的规模化敏捷

在反面模式 2.3 中，我们看到草根会受草坪天花板的限制。从团队层面出发，横向发展，高层领导者或受迫中层就无法加入征程。我们常常遗漏中间层，需要稍后再折回。我也曾犯过这样的错误，高层领导者参与其中，团队参与其中，而受迫中层却没有充分参与，也未获得支持。

从传统的、瀑布式、泰勒制、命令和控制、确定性的工作方式，转变为公仆型领导和涌现的思维模式，在这个过程中，应向受迫中层提供明确的支持。处于受迫中层的人有非常重要的作用，这个作用不再是命令和控制，他们也不再是具体的命令下达者。这样做有助于明确任务和期望结果。公仆型领导者应倾听、指导并协助消除障碍，允许发表不同的意见并通过实验看到改进，即使实验没有成功。对一些人来说，这已经是默认行为。对其他人来说，如果要改变根深蒂固的行为，可能需要很长时间。承担着这些角色的人参与或不参与的方式至关重要。人们忘却学习与再学习的速度有限，改变不可能一蹴而就。

我发现，从小处着手时，最好先从组织的垂直切片上寻求合作。第一个小组应该包括来自公司各级的代表，尤其是执行委员会的代表。也就是说，它应该是一个由各级领导者组成的跨职能团队，是一个让高级领导者、受迫中层和团队层面相互联系的团队。所有人共同学习，没有人掉队。

这并不像听起来那么容易。愿意采用新工作方式的最热情的群体通常是团队层面的。在过去那种命令和控制、我们和他们的工作方式中，他们就像机器上的一颗齿轮，获益不多。在某些情况下，正如一个团队曾说过的那样，在与旧的工作方式进行斗争时，"面对共同的困难，他们团结一致"。相反，有些领导者认为，运用专制手段可以"达到目的"。

如果领导团队的成员不准备采用他们期望追随者采用的原则和实践，那么成功的可能性也会降低。《重塑组织》（*Reinventing Organizations*）的作者弗雷德里克·莱卢（Frereick Laloux）说过："一个组织的意识水平不可能超越

其领导者的意识水平。"（详见第 4 章）

最初在垂直切片上寻求合作时，组织应该通过邀请而不是强加。组织应邀请各级创新者，并尽可能少地依赖其他团队，最好不要通过角色分化来统一团队。团队应与价值流（如信用卡业务）和子价值流（例如信用卡客户服务）保持一致。它不应该只是单一的工程师团队。团队应该包括不同学科的员工，从而使整个组织逐渐学习和体验新的工作方式。早期开始实验后，在 S 型曲线的开始阶段，组织应通过组织的垂直切片（通过嵌套价值流从首席执行官到团队的领导），然后开始横向扩展，随着时间的推移，让更多的嵌套价值流和受迫中层加入其中。

麦克·鲁斯（Mike Rother）研究了丰田过去未成文的持续改进文化，认为中间管理层的一项重要任务是"教练形"。鲁斯建议采用两个过程或"形"，即改进形和教练形，借此可以实践科学思维，避免因认知偏差而仓促下结论。第一个是改进形，学习者设定方向或定义愿景。他们了解自己的现状，并定义他们想要创建的下一个目标条件，这个目标会略微超出他们的知识门槛。他们朝着这一目标努力，进行小规模的实验，解决过程中出现的障碍。第二个是教练形，对于领导者来说，这是一种通过改进形来指导和支持其团队，并改进 BVSSH 结果的好方法。教练形共有 5 个教练问题，它在一定程度上针对的是学习者如何思考和处理改进形。它使所有人形成了持续改进的肌肉记忆。

小　结

从小到大

本章介绍了在大型组织中如何可持续、安全和成功地采用更好的工作方式。几十年来，甚至几个世纪以来，许多历史悠久的传统的非天生敏捷组织几乎一直在以一成不变的方式开展业务。我们研究了这些组织如何在其收入所允许的最低效状态下运行。

我们探讨了大爆炸式的反面模式，研究了未将敏捷思维应用于敏捷的后果，看到了孤注一掷的转型以及库布勒-罗斯曲线的转型。我们研究了在组织中应用敏捷或精益实践或工具的反面模式。重要的不是规模化敏捷，而是将更好的工作方式规模化，以改进结果。此外，我们看到草坪天花板会限制草根的生长。组织最好从组织的垂直切片开始，避免遗漏中间层，确保障碍都得到解决。

人们忘却学习和再学习的速度有限。你无法强迫人们按照一定的速度进行变革，变革需要经过培养。人们接受变化的过程符合正态累积概率分布（即 S 型曲线），变革应从天生的创新者开始。改进工作方式需要安全试错，并且要符合风险胃纳。中层管理者是关键推动因素，作为公仆型领导者，他们要指导团队持续改进，确保目标与结果保持一致，同时他们自己也会接受指导。

原则

从小到大。

大处着眼，小处着手，快速学习。

将敏捷思维应用于敏捷。

S 型曲线实现变革。

人们忘却学习的速度有限。

人们接受变革的过程是一条 S 型曲线。

规模化之前先精简。

规模化敏捷就是精简工作与工作系统。

规模化敏捷时先垂直后水平。

加入，从上到下，自下而上。

第 3 章

选择最适合的方法而不是通用方法：

邀请而不要求

朱莉已经为工作面试做好了准备，至少她认为自己准备好了。自从她上次面试一个职位以后，距今已经过了很长时间，她并没有打算马上找一份新工作，更不用说是在自己的公司去面试自己现在的职位。

她喜欢自己过去 9 年来一直工作的地方。她感到很舒适。当然，有些事情会令人沮丧。最后期限往往不切实际。实现合规性总是需要花很长时间，反馈往往在最后 1 分钟才来，结果导致计划外的工作、错过最后期限、红色 RAG 状态、重新规划、更改控制委员会、政治博弈、延迟的责任人遭受指责。她的老板名声不佳。人们不遗余力地转移视线，尽可能地隐瞒坏消息。

无论是客户对公司推出的许多功能的使用率较低，还是这些新功能需要很长时间才能上市，朱莉都不感到惊讶。公司甚至不是新型灵活、数字优先的颠覆者的快速追随者。他们的传统竞争对手确实做得更好。主要竞争对手几个月前推出的新应用程序已经成为客户满意度最高的应用程序，而且他们每周都在更新。而朱莉的公司做一个决定的时间都是别人的 20 倍。而且，这项决定还需要很长时间才能得到多个委员会的批准。

所以她认为公司有理由做出改变。当她收到董事会关于转型与新角色、新实践和培训安排的公告时，她并没有像阿尔伯特那样翻白眼和摇头。

"每隔几年就来一次，"阿尔伯特抱怨道，"上一次是让每个人在现有的职能层级结构中管理至少 10 个直接下属。很多人被解聘了，唯一得到好处的是股东。那次转型并没有持续太长时间。我们没有提高客户满意度，也没有解决工作中的拖延问题。只是缩短了我们个人的发展时间，还组建了一批新的、虚假的职能团队。我敢用一周的午餐跟你打赌，这次除了增加一些新行话外，什么都不会改变。我来公司已经 25 年了，这里的工作系统和文化就没有改变过。看着吧，这次也是对旧行为贴新标签。"

听到这里，朱莉笑了起来。一些职位名称已经发生了变化（她现在是一名产品经理而不是项目经理），但工作本身和每个人所做的事情基本没变。上一次转型可能降低了可见成本，但并未改进组织的价值交付，也没有提高员工和客户的满意度。事实上，人们的感觉正好相反，它就像一场逐底竞争。

阿尔伯特可能是对的。这次看起来也没什么不同。朱莉希望他们进行转型的原因不仅仅是为了股东利益。这个目标并不能鼓舞人心。公司经营得很好。虽然他们的市场份额正在被新老竞争对手抢走，但他们仍能赚到可观的利润。朱莉想，如果有人问我转型的原因，我会说，我不想让同事或我自己失业，这样股东也可以享受更高的股息。

但没有人问她的意见，也没有人去征求那些与客户关系最密切的人的意见，尽管他们可能比大多数人更了解公司的缺陷和优势。他们工作在第一线，朱莉确信他们能够提出一些想法，从而产生更好的效果。但他们的沟通只停留在对事实（既成事实）的陈述上，一个包含了里程碑的、为期18个月的项目计划即将与任何其他项目一样运转起来。最好的生存策略是服从命令，不要插手其他事，不要越轨，不要冒任何风险。朱莉想，这是别人的责任，所以我会按照吩咐做事。如果效果不佳，那也是别人的问题。

朱莉做了一个深呼吸。她不确定哪个选择更糟糕：为了保住工作去参加面试，还是面对另一边几个月的动荡。这种不确定性导致她的一些同事已经被竞争对手挖走了。也许她会加入他们。当然，公司必须采取更好的方法，使大家能够交付更好的结果。

反面模式3.1 "一刀切"

对于组织敏捷性来说，没有"一刀切"的方法。没有简单有效的万能方法，也没有能够在所有情境下优化结果的单一方法和一站式敏捷法。你的组织、客户、价值主张、环境、流程、工作系统、各级领导者、团队、限制性因素、起点、行为规范、历史、品牌以及你自己都是独一无二的。这是"一刀切"的反面模式中最重要的因素。

你的组织情境是独一无二的：没有通用方法

组织多种多样，不具有同质性。组织是涌现的，不可预测。组织是复杂适应系统。在空间中行动会改变空间。蝴蝶扇动翅膀，要么没有变化，要么千里之外会刮起龙卷风。复杂系统中的小事可能没有影响，也可能影响深远，而且我们几乎不可能知道到底会出现哪一种情况。干预是不可逆转的，就像在咖啡中加入牛奶一样，无法撤回。人们不会遗忘。

提高敏捷性，改进整个企业的 BVSSH 结果，组织就是利用这种复杂性、多样性和涌现性，将其视为推动因素或竞争优势。但这并非意味着团队会变得千篇一律。为了实现结果最大化，不同的组织应当采取不同的敏捷方法。"一刀切"的方法可能会抬升 2 艘船，却让另外 98 艘船降低。即使在一个组织内，为了更快、更安全、更令人满意地交付更高质量的价值，所采取的措施也是多种多样的。

你的情境是独一无二的，它由整个组织内的人员、产品、流程、技术、工具和数据等众多因素构成。表 3-1 列出了其中的部分因素。

"人员"类别所包含的因素最多。"工具"所包含的因素最少，这说明组织在很大程度上受人而不是过程或工具的影响。但组织通常从工具开始，因为这是最简单的。人们不介意使用新工具。这很容易，通常在现有行为规范不变的情况下就能完成。如果从人开始，忘却现有行为并重新学习新行为，难度会很大，但这也是改进结果的最有效手段。

做出这个列表并不需要花费太多时间，并且令人惊讶的是，我们可以在短时间内找到多达 90 种因素。假设这些因素是二元的，它们可以形成

1.2×10^{27} 个独特的组合，而实际上这些因素不只是二元的。显然，你的情境独一无二，每个大型组织都包含众多独特的情境，每种情境都像指纹一样独一无二。你的情境不是静态的，它在时刻变化，且变化的速度越来越快。

教条地强行实施一套实践来抑制这种独特性，并不能实现更快、更安全、更令人满意地交付更高质量的价值。因此，你必须利用自己的独特性，在安全护栏内的情境中进行优化。

表 3-1　构成你的独特情境的条件（不完整清单）

组织	人员	产品
障碍	文化（组织、业务单位、团队）	关键性（生命攸关）
起点	领导者与领导团队认同	延误成本
行业波动与扰乱	不同工作方式的先辈经验	进入系统工作的速率、可预测性和规模
竞争对手	心理安全	
紧迫性	客户期望	不确定性和风险水平（认识程度）
变革延迟成本	客户弹性	
组织规模	容易获得客户反馈	所需要的"规模化"程度
组织年龄	多样性	耦合程度
定位	国家文化规范	内聚力
业务多样性	生存焦虑	类型（共享、一致的客户旅程、渠道）
目标，价值观	团队成员合作时间	
历史，传统	组织结构	交接以交付价值
过去完成的合并与并购	地理分布	当前的前置时间
组织身份	永久性与外包	当前的流动效率
安全临界点	技能水平	当前的质量
公共与私人	知识与洞察力	监管数量
短期压力与长期压力	能力	**技术**

续表

流程	人员	技术
政策	人力资源流程 （晋升、认可、奖励）	架构：单体与微服务
标准	任期	使用的技术
过程	正统观念与信仰	耦合程度
监管	明确的职能	内聚力
财务	激励	工程技能
招聘	培训、指导、支持	工程实践
采购	可行的职业道路	环境供应
基本数据结构和原理	工作环境	自动化程度
审计	跨界协作的能力	分支策略
管理、风险与合规	实践社区	构建和部署战略与频率
产品与项目	工具与数据	可观察性
环境供应	能够用来发布信息的墙面 （或工具）	复原力
		嵌入
	被挖掘以数据为导向的见解深度	
	以日期为导向的见解的可用性	
	数据反馈环路的速度	
	深入研究数据的能力	
	可用的工具	
	端到端的工具集成	
	别无选择、有限的选择或无穷的 选择	

如果你面前的道路是清晰的，那么你可能是在别人的路上。

——约瑟夫·坎贝尔（Joseph Campbell）

我们将仔细研究三个具体的情境标准，分别是规模化敏捷、文化、革命与渐进。

（一）你的"规模化"情境是独特的：不存在通用方法

我曾在一次会议上主持了一场关于"规模化敏捷"的讨论。参加会议的每个人对"规模化"的理解都有所不同。

他们的定义包括：

- 几个团队（每个团队不到十人）在一个情境中交付一个产品。
- 数十个或数百个团队在相似的情境中交付一个产品。
- 数十个或数百个团队在不同的情境中交付一个产品。
- 几个团队在不同的情境中交付多个不相关的产品。
- 数十个、数百个或数千个团队在不同的情境中交付数十个、数百个或数千个产品。
- 在非信息技术情境中（如内部审计、合规、营销或采购）实现敏捷性。
- 在拥有一个、多个或数千个产品和价值流的小型、中型或大型组织内全面实现敏捷性。

在这些不同的规模化敏捷情境中，还有其他需要考虑的关键指标，例如团队与其产品之间的依赖程度、对现代工作方式的掌握程度以及文化规范。如果耦合度较高，对现代工作方式的掌握程度较低，存在命令和控制文化，团队则需要高度协作、同步工作、找出依赖关系并消除或减轻依赖性。如果没有耦合，并且熟练掌握现代工作方式，形成公仆型领导文化，那么团队可以在最小可行护栏内，通过战略调整，提高自主性。

但据我观察，组织往往会忽视自己的独特情境，采用其他组织也在使用的方法，严格遵守一套实践。这样做不符合将敏捷思维应用于敏捷的原则。《敏捷宣言》中的一条原则指出："团队定期反思如何提升效率，并调节和调整自己的工作方式。"

当人们谈论"规模化"时，单一、通用的定义或场景并不存在，没有"一刀切"的方法。统一应用一套实践是一种反面模式，它只能对一般做法进行优化。忽视了情境的独特性，团队就无法针对情境中的结果进行优化。

（二）你的文化情境是独特的：不存在通用方法

对"规模化"的理解与我要探讨的第二个情境标准有关，即文化、组织中的行为规范。为了实现更快、更安全、更令人满意地交付更高的质量，组织在选择改进方法时应当将正在进行变革的业务领域的主流文化考虑在内。在应用方法时不考虑具体情境下的行为规范是一种反面模式。

这方面有很多可用于研究的模型，如拉鲁文化模型、施耐德文化模型或韦斯特鲁姆组织文化模型（表 3-2）。下面我们以韦斯特鲁姆模型为例进行分析。

美国社会学家罗恩·韦斯特鲁姆（Ron Westrum）创立了组织文化类型学（typology of organizational culture）。他认为，领导者的先入之见塑造了一个单位的文化。领导者的行为与奖惩能力传达出他们的偏好，从而成为整个组织的先入之见。随着时间的推移，组织成员学会了如何阅读周围的信号。他们会选择能获得奖励的行为，避免会招致惩罚的行为。在这个过程中，他们创造了组织文化，即对文化所遭遇的问题和机遇做出回应的模式。韦斯特鲁姆描述了三种组织文化类型，即病态型文化、官僚型文化和生机型文化。这三种文化皆受领导者的先入之见的影响。

对个人权利、需求和荣誉的关注会塑造病态型组织。执着于部门的势力范围、职位和规则的领导者会创造官僚型组织。关注使命的领导者则建立起生机型组织。

病态型或官僚型组织中的成员心理安全感极低。在这类组织中，命令和控制文化盛行。我曾经花了大量时间与具有这类文化的团队打交道。他们不敢进行检查和调整，始终等待指挥系统下达的下一个命令。他们仿佛被冻结了，缺乏学习和提升的安全感。在一个涌现领域，由于缺乏心理安全，他们始终会因害怕失败而不敢尝试改进结果。

表3-2 韦斯特鲁姆的三种文化类型

病态型	官僚型	生机型
权力导向	规则导向	效能导向
缺少合作	合作程度一般	高度合作
阻挠信使	忽视信使	训练信使
逃避责任	各担责任	共担责任
阻碍交流	容忍交流	鼓励交流
失败时寻找替罪羊	失败时公平惩罚	失败时追根溯源
压制新想法	认为新想法会招致麻烦	接纳新想法

在这种文化范式中，革命性的变革难以取得成功（但讽刺的是，这种文化范式下极易出现革命性的变革）。渐进式变革会进行一系列小规模、更安全的学习试错，人们的心理安全感更高，更有可能持续、长期地改进结果，形成持续改进的肌肉记忆。我曾多次看到，在命令和控制文化中，激进式的方法频遭失败，而渐进式的方法屡获成功。

如果企业内有公仆型领导，赋能、生机型文化模型以及对学习的认可，企业会更频繁地进行尝试。在这种环境下，为了更快地取得成功，人们愿意尽早、尽快地遭遇失败。这种环境适合更具革命性的方法，同时也需要从小处着手的变革。心理安全感与实际的安全程度越高（最小可行护栏与风险意识文化），团队越能在实验中进行更多创新，从而改进结果。

由于收购历史、地理位置等因素的不同，该类组织或有意建立远离母公司的创新中心或数字中心等业务，以实施颠覆性的新想法和实验。

组织或部分组织中的主流文化类型应作为选择变革方法的依据。在整个组织中采取"一刀切"的方法，忽略文化范式，这是一种反面模式。

（三）革命式与渐进式：不存在通用方法

在这个反面模式中要考虑的第三个因素是革命式与渐进式方法。"一刀切"的方法往往会导致革命式的巨变，并未考虑渐进式是否更适合自己的情境。这对优化 BVSSH 结果无益。

渐进式与革命式代表变革的两个极端。渐进式尊重当前的职能和责任，明确期望结果，将当前的工作系统可视化，并在给予支持的情况下让人们去追求持续的改进。特霍斯特–诺思将其描述为"可视化、稳定、优化"。

革命式则意味着强加完全不同的工作系统与职能，即使是从小处着手（但今天往往做不到这一点）。例如，从传统工作方式（以职能筒仓和较长的前置时间为特点）转变为小型跨职能团队、新的职能角色（如产品负责人或敏捷专家）和基于迭代的方法（例如 Scrum）。革命式也可能采取自上而下的强制变革，使用小队、分会、行会和部落的形式，即所谓的 Spotify 模式。这对经历变革的人来说往往是颠覆性的。

根据我的经验，应用敏捷框架往往会导致革命式的变革。大多数敏捷框架具有较高的规范性，并且不可更改。当你只有一把锤子时，你对每一个情境的处理都像处理钉子一样。如果你花大价钱购入一把镀金锤子，培训了很多人，并且为使用这把锤子支付续订费，人们会更加喜欢使用这把锤子。与适合独特情境的方法相比，应用框架的结果，以及某种程度上的框架本身，可能无法提高敏捷性。通常情况下，采用"一刀切"的方法，可能会优化结果，也可能无法优化结果。其重点在于建立一个不变的框架，而不是改进结果。

在某些情况下，框架可能适合情境。它可以为团队提供一系列可供考虑的选项，帮助团队找到问题所在，并寻找解决问题的方法。如果团队能够从整体上检查并改变其工作方式，而不仅仅是改变一些特定实践中的工作方式，那么框架就具有适应性。

组织应将框架视为出发点，而不是目的地，应从知识体系中学习，然后不断检查和调整，以便在优化更快、更安全、更令人满意地交付更高质量的价值时，不再使用非适应性框架，应向每个人学习，复制所有人，在最小可行护栏内根据情境进行优化。

采取"一刀切"的方法是一种反面模式，它没有积极地考虑情境，也没有考虑革命式或渐进式是否为优化结果的最佳方式，在大多数情况下会导致工作方式的革命。

反面模式 3.2　要求而不邀请

强行要求人员和团队采取特定的实践，这是一种反面模式。2006 年，思特沃克的首席科学家，也是《敏捷宣言》签署人之一的福勒曾说：

> 将过程强加给团队，这完全违背了敏捷原则，但该问题一直存在。团队应选择适合其工作人员与工作情境的流程。从外部强加敏捷过程会削弱团队的自主性，而自主性是敏捷思维的核心。

福勒说，团队（或团队型组织）应该选择适合自己的流程，还应该控制流程的发展。12 年后，福勒在澳大利亚敏捷大会上发言时说道："我们面临的挑战是处理我所谓的伪敏捷。敏捷只是一个名称，而不是任何价值观。"他认为，"敏捷产业综合体"强加的方法是一种"拙劣的模仿"，"没有适合所有情况的通用方法"。

《敏捷宣言》强调个人与互动比流程和工具更加重要，协作比合约更加重要，给予个人支持与信任，从而激励他们完成工作，让自组织团队定期反思如何提高效能，并调整行为、实践与流程。

不幸的是，团队和组织经常强制实施规定性的实践。这不是赋能，也没有体现对人的尊重。它会引发人的恐惧和抵触心理，让组织无法利用敏捷方法来实现敏捷。正如第 1 章所述，这么做会引发代理状态，在这种状态下，人们会免除自己对结果的责任。强行将控制点转移到外部，可以减少心理所有权。它只能触发外在动机，而不是内在动机。也就是说，人们觉得自己无法控制事件或结果。具有外部控制点和外在动机的人，其工作业绩与满意度可能更低。

如果传统大企业的领导者在整个职业生涯中都以还原主义、确定性、命令和控制的心态处理变革或产品开发工作，那么他会强加敏捷可能也不足为奇。有些人认为，可以在已知信息最少的情况下固定产量，设定截止时间，给人施加压力，从而让他们获得完成任务的名誉。但是，这么做会给人带来痛苦，难以产生最有价值的东西。这是一种陈旧的确定性工作方法。当有组织的人类活动不再由识字率低并重复大规模生产的体力劳动者完成时，泰勒制工作方式也不再适用。数字时代的人类活动是具有独特性的产品开发和知识型工作，它具有涌现性，复杂适应系统中存在许多未知因素。在某些情况下，它可能需要一种新型领导者。

从反面模式到正面模式

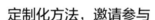

定制化方法，邀请参与

我们已经分析了为什么没有"一刀切"的工作方式能够优化所有情境下的结果。你的组织、客户、价值主张、环境、流程、工作系统、对"规模化"的定义、各级领导者、团队、约束条件、起点、文化、历史、品牌、小组以及你自己都是独一无二的。没有一套方法可以应对所有情况。正如第 1 章所述，在涌现领域没有"最佳实践"。应用一些正面模式和原则，取得成功的可能性更高，而反面模式取得成功的可能性更低。

我们还研究了为何强加的敏捷无法体现敏捷性。因为它违背了敏捷和精益的价值观与原则，即尊重他人、团队赋能与公仆型领导力。它只能触发外在动机而非内在动机，因此难以取得成功的结果与持久的变化。

你需要认识到自己拥有独一无二的 VOICE（V= 价值观与原则，O= 结果与目标，I= 以意图为导向的领导，C= 指导与支持，E= 实验），你要做的是邀请而不是要求。这样一来，你才更有可能以可持续的方式成功地实现更快、更安全、更令人满意地交付更高质量的价值。

正面模式 3.1　没有"一刀切"的方法

在反面模式 3.1 中，我们看到，在有组织的人类活动中，采取"一刀切"的方法无法在独特的情境下优化结果。

相反，你需要找到自己独特的 VOICE，并对它加以利用。在这一模式中，我们也分析为什么要将掌握程度考虑在内、如何根据文化类型选择革命式方法和渐进式方法。我们对一些常见框架进行了对比，旨在帮助你根据自己的独特情境进行选择。重要的是，我们并非拒绝任何框架，而是接受所有框架，在情境中和在常见的最小可行护栏内选择最有效的方法（请见第 5 章和第 6 章）。

（一）你拥有独特的 VOICE：对它加以利用

不考虑独特情境，在整个组织中实施一套规定性实践，这是一种反面模式，与之相反的方法是将敏捷思维应用于组织敏捷：认识到自己独特的VOICE（图 3-1）。这里介绍的是一种实现业务敏捷的方法，它可以取代强加敏捷。VOICE 模型的五个字母分别代表价值观与原则、结果与目标、以意图为导向的领导、指导与支持、实验。

价值观与原则：它们是应用于不同情境的行为护栏。

结果与目标：它们是结果，比如更快、更安全、更令人满意地交付更高质量的价值，同时清晰地阐述了为什么它对你的组织具有独特性（如第 1 章所述），并对结果和快速反馈环路设定衡量标准。

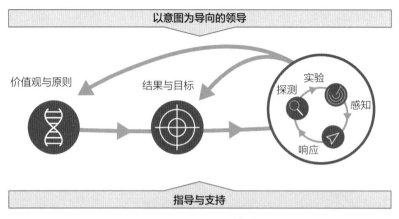

图 3-1　VOICE 模型

V= 价值观与原则　O= 结果与目标　I= 以意图为导向的领导　C= 指导与支持　E= 实验

以意图为导向的领导：赋能，将决策权下放，努力实现高度自治和高度一致性，并营造一种环境，使团队形成新的肌肉记忆，不断在情境中改进结果。这不是命令和控制，没有微观管理、恐惧文化，也不需要领导者包揽所有的决定。领导者先行，示范期望行为，为员工树立榜样，从而使每个人都有发表意见的机会，每个人都有机会塑造自己的命运。

指导与支持：抛弃旧习惯，学习新习惯，找到并消除组织障碍。指导者可以利用许多知识体系，并采用假定能优化情境中的结果的实践。各级领导者指导并支持持续改进和技术卓越。学习者在没有滑雪教练的情况下也可以学习滑雪，但可能会养成坏习惯，需要花费更长的时间，经历更多伤痛，半途而废的风险也会更高。指导可以提供支持、引导和鼓励，帮助他人避免碰撞，减少恐惧。学习者之所以需要指导，是因为不存在唯一的方法，也没有可以在所有情况下优化结果的通用方法。

实验：组织需要在所有层面上进行实验，以获得快速反馈，因为变革具有涌现性，并且组织是复杂适应系统。我们需要尽量缩短学习时间。组织要在团队、价值流、业务单位和组织层面进行探测、感知和响应。"双环路学习"是指通过实验环路学习，再创建第二个学习环路，即对整体的价值观与原则、结果与目标的反馈。这里的目标是形成新的肌肉记忆，使每个人都能持续改进工作系统，精益求精。

下面让我们详细阐述 VOICE 中的每一项。

V：价值观与原则

组织的价值观和原则是组织的行为护栏。例如，价值观与原则可能包括关注结果、从小到大或邀请而不要求。它们为每个决策提供依据，你需要在组织内反复传达这些价值观与原则。传达的次数应是你认为有必要的次数的3倍。价值观和原则代表了意图，允许在特殊情况下采取不符合要求的行为。它们涵盖了彼此追求责任的团队及其领导者的行为。价值观和原则适用于不同的情境，有助于在大型组织中保持行为和决策的一致性。例如，亚马逊有14项领导力原则，其中包括客户至上、主人翁精神、远见卓识和崇尚行动。

以下是4种价值观和原则的来源，可以帮你确定哪些是最适合你的组织：

第一个来源是组织范围内现有的价值观。根据我的经验，这些价值观的要求往往很高，例如"尊重"或"正直"。

第二个来源是《敏捷宣言》。这些都是敏捷思维的一部分，并且实际存在。《敏捷宣言》签署于2001年，最初只针对软件行业。根据我的经验，虽然该宣言中的原则是既定原则，但我们也应该强调更加现代且适合业务敏捷情境的原则。

第三个来源是敏捷框架所使用的价值观和原则，包括 Scrum、规范敏捷、大规模等。

第四个来源是本书在最后列出的一系列原则。关键是，你需要在组织特定的情境中以及目前的情况下，从许多来源中寻找灵感，找到对自己有用的价值观和原则。

虽然原则适用于不同的情境，但实践方法因情境而异。组织应将情境与原则结合，通过指导和实验，利用诸多知识体系，从而产生实践。正如特霍斯特-诺思所说：

实践 = 原则 + 情境

不要在安全护栏内向团队强加实践，应给予团队自主权，找出应用原则的最佳方式，并改进自己的结果，这样你就可以将控制点保持在内部。团队成员感到自己是命运的主人，只要天没有塌下来，他们就能把事情做得更好。这种控制感会产生更大的内在动力。随着时间的推移，人们形成了新的肌肉记忆，能力不断提高，从而建立或加强组织的学习力与适应力。

O：结果与目标

组织需要知道改进工作方式的原因，明确期望结果。例如，更快、更安全、更令人满意地交付更高质量的价值。这些结果都应有一个或多个衡量标准。在衡量结果时，随着时间的推移的改进比绝对值更加重要。每个组织都有不同的出发点和情境。你要保证数据的透明度与时效性，才能更加准确地确定因果关系。人们可以深入研究数据，寻找其中的异常值，找出需要扩大或缩减的实验。在邀请团队改变工作方式时，你应避免设定目标。根据我的经验，目标会推动货物崇拜，引发系统博弈。我发现，如果组织取消目标，让趋势随时间的推移显现出来，让各领域自行决定，并在与领导层的对话中决定他们要改进多少，那么变化会由内而外产生。重要的是，由一支独立的团队将 BVSSH 的衡量标准集中起来。这样可以确保数据、算法、衡量标准、相关性和趋势比较的一致性，并降低选择性数据博弈的可能性。

结果与目标是工作方式改进的内容与原因。它们可以保证高度的一致性，在获得支持的情况下，授权型团队可以在自己的情境中进行检查和调整，以改进结果。敏捷不是目标，目标是提高敏捷性以改进结果。

I：以意图为导向的领导

在结果上达成高度一致性后，我们可以营造高度自治的环境，采用以意图为导向的领导方式（更多信息见正面模式 4.3），通过快速反馈和支持，让团队从小处着手，改进结果。我们应在最小可行护栏内，将决策权交给掌握信息的人，而不是将信息交给掌握决策权的人，要分散决策权，不要强加处方、微观管理或根据薪酬最高者意见（HiPPO）做决定，相反，要做一名培育文化的园丁，应使期望结果的改进透明化，在安全护栏内采用拉动而非推动的方式。你要学会做一个变革型领导者，抛弃20世纪前10年所流行的命令和控制管理风格。《DevOps全球状态报告》表明，在产品开发的情境中，变革型领导者与组织的高效能具有高度的相关性。

领导团队应该是第一个采用新工作方式的团队。如果领导团队不愿意亲身示范期望行为，那么也不要指望其他团队能够做出同样的行为。要营造一个心理安全的环境，这样人们才愿意承认自己"不知道"，并且愿意尝试，即使他们知道自己可能会失败。他们必须能够自由检查和调整。为了获得改进，组织必须有一个安全的环境。谷歌曾发起一项名为"亚里士多德计划"的团队绩效研究，结果发现，心理安全是高效能团队的首要决定性因素。

自主权、赋能与心理安全会提高内在动机和参与度，因为人们能够带着大脑去工作。

C：指导与支持

组织应就敏捷性、工作方式（而不是一个框架）提供指导，在情境中优化结果，更快、更安全、更令人满意地交付更高质量的价值，并为消除组织内的障碍提供支持。

虽然一个成功的模式是从一个小型工作方式支持中心开始，但是该中心的范围要尽可能大，最好跨越整个组织。工作方式支持中心的目的并非强制推出一套规范性实践，不是为了让整个组织都使用Scrum，让每个人参加强制的集体培训，或者强加敏捷，而是工作系统的持续改进，为组织中的每个人提供支持，使其每天都能获得改进，从而看到实现更快、更安全、更令人满意地交付更高质量的价值的积极趋势。从小到大、在企业层面进行指导、开展实验以缓解制约因素的影响、提供清晰的最小可行护栏，这些才是敏捷。工作方式支持中心可以为团队提供支持，持续解决源源不断冒出来的障碍。

它要按需提供多种形式的培训，分享学习，整理多个结果衡量标准的数据，生成见解和反馈环路，确保期望行为得到认可和奖励。

工作方式支持中心最好向执行委员会中的某个人（首席执行官或首席运营官）报告。这样一来，组织范围内的障碍能够得到最高层的关注，从而被优先解决。否则，一些更好的工作方式会被限制在大部分高层领导者的职权范围内，这些领导者支持这些工作方式，但没有能力解决职权之外更大范围的障碍。

工作方式支持中心也不应局限于信息技术领域，否则就只能带来局部优化。软件开发周期的时间（从开始开发到开发完成但尚未交付）可以缩短90%。如果工作停滞在批量项目组合管理的上游，如果存在基于项目的融资流程，如果招聘员工需要花费 12 个月的时间，如果采购签订的合同条款阻碍了敏捷性，如果拿到硬件需要花费 6 个月的时间，如果由于依赖关系需要在下游批量发布，如果内部赞助商和利益相关者想继续采用如下工作方式——保持距离、命令下达与命令接收、告诉我什么时候干什么，那么端到端的前置时间几乎得不到任何改进。更好的工作方式的关键在于不区分业务与信息技术的跨职能团队。相反，每个人都是完成"我们的业务"。对于产品开发，你的主要部落身份应该是你的价值流，是你所生产的价值，而不是你的职业专长。

请注意，工作方式支持中心是一个支持中心，而不是卓越中心。它位于核心，规模较小，发挥公仆型领导职能，帮助团队解决障碍（公仆），并提供推动因素（领导），从而改进结果。改进结果没有"一刀切"的方法，因为工作域具有涌现性，且工作方式支持中心为团队提供服务，因此我认为它不是卓越中心。邓宁–克鲁格效应表明，初学者会高估自己，而专家往往低估自己，因此，如果为该中心配备专家，他们会意识到还有很多需要继续学习的地方。

我发现有一种方法可以有效提供大规模支持，它是工作方式支持中心的分形模式，即每个业务单位或价值流有一个工作方式支持中心，如果合适，嵌套价值流的下一层级也可以有一个工作方式支持中心。例如：银行—投资银行—股票交易。每个工作方式支持中心的领导者也是上一级工作方式支持中心的成员。对于心理所有权，价值流工作方式支持中心的成员向他们的价值流或业务单位报告，而不是向位于核心的工作方式支持中心报告。这样可以保证主人翁精神、部落认同和集体的内在动机，而不是被视为告诉业务单位做什么的"外星人"，触发组织排斥反应。这样一来，一个可扩展的网络便形成了，它可以在尽可能低的层级处理障碍，与价值流保持一致。

位于核心的工作方式支持中心也会协调变革代理人和教练网络，确保关于"为什么"的信息能够保持一致，并引导教练网络分享见解、进行检查和调整。采用"从小到大"的方式，任何一个业务领域在任何时候都不应该有太多教练。指导应在不同层面进行，比如团队层面、拥有少量价值流的独立业务单位层面，以及拥有数千条价值流的大型全球组织层面。指导包括技术上的指导与工作方式上的指导。没有"一刀切"的指导。

教练和变革推动者应该努力做到无所不能。他们必须承认和尊重所有知识体系，而不是坚持基本数据结构和原理。他们必须理解，在符合组织价值观和原则的情况下，不同的情境适合不同的实践。特霍斯特–诺思和凯瑟琳·柯克（Katherine Kirk）被称为"SWARMing"无宗教方法论的规模化。

各级领导者应成为团队持续改进的教练，同时也要进行自我辅导。这给中层管理者赋予了明确的职能，受迫中层可以按照丰田"教练形"发挥他们的作用。

E：实验

在安全护栏内形成高度一致性和高度自主性，同时有了指导和支持，现在你就可以进行实验了。你可以先进行安全试错的小规模实验，尝试不同的方法，并通过快速反馈来取得进展。

当你在一个独特、复杂、自适应的系统中执行独特、复杂的工作时，你需要经过探测、感知和响应。这里的情境是改变工作系统，以便取得更好的成果。它是涌现的，无论基础工作是涌现的（独特的产品开发）还是确定性的（重复的大规模生产或大规模加工）。正如沙因所说："除非你尝试改变一个系统，否则你无法理解它。当你尝试改变它时，维持现状的潜在机制才会显露出来。"

任何实验都是对一个结果未知的假设进行检验，因为我们要完成的工作是此前从未做过的，或者从未在这个具体的情境下做过。我们无法穿越时空。组织是复杂适应系统，我们处于一个涌现域中，这里没有线性的因果关系。可用于描述快速反馈环路和假设检验的其他方式包括戴明的计划—执行—检查—处理（PDSA），约翰·博伊德（John Boyd）的观察—判断—决定—行动（OODA）和埃里克·莱斯（Eric Ries）的开发—测量—认知。

为了判断实验是否朝着正确的方向发展，你首先需要"看到"并测量当前的工作系统。你需要知道自己的出发点。这里我们要再次提到特霍斯特-诺斯的"可视化、稳定、优化"。

你需要将价值流中的步骤可视化，查看系统中每个步骤的工作量（在制品数量）、工作的流动过程（前置时间和吞吐量）、工作已进行了多长时间（等待时间和老化）。

你需要"了解流程"并了解流动效率，即在端到端前置时间内工作时间所占百分比。在传统组织中，流动效率通常为10%或更低，90%的工作时间花在了等待上。这是可以做出显著改进的地方。只关注资源的利用率和繁忙的程度往往会进一步降低流动效率。当资源利用率超过80%时，前置时间呈指数增长。你需要关注的不是忙碌程度或局部优化，而是没有进行工作的地方，即工作之间的空白区域，还有一堆价值项如同被机器码放整齐的存货一样等待着。

工作系统可视化后，接下来是使流动稳定。你要在价值流的每个阶段限制在制品数量。路上的汽车越少，前进的速度就越快。如果路上塞满汽车，所有车辆都要停下来。你要让价值流动起来。如果组织在文化上倾向于渐进式而非革命式，那么你可以对较高的在制品数量加以限制，使其数量逐渐减少。最重要的是，在一些工作完成之前，不要开始其他工作，你要将一项工作拉到右侧后，才能为另一项工作留出位置。工作系统基于拉动而非推动。

暂缓开始，聚焦完成

我经常看到的一个问题是根据薪酬最高者意见安排流程，人们会聚焦"开始"，在完成或停止其他计划之前，运行了更多的计划。组织需要学会说"不""还没有""为了完成这项工作，我们需要先停止哪些工作"，以此来优化 BVSSH。并行开展多项工作就像在路上行驶多辆汽车，它将所有 BVSSH 的衡量标准都转移到了错误的方向上。

如果在一个情境中，工作进入系统是临时性的，例如服务中心，那么不同类别的服务都会有所帮助。例如，服务中心可以创建一条快速泳道，并按严重程度进行优先级排序。如果下游工作受阻，在上游工作的人应该向下游的限制因素集中，而不是无所事事地闲坐或在上游过度生产，使上游库存在不断增长的虚拟库存中坐等。这里的目标是彻底解决限制因素，使其不再是主要瓶颈。

限制在制品，就像退潮一样，让原本存在的岩石裸露出来，而在此之前，它一直隐藏在漫长前置时间中。限制在制品是一种"赋能约束"，它能够让问题的症结暴露出来。掩盖阻碍流动的因素，绕过它们，或者让工作等待，都无法优化端到端业务结果，只会导致系统效率低下。有时，根据具体的情境，我们需要阻塞上游来感受限制因素造成的痛苦，这样一来，复杂自适应系统才会优先考虑采取补救措施。

道路上没有障碍；道路本身就是障碍

为了更快、更安全、更令人满意地交付更高质量的价值，我们现在要进入实验的优化阶段。对流程的可视化与测量可以让我们看清楚最大的障碍。系统中可能有太多工作，或者有过多在制品，存在大量的任务切换、交接和依赖关系，可能会出现"饥荒"，上游资金匮乏，或缺少明确的战略成果，根据约束理论，你需要确定对流动影响最大的限制因素是什么，集中精力去解决它，然后重复这一过程。

限制在制品并专注于缩短端到端的前置时间，你很快就会找到障碍。你要进行实验或探测，然后感知结果衡量标准，请记住，因果关系不是线性的。你要找出下一个要进行实验的地方，扩大积极的实验，缩减负面的实验，谨防局部优化（例如只改进软件开发），关注端到端价值流，例如，最大的限制因素可能在上游的项目组合管理，而不是下游的提升测试自动化。

最薄弱的环节将决定整个链条的强度。当你对最薄弱的环节进行了强化以后，你就没有必要进一步强化它，而是应寻找下一个薄弱环节加以强化，然后重复这个过程。丰田改进形是一个很好的工具，它可以培养持续改进和目标迭代的习惯，最终目标是使组织成为一个学习型组织。我们将在第8章进一步探讨这个主题。

最合适的方法可能会将细微变化与根本变化结合，与之相对应的术语是持续改进和突破性改善，它们都来自丰田生产系统。前者是递增的、渐进的，后者是彻底的、革命的。最重要的是，没有"一刀切"的方法，它应从内部开始，受内在动机的驱使，而不是靠外部强加。

■ 案例研究：全英房屋抵押贷款协会的内部审计团队关注 BVSSH 结果

全英房屋抵押贷款协会的内部审计团队是全球最大的金融服务互助协会，该团队于 2018 年 9 月开始寻找新的工作方式。高层领导希望找到事半功倍的方法，但内部审计团队抵挡住了只关注效率的诱惑，他们首先关注的是结果。他们优先考虑提高审计的价值、令审计员满意并缩短前置时间。内部审计员兼敏捷教练埃莉诺·泰勒（Eleanor Taylor）解释道：

"团队很快发现，自己的处境与以信息技术为中心的产品开发非常不同，一些解决方案、语言和技术难以转化。事实上，审计员认为信息技术中的有些语言令人不适，也对他们构成了障碍。

"团队针对自身情境做出了调整。以前以 Scrum 为中心的方法被关注敏捷性而非敏捷所取代。团队检查了工作流程，选择了一种基于库尼芬（Cynefin）模型框架对工作领域进行分类的方法，并寻找愿意尝试该方法的志愿者。实验开始时，一个志愿者团队负责在 3 个月内完成 3 次审计。小规模的实验可以降低因方法不当而造成的风险，以及与正在审计的业务部分相关的后续影响。

"在第一次实验之后，团队回顾了有效与无效的方法，包括站在客户立场看问题，然后才邀请其他团队进行实验。随着越来越多的志愿者加入，他们进一步根据情境做出调整，人们自愿采用新的工作方式。我们从未向任何审计团队强加新的工作方式。

"随着动力增强，审计团队取得了更多的成功，我们将成功与其他团队分享，包括高层领导团队。之后，越来越多的团队希望加入并进行实验。一些团队仍然拒绝加入，但他们现在是局外人，我知道，向他们强加变革并不能改变他们的心态。

"18 个月之后，每次审计的前置时间缩短了两周，相当于每年可增加 18 次审计，并且满意度从 85% 提高到 100%。"

（二）提升掌握水平：守、破、离

正如我们所知，没有"一刀切"的方法。团队、业务单位或组织的掌握水平是组织情境中的一个重要因素，因此组织应了解优化结果所采取的独特方法。

守、破、离是日本剑道中的概念，描述了从学习到掌握的各个阶段。在具有涌现性的复杂适应系统中，它可以帮助我们理解正面模式 3.1。

守：遵守规则（初级）。

破：打破规则（中级）。

离：制定规则（专家级）。

初学者处在"守"的阶段。人们开始接触新事物时，总是渴望找到一套方法。人们会通过模仿和遵循规则来学习。他们需要形成新的肌肉记忆，抛弃旧的习惯。如果教练说"视情况而定"，可能会令人感到沮丧。初学者希望别人告诉他应该怎么做。选择一个框架进行实验，这是出发点而非目的地。死记硬背的例子包括学习钢琴时的指法练习、学习滑雪时的全制动姿势、武术中的套路。以"守"为起点并非意味着领导者可以将框架强加给团队。团队应在一定的指导和支持下，自行选择使用给定的框架（在最小可行护栏内）进行实验。

"破"是中间阶段。学习者了解规则后准备打破规则。现在学习者已经掌握了一定的规则，他们尝试根据情境进行优化。根据邓宁–克鲁格效应，这可能是一个危险的阶段，初学者往往会高估自己。他们掌握了一点东西，足以制造危险，但他们还不知道自己"不知道什么"。

"离"的阶段是掌握和超越。这是团队展现敏捷性而不是实践敏捷的阶段。作为实践者，他们具备敏捷思维模式，不需要意识思维，行为符合价值观和原则，可以灵活地适应情境。随着时间的推移，他们的掌握水平足以指导和教授他人（这本身就是一种技能），同时认识到自身还有需要学习的地方。在"离"的阶段，有人掌握了足够的知识，能够用简单的语言表达复杂的主题。

因此，在这种模式下，优化工作方式时应该考虑掌握的程度，针对独特情境加以优化，提高改进 BVSSH 结果的可能性。

处在"守"阶段的学习者可以从处在"离"阶段的人那里获得指导，后者已经有多年的"滑雪"经验，对在该情境中优化结果的方法有天然的感知力。工作方式支持中心应该提供指导，作为一种促进因素。团队也可以在听取建议后，决定采用一个框架（如 Scrum 或看板）作为"套路"进行实验。组织中各个层级的人都可以成为学习者，包括高层领导者，他们在现代工作方式中还处于"守"的阶段。

处在"破"阶段的学习者还可以从定期的指导中受益，确保当他们处于"愚蠢之山"的顶峰时不会进行局部优化。此外，处在"破"阶段的学习者可以从教练和领导者给予的鼓励和认可中获益，以便继续、突破，经过艰苦卓绝的努力，达到更轻松地掌握的阶段。

处在"离"阶段的人最适合指导和支持组织，展示哪些方法可以在情境中发挥作用，在某些情况下，工作方式支持中心应该配备这类人员。他们可以成为组织其他成员的灯塔，展示可用的方法。组织不应将一种方法强加给那些已经顺应情境，并在组织丛林中摸索前进的人。

（三）针对组织情境的优化：革命式与渐进式

采用"一刀切"的方法是一种反面模式，它往往会导致组织默认选择革命式方法，而不考虑组织情境适合革命式还是渐进式的方法。这可能导致结果难以得到优化。

如果病态型文化或官僚型文化盛行，如果组织或业务领域无法承受剧变，如果资本转型尝试失败，如果缺乏心理安全，如果存在恐惧文化，如果强大的既得利益集团想维持现状，如果控制点在外部，并且人们形成了习得性无助和受害者心理，那么采取渐进式方法远胜于革命式方法。通过细微的改进建立信心，让人们看到可衡量的好处，渐进式方法就可以为更多事情创造肥沃的土壤。它在情境中建立了社会认同，为继续变革的安全性提供了保障。

渐进式方法的一个优势在于，它从一开始就建立了一种持续改进的文化，而不是货物崇拜。它可以激发内在动力。人们能够获得一定的支持，利用自己的大脑来改进工作系统。指导与对结果评估的关注有助于保持进步。这个过程并不可怕。人们可以在这种方法下安全地试错。

然而，如果组织正面临生存危机，如果前方的道路已不足以完成渐进式改进，如果组织陷入变革曲线中更深的低谷（即使从小处着手），如果人们有充足的心理安全进行实验和学习，如果人们自愿或要求彻底的变革，如果组织曾有类似的经验，在这种情况下，革命式方法可能是最佳选择。在某些情况下，有些团队希望这样做（不顾公司的实际情况，也未从公司的利益出发），但传统的组织结构和政策阻碍了他们。有经验的团队可以在支持下快速前进，优化 BVSSH 结果。

在本节中，我将探讨一些常见的框架或方法，并评估它们是革命式方法还是渐进式方法，你可以根据自身的情境来判断哪一种方法最适合自己，从而更快、更安全、更令人满意地交付更高质量的价值。我还将研究流程的适应性程度，即团队能否检查和调整其工作方式，而不仅仅局限于固定的规定性实践中。

这份评估是我的个人观点，它基于我自 20 世纪 90 年代初以来的从业经验，以及在不同行业的大型传统组织中积累的想法与经验教训。

首先解释一下标题栏中的术语：

革命式：新的角色、团队结构、仪式、工件和节奏。

渐进式：尊重当前职能与责任，追求渐进式的改进。

工作方式的适应性：该框架是否鼓励在情境中调整核心工作方式？这并非指在扩大规模时增加实践。

赋能约束：为了使阻碍 BVSSH 的障碍可视化，将工作压缩到一个有限的时间段（迭代）或采用限制在制品的拉动系统。

表 3-3 没有列出框架的用途或优先级，只是对它们进行分类，帮助你选择最适合自身情境的方法。

表 3-3　框架：革命式或渐进式方法及二者的适应性

敏捷框架	革命式或渐进式	是否具有适应性?	赋能约束
Scrum	革命式	否。Scrum 的角色、事件、工件和规则是不可改变的。尽管可以仅采用 Scrum 的部分理念，但结果却与 Scrum 无关	迭代
基本（SAFe）	革命式	否。继承自 Scrum	迭代
Scrum@Scale	革命式	否。继承自 Scrum	迭代
Nexus	革命式	否。继承自 Scrum	迭代
LeSS	革命式	否。继承自 Scrum	迭代
看板法（Kanban）	渐进式	是。看板法指出，从现在的工作开始，尊重当前的职能和责任，追求渐进式的改变	限制在制品
规范敏捷	革命式或渐进式	是。规范敏捷提倡目标导向而不是规定性的战略，使团队可以选择自己的工作方式。就地开始，尽你所能，努力改进	视团队而定
Spotify 模型		你是一家生产单一产品的年轻的瑞典组织吗？如果不是，发展你自己的模型。Spotify 模型不是 Spotify 的模型（更多内容请见下文）	视团队而定
你自己的模型	革命式或渐进式，或两者皆有	是	在情境中优化 BVSSH

当我指出一个框架是革命式或渐进式时，我所指的是它的构建方式以及团队成员的感受，而不是框架的实施，比如第 2 章所述的大爆炸式首次展示或从小处着手。它是新的职能名称、仪式和实践吗？如果你没有遵守这些规则，那么你就无法"实施"框架，还是"从我们所在的地方开始，追求渐进式的改进"？两者各有利弊，这取决于你的情境，本章已经对此进行了概述。

唯一能够区分对错的是，为了改进结果，哪些框架适合你的情境，哪些不适合。

实施 Scrum 是一种革命式方法，因为 Scrum 需要创造新职能（如产品负责人和敏捷专家）、新团队结构、新工件、新事件和新行为。它不能进行调整。官方的《Scrum 指南》指出："Scrum 的角色、事件、工件和规则是不可改变的。尽管可以仅采用 Scrum 的部分理念，但结果却与 Scrum 无关。Scrum 以整体形式存在。"

根据我的经验，这通常会引发一种对话，内容大致是"我们是否在正确使用 Scrum？"或"你没有正确使用 Scrum"或"我们有多少 Scrum 团队？"。在某些情况下，我观察到一种 Scrum 教条主义行为，在不知道问题或情境的情况下，将 Scrum 视为答案。

重点应放在改善结果上：BVSSH。如果框架对此有帮助则最好，如果没有帮助，则继续进行实验和优化。也许解耦节奏和具有不同服务层级的单件流（例如看板法）更适合你的情境。因为 Scrum 是革命式框架，因此它可能不是你的情境下的最佳选择。在某些情况下，如果之前失败的尝试降低了人们的心理安全并导致了情感上的疤痕组织，那么人们一开始可能更适合采用规模较小的瀑布方法，而不是为他人强加新的职业角色。

我之前试图"实践敏捷"而不是提高敏捷性，结果所有尝试均以失败告终。它给人的感觉是逆风，而不是顺风。在这种情境下，要持续改进结果并最终实现敏捷文化，关键的一步是从几个较小规模的瀑布方法开始，减少并行工作项。改变职位名称和引入仪式都会造成阻碍而非帮助。正如圣吉所说："用力越大，系统的反作用力也越强。"

基本 SAFe 是基于 Scrum 的规模化敏捷模式的基本构建块。因为它继承自 Scrum，因此具有 Scrum 在角色和仪式上的革命性。它增加了额外的实践，满足多个团队完成共同软件交付的需求，例如同步迭代、常规化的故事点、工件和事件。一个适用于它所设计的情境的例子是："项目群增量（PI）计划是

SAFe 的基础；如果不进行 PI 计划，就无法实施 SAFe。"SAFe 允许在固定时间迭代中嵌入看板拉动系统。对于更大的信息技术系统和大型信息技术系统的项目组合，基本构建块根据其他角色和实践扩大。

根据我的经验，SAFe 是一个庞大的知识体系，在许多软件开发团队致力于一个大型软件产品或解决方案的情境中，依赖性与耦合性高，有确定性的季度承诺，对敏捷性的掌握程度相对较低，其中同步节奏、常规化故事点和季度计划会议在该情境下是有益的。这个知识体系可以在这样的情境中（或多个此类情境中）协调复杂的人类活动。根据我的经验，SAFe 显然不能（并且我认为它的目的也不是）在一个多样化、成分混杂的复杂适应系统中优化结果，例如一个拥有数千种不同环境、产品和产品开发团队的完整、大型、多样化的组织，其中迭代、常规化的故事点、季度产出承诺、季度计划会议可能不利于优化结果。没有一套规范性实践能够适合所有情境下的结果优化。

Scrum@Scale，顾名思义，也是由 Scrum 衍生而来，因此也是一种偏革命式的方法。《Scrum@Scale 指南》写道："Scrum@Scale 旨在将单个 Scrum 团队的功能自然地扩展到整个组织。"我们最好让组织充满敏捷性。

Nexus 也是 Scrum 的衍生。和 Scrum 一样，它的方法也是革命式的。官方指南写道："与 Scrum 框架一样，Nexus 的角色、工件、事件和规则也是不可改变的。尽管可以只采用 Nexus 的部分理念，但结果与 Nexus 无关。"

LeSS 也是由 Scrum 衍生而来，"大规模 Scrum 仍是 Scrum"。因此，它继承了 Scrum 的革命性和不可改变性。作者认为有一些 LeSS 规则是必不可少的。与 SAFe 一样，LeSS 适用于多个团队处理同一产品，而不是大型组织中的多样环境。作者清楚地阐述了该方法的局限性。前两本书列出了"尝试"实验和"避免"实验。LeSS 的创建者克雷·拉蒙（Craig Larman）和巴斯·沃代（Bas Vodde）说："没有最佳实践。只有适用于特定环境的最佳实践。"

看板方法是一种渐进式方法，其重点在于可视化和优化工作系统。它的原则包括"从现状开始""追求渐进改变""尊重现有的角色、职责和头衔"，以及"协作改进，实验发展"。

它不是一个过程，而是一种改进工作方式的方法，重点是可视化和优化工作系统。你可以使用看板方法并持续改进任何流程。它可用于更适合渐进式方法的情境，例如心理安全感较低，或者以前试图强加革命式方法，结果以失败告终，留下了情感上的疤痕组织。看板方法不具有规定性。它使工作系统可视化，人们可以运用自己的大脑，在内在动机的驱动下来解决已经出现的障碍，而不是关注自己是否遵循了规定的实践。"赋能约束"是限制在制品。就像潮水退去，露出岩石，限制在制品后，人们可以看到阻碍流动且需要解决的障碍。

规范敏捷是一个过程决策框架，能够提供情境敏感的指导。它的原则包括"情境很重要""可选择是优势"和"实用的才是最佳的"。它具有企业意识，旨在满足众多独特情境的要求，具有组织护栏，因此它是敏捷的，而不是脆弱的。它以非规定性的方式实现企业敏捷性。团队可以从当前正在做的事情开始并不断改进，或者如果革命性变革适合他们的情境，他们也可以选择革命性变革。他们可以采用基于迭代的方法或基于流程的方法。规范敏捷为不同情境下的工作实践提供指导，帮助团队在其情境中选择实践。

Spotify 模型不是 Spotify 的模型。2012 年，亨里克·克里伯格（Henrik Kinberg）和安德斯·伊沃森（Anders Ivarsson）在他们的白皮书中写道："我们并不是发明了这种模型。Spotify（就像任何一家优秀的敏捷企业一样）正在快速发展。本文只是对我们当前工作方式的一个快速回顾。这是一个正在进行的'旅程'，而不是一个已经完成的'旅程'。当你读到这篇文章时，事情已经发生了变化。"Spotify 员工在会上谈到为什么 Spotify 模型不是 Spotify 的模型。Spotify 敏捷教练乔吉姆·森顿（Joakim Sundén）说："大声喊出来，我会告诉你 Spotify 的模型为什么不能完全发挥作用。"马钦·弗洛里安（Marcin Floryan）说："在发布时，任何方面都是正确的，但在其他地方它未必是正确的，且同样的形式放在今天也未必是正确的。"

Spotify 模型并不是一套模式。Spotify 的价值观和原则决定了它的特色。人们经常引用 Spotify 联合创始人丹尼尔·艾克（Daniel Ek）的一句话："我们的目标是比对手更快地犯错。"根据我的经验，当大多数公司采用小队、部落、分会和行会时，他们并未调整或改变自己的价值观和原则或文化，结果只是给旧行为贴上新标签，在某些情况下还会造成恐惧和混乱。

这里的关键是接受所有框架。在一般的最小可行护栏内选择最合适的框架，而不是拒绝任何框架（详见第 5 章和第 6 章）。形象一点来说，教练应该拥有一个工具箱，其中包含所有框架和知识体系，并包含应用这些框架和知识的经验，通过在风险胃纳内进行安全试错，同时认识到文化是最大的杠杆，才有可能产出最佳结果。

正面模式 3.2　邀请而不要求

在第 1 章中，我谈到了罗杰斯在 1962 年提出的创新扩散曲线（见前文图 1-4）。为了邀请他人参与变革而不是强加变革，就必须考虑曲线上的不同人群。当你邀请志愿者尝试新的工作方式时，创新者和早期采用者（那群说"好吧，就这么办！"的人）会率先举手。他们可能加入了"反叛联盟"，已经采用更好的工作方式，尽管他们这么做可能并非为了公司，他们的心态可能是"请求原谅"而不是获得许可。他们有内在动机。他们想这样做。

创新者将付出艰苦的努力。他们相信还有更好的方法。在最初阶段，障碍最多，因此他们要具备更强的个人韧性。他们将在组织丛林中开辟一条道路，让其他人跟随。识别创新者的一个好办法是通过自愿的实践社区（如第 1 章所述）。观察每一次的参加者。

在你自己的组织内创造证据后，早期跟随者会自愿加入。现在更好的工作方式开始被更多人接受。小心探索可以保证安全性。关键在于沟通，沟通，还是沟通，并对期望行为给予认可和奖励。充分的社会认同和奖励可以让早期跟随者实现组织理论家杰弗里·摩尔（Geoffrey Moore）所谓的"跨越鸿沟"，并且最终让后期跟随者也跨越鸿沟。

大喊着"好吧，不要！"的滞后者是最后采用更好的工作方式的人。创新者喜欢与众不同，而滞后者恰恰相反。最终，滞后者要么加入，要么退出，选择在其他地方工作，两种选择都没有坏处。

正如我们在正面模式 2.1 中所见，人们实现变革的过程符合 S 曲线。你不能强制梯度，也不能强迫人们按照一定的速度进行变革。如果强行让变革像直线一样发展，就会导致给旧行为贴新标签的结果。它会导致代理状态，在这种状态下，人们按照他人的要求做事，不考虑如此要求背后的原因，或者它是否会带来期望的结果。人们忘却学习和再学习的速度是有限的。最初，在 S 曲线的初始阶段，组织应将变革保持在较小范围内，邀请参与变革而非强加变革。

为了提高接受邀请并参与变革的可能性，董事会或执行委员会需要将改进结果、改进 BVSSH 作为组织的优先事项。显然，人们只能对有限的事情进行优先排序。克服学习焦虑需要动用自私的基因。面对一个明确的优先事项，采取行动可以获得认可、积极评价、晋升和薪酬，那么人们更有可能选择接受变革。此外，组织内部的大门也更有可能被敲开，比如当人们需要解决财务、人力资源或采购等支持职能方面的障碍的时候。

除了邀请参与，以及团队优化自己在安全护栏内的工作方式外，成功的模式还包括明确的员工参与机制。组织应通过其他方式，让最接近客户和工作在第一线的员工能够在自己的控制范围之外做出贡献，从而塑造自己的命运，比如，定期联系同事、通过投票征求意见等方式。过去我创建了一个自愿的敏捷实践社区，有超过 2500 名同事参加（如第 1 章所述）。这是一种识别创新者、寻求投入资源和分享经验的好方法。我们与所有同事一起定期进行调查，征求意见和反馈，每年举行四次会议，颁发"工作方式奖"。调查和事件的反馈可以定期为我们的方法提供参考。此外，工作方式支持中心与变革代理的网络也为我们提供了一个可扩展机制，方便员工参与。

为了扩大学习并进一步解决障碍，我发现建立一个模范社区也很有帮助。人们可以自愿参加，大家达成协议，努力成为模范，全心全意地投入。"我能从中得到什么"的吸引力在于，模范社区的成员可以从成员资格中获得好处，例如，结识外来演讲者和专家，有机会率先尝试新方法或工具。这有助于保持创新者处于"最前沿"，而这正是他们想要的。

据我观察，模范团队在大多数衡量标准上比平均水平高出 20 倍。他们交付周期短、吞吐速度高、事故少、参与度得分最高。他们提供了硬数据，像一座灯塔，让人们看到了事情的可能性，供其他人效仿。他们为情感买入提供了引人入胜的叙事，通过公司细胞的有丝分裂，将更好的工作方式传播出去。这个过程不存在万能方法，也不能强加变革。团队要找到自己的 VOICE，并向"离"的阶段迈进。

小　结

你有独特的 VOICE，邀请而不要求

在本章中，我已经说明，情境有无限种可能，一套实践不可能适合所有情境。我们已经了解了"规模化"一词在不同情境下所代表的不同含义。我们看到，文化类型，例如病态型、官僚型和生机型，都是需要考虑的因素，不能对所有工作方式"一刀切"采取革命式方法，不应在缺少赋能与持续改进的力量的情况下自上而下地强加变革。

每个组织有独特的 VOICE。通过 VOICE，团队可以找到自己的方式，在自己的情境和安全护栏内改善 BVSSH 结果。团队可以逐步完成守、破、离，获得知识和专业技能，以适合自己的速度忘却学习和再学习，利用顺风而不是逆风，避免代理状态和货物崇拜。

此外，变革应该是拉动而不是推动，是邀请参与变革而不是强加变革（给予激励和支持），应激发内在动机，提高员工的参与度。

原则

没有"一刀切"的方法。

组织是复杂适应系统。

你有独特的 VOICE。

如果你面前的道路是清晰的，那么你可能是在别人的路上。

邀请而不要求。

通过激发内在动力和赋能邀请参与变革。

"抵抗"或"说服"都不应出现在词汇表中。

第 4 章

领导力决定成败

当时是上午 9 时 15 分，潘特格拉斯小学（Pantglas Junior School）的学生们刚刚在校会上唱完《万物有灵且美》（*All Things Bright and Beautiful*）。数学老师戴维斯（Davis）先生走到黑板前写下了算术题。离半学期假期开始还有不到三个小时，学生们忙得不可开交，全都专心致志地做着自己的事情。

就在这时，外面响起了轰隆声。据后来的幸存者形容，那声音就像喷气式飞机的轰鸣一样响亮。戴维斯先生的数学课被打断。房间里一片寂静。除了八岁的盖诺·米内特（Gaynor Minett），所有孩子都在座位上僵住了。随着声音越来越大、越来越近，他站起身来，走到了桌子的另一头向外张望，窗外只有一片漆黑。

这场灾难发生在英国威尔士的阿伯万村，当地煤矿堆放的巨大矿渣堆坍塌，造成 116 名儿童和 28 名成年人死亡，而这场灾难原本是可以避免的。矿渣堆放在一座可以俯瞰村庄的山上，也是在一片天然泉水之上，煤矿管理层和工人都知道它极不稳定。

1967 年对灾难进行调查的法庭公布了调查结果：

接下来的报告将让我们看到无知、无能与沟通的失败。有些人深知影响矿渣堆安全的因素，但他们未得到表达的机会，也未对此采取措施。

在 1976 年的一项研究中，社会学家巴里·特纳（Barry Turner）指出了导致这场灾难的几个因素。其中包括：

- 多年来严重忽视了地面矿渣堆放安全的重要性；
- 决策过程存在缺陷，忽视了紧急危险的可能性和规模，或将其最小化；

- 无视阿伯万居民的投诉，对居民们的担忧不屑一顾；
- 对招致这些投诉的原因的回应不完整也不充分。

这场灾难与切尔诺贝利核电站事故、"深水地平线"石油泄漏等灾难一样，都是由于组织内部人员的身心安全感不足，招致了最严重的后果。在这样的环境中，如果有人胆敢表达自己的意见，对话就会终止。对话会被置于成本或时间压力等因素之后，资历深被误认为认识充分，或者对话被不容置疑的命令和控制的行为规范所压制。

更常见的情况是，人们因为害怕遭受打击、贬低或指责，因而选择不说话。人们不会指出问题、警告潜在危险、担心某些事情不太对劲、挑战权威或提出改进建议。在这种文化范式中，人们出现了习得性无助，只会等待下一个命令，并在缺乏主动性、控制或所有权的情况下服从命令。在这种文化中，"坏消息"（学习）被掩埋，直到组织深深陷入失败的泥潭。

尽管如此严重的后果并不多见，从格拉摩根山上的矿山到乌克兰的核电站，再到墨西哥湾的石油钻井，组织需要行为规范，至少让每个人都有足够的信心说出自己的想法、挑战权威、表达自己的担忧，并且得到倾听。人们应该得到鼓励和鼓舞，在一个安全无虞的环境中挑战现状，而不必担心遭到报复。

在开始介绍反面模式和正面模式之前，让我们先看看"领导者"和"领导力"的含义。

领导者

"领导者"（leader）来源于古英语 laedere，意思是负责领导的人。"领导"（lead）一词来源于 laedan，意为引导、陪伴、提出建议，其词源是原始日耳曼语 laidjan，意思是旅行。可以看出，领导力（leadership）的起源与引导旅程有关。"领导力"是一个较新的词汇，最早的用法可追溯到 1821 年，当时 leader 与后缀 ship 组合在一起，表示领导者的职位。领导、领导者或领导力的词源与命令、指挥、指引、承诺或控制无关。从 15 世纪开始，"指挥"（command）一词的含义是通过控制、权利或权威实施命令或强迫服从，它起源于拉丁语和古英语，与之相关的词语包括"承诺""授权""命令"和"禁止"等。发布命令，指挥他人，告诉人们在什么时间做什么，这样的人是指挥官（"有权指挥或发布命令的人"），而不是领导者。指挥官与领导者的区别见表 4-1。

表 4-1　指挥官与领导者

指挥官	领导者
职位	行为与思维方式
针对少数人	针对所有人
命令	倾听、鼓舞、通知
强制服从	自愿追随
外在动机	内在动机
由其职位赋予权力	由其追随者赋予权力
例如"总司令"	例如气候变化活动家格蕾塔·通贝里（Greta Thunberg）

指挥官是一种职位，只有少数人才能成为指挥官。他发号施令，其他人必须服从。他的权力来自职位，例如"总司令"。

领导者不是一种职位，任何人都可以担任领导者。领导者会鼓舞他人，其他人会自愿选择是否追随领导者。这些追随者为领导者赋予权力。例如，气候变化活动家通贝里。

指挥官与领导者不是相互排斥的。指挥官可以展现领导力，培养和激励追随者（而不是下属），并在各层级培养新的领导者，无须使用职位赋予他的权力施加威胁。如果缺乏共识，领导者可能会采取命令式的风格，尤其是在为了摆脱危险或在缺乏共识的情况下需要迅速采取行动时。指挥官遵从"敢于谏言，服从大局"的原则，征求各级领导者的意见和意图，以便倾听每个人的声音。团队是复杂适应系统，因此任何小规模且安全的试错都是必不可少的，它可以形成反馈环路，帮助我们确定下一步要做什么，从而优化结果。

通贝里领导的气候变化运动便是其领导力的体现。她于 2018 年 8 月组织了第一次学校罢课，当时她只有 15 岁。仅仅三个月后，即 2018 年 12 月，至少 270 个城市的 20 000 多名学生举行了罢课。通贝里在联合国气候变化大会、世界经济论坛和联合国气候行动峰会上发表讲话。她在多个欧洲议会发表演讲，并引起了天主教教皇以及全球众多领导人的关注。她拥有非常明确的目的、使命和意义。

任何人都可以成为领导者。领导者不是由资历或角色来定义的。各个层级都有领导者。成为领导者需要具备许多特质，如自我意识强、谦逊和倾听能力。而作为一名指挥官则不需要这些。

"领导"一词来源于"指引旅程"，它准确地概括了现代领导力。在发达国家，工作领域已经从工业转向信息，从重复劳动转向独特的知识型工作。因此行为需要从命令、强制和恐惧转变为引导、激发和激励。

为了最大限度地优化结果，每个人，尤其是那些对组织文化影响巨大的高级职位的人，都需要成为领导者而不是指挥官、培养人们的心理安全感、利用产品开发和组织变革的涌现性而不是确定性。我们需要挑战现状，获得支持，进行安全试错，从而改进结果。我们将在以下反面模式和正面模式中进一步探讨这些问题。

反面模式 4.1　照我说的做，不要学我做

一位首席执行官向听众们提问："谁想获得改变？"每个人都举起了手。

然后她问："谁想进行改变？"没有人举手。

最后她问道："谁想领导变革？"房间里空无一人。

一种常见的反面模式是，身居高位的人没有以身作则，做不到他们在其职权范围内要求或期望他人做出的行为。他要求其他人改变，但自己并未"身先士卒"。这就是"照我说的做，不要学我做"。显然，人们缺少榜样，无法做出一致的行为。说是一回事，做是另一回事，言行不一，这样的人无法担任领导者。领导者应该以身作则。

一个高层团队应出于积极的意图做出决定，他们应优化工作方式，进而改进结果。

然而，他们将采用更好的工作方式视为其他人要做的事情。在某些情况下，人们认为更好的工作方式就是更新设备上的操作系统——下载最新版本，安装并完成工作。

例如第 3 章提到的，他们采用了所谓的 Spotify 模型，却没有关注原则、持续改进、实验、涌现性或文化。Spotify 的工作方式更侧重于文化，比如快速失败、自主和实验，它与组织结构图无关。作为主营单一产品的小型公司，非 Spotify 的 Spotify 模型可能更适合它当时的情境。

我见过一些上级主管交叉双臂，对下属们说"继续，改变，告诉我你什么时候能完成"，然后他会问"你完成了吗?"，而他自己并未以身作则，做出他对下属所要求的行为。这些行为可能是一些组织历来鼓励的行为。然而，这种方法与现代工作方式、敏捷性、涌现性以及授权通过快速学习使结果最大化并不一致。这不是最佳方法。《2017 年 DevOps 全球状态报告》收集了全球 3200 人的意见，结果显示，低效能团队的领导者在变革型领导力方面的得分最低（关于变革型领导力的内容请参见模式 6.1）。

行为是改进工作方式、进而改进结果的最有力的杠杆。变革是一种社会活动。它关系到人们如何受鼓舞、如何被赋权、如何共同工作、如何在具备自主性与能动性的同时又与共同目标保持一致、如何进行安全试错、如何获得认可和奖励、在有压力和无压力的情况下如何表现。我经常看到，在组织中，人们不是作为领导者，而是作为管理者或指挥官在前面引路。

领导需要勇气。领导者需要表现出弱点。在某些情况下，他需要再次成为初学者，尝试一些新的东西，学习流动和涌现，并进行实验，通过失败和成功的经验进行学习。领导者也需要自我意识，针对自己的行为对他人的影响寻求反馈。具有讽刺意味的是，领导者心理安全感越低，越难以得到准确反馈。指导可以提供一定的帮助，但它必须是拉动的，不能被强加。

领导者双臂交叉坐在后面，要求除了自己以外的每个人都要改变时，就会产生明显的认知失调。草根很快就会触及草坪天花板。有关学习和改进，以及更快、更安全、更令人满意地交付更高质量的价值的文化，我们不能像安装服务器那样将它安装在组织中，也不能完全依靠框架和工具。这种文化与人有关，需要一个令人信服的愿景、一个目标，并改变人们的行为方式。这关系到人们被视为思想统一的下属，还是被期待发挥自己的智慧。关系到他们与谁一起工作、如何获得激励、他们在关系中扮演的角色，以及他们所在的工作系统如何促成或阻碍这种变化，即它带来的是顺风还是逆风。工作系统本身就是一个人的行为结构。一些组织过度诠释监管，制定了不必要的严格政策，造成了大量的交接工作，降低了流动效率，降低了价值实现。他们采用"一刀切"的方法，让每个人去迎合大众化的需求，这样所带来的风险最高。

在我写作本书时，我们正处于新冠疫情时期，令人惊讶的是，面对挑战，大型传统组织以令人难以置信的速度做出了应对之策，人们跨越部落联盟团结在一起。大型传统公司的一个常见现象是，人们在混乱时期往往会处于最佳状态，比如面对疾病大流行、信息技术系统中断或网络攻击。面对混乱，人们走到了一起。他们围绕一个共同的使命团结一致，共同应对困难。这不需要像以往那样等待3个月17道的审批流程。正确的做法是解决手头的问题。在危机中，人们通常要发挥自己的主动性，而不是等待按部就班的命令。在混乱尚未发生的情况下组织也应该保持这种状态，要在前方领导者的指导和支持下，给予团队自主性和明确的任务，建立在风险胃纳内的最小可行流程，保持团队协作。

更好的工作方式需要在各级培养与预期结果高度一致的领导者。如果上级主管表现得像管理者或指挥官，而不是领导者，他们就无法实现结果优化。他们无法释放员工的全部潜力，对结果的改进将被局限于由最资深的领导者固定在高层的气泡中。

反面模式 4.2 心理不安全感

伊恩·麦克莱恩（Iain McLean）和马丁·琼斯（Martin Johnes）在《阿伯万：政府与灾难》（*Aberfan: Government and Disaster*）一书中对阿伯万的灾难进行了不同寻常的描述。其内容来自一个矿工工头，当时他看到煤堆和地面正在下沉，已经下沉了大约 18 到 20 英尺 [①]，吊车轨掉进了洞里。工头告诉他的团队，需要先将吊车轨拉上来："我说在我们开始之前先喝杯茶，于是我们又回到小屋。"工头已经习惯了管理者的轻蔑态度以及对反馈的无动于衷，所以他的第一个念头不是马上回应，而是像往常一样喝杯早茶。

不到 5 分钟，坍塌发生了。虽然工头因喝早茶的习惯挽救了自己和队友的生命，但如果组织内有身心安全的文化，有听取反馈并根据反馈采取行动的领导者，而不是"态度轻蔑"的管理者，工头可能会重视落水洞的出现，让处于矿渣堆下游的人疏散。或者，这个问题一开始就不会出现，因为人人都知道矿渣堆位于地图上清晰标记的溪流上方。

（一）波音公司（Boeing）

波音 787 梦想飞机工厂，南卡罗来纳州北查尔斯顿

辛西娅·基钦斯（Cynthia Kitchens）是波音公司北查尔斯顿工厂的质量经理，该工厂生产 787 梦想客机。据《纽约时报》2019 年的一项调查显示，基

---

① 1 英尺 =0.3048 米。——编者注

钦斯表示，她的上司在绩效考核中对她进行了处罚，并在车间里对她进行斥责，因为她标记出飞机上安装的电线束有金属屑和缺陷零件。她说："这是恐吓，每次我发现了什么，都会受到攻击。"《泰晤士报》发现，无论是现在还是以前的员工，他们都表示，为了赶在最后期限前完成任务，管理者有时会淡化或忽视问题。

几名波音公司的前员工表示，高层管理人员会强迫内部质量检查员不要记录缺陷。一些员工说，他们表达担忧时，不是遭到惩罚，就是被解聘。工人们向联邦监管机构提交了十几份检举材料和安全投诉，描述了制造中的缺陷、留在飞机上的废弃物以及禁止举报违规行为等问题。其他人则诉诸法律，称他们因指出制造过程中存在的问题而遭到报复。

另一名质量经理威廉·霍贝克（William Hobek）于2016年提起诉讼，称他在多次上报问题后被解聘。当他提出问题时，一位主管回答说："比尔，你知道我们不可能找出所有的缺陷。"诉讼称，霍贝克叫来一位检查员，他很快找出了40处问题。波音公司最后进行了庭外和解。

737工厂，华盛顿州伦顿市

2019年12月，埃德·皮尔逊（Ed Pierson）向美国众议院委员会提交了关于波音737 MAX的证词。皮尔逊先生是该工厂的高管，他曾在美国海军服役30年。2018年6月，在狮航集团波音737 MAX飞机坠毁前4个月，他给波音737项目负责人发了一封电子邮件，对进度压力过大、工人因加班太多而疲惫不堪以及管理人员没有树立理想行为的榜样表示担忧。皮尔逊说："坦白说，我的大脑中所有的警报都已拉响。这是我有生以来第一次对将家人送上波音飞机而迟疑。"他建议工厂暂停生产，以安全地完成后续未完工的飞机组装。

然而他的建议并未被采纳。事实上，根据波音公司的一份新闻稿，在2018年年中，737飞机的产量从每月47架增加到了52架。

皮尔逊对这样的回应感到不满，在第一场波音737 MAX坠机事故的两个月后，他致信当时的首席执行官丹尼斯·米伦伯格（Dennis Muilenburg）、波音公司董事会、国家运输安全委员会、美国联邦航空管理局，并最终向媒体表达了他的担忧。2019 年 2 月，也就是第二场波音 737 MAX 飞机发生空难前一个月，皮尔逊在与高级管理层的后续对话中写道：

……在每日状态会议上，生产经理在 100 多名同事面前被频繁问及进度问题，并且被公开批评（斥责）。高管们经常无视、绕过或忽视经验丰富的高级管理人员的技术建议。有人担心经验不足的管理者可能会效仿这种领导方式和沟通方式。

执行层似乎完全不想放慢或停止生产线，让员工和供应商有机会追上进度。我建议暂停 737 GM 的生产线。他轻蔑地告诉我："我们不能那样做，我不能那样做。"我回答说："为什么不行？我看到很多大工厂只因极少数的安全问题就会停产。"他挑衅地问我："比如哪里？"我回答说："在军队里，那些负责国家安全的组织。"他的回答是："得了，军队又不需要营利。"

一个月后，也就是 2019 年 3 月，埃塞俄比亚航空公司发生空难事故，悲剧再次上演。虽然这与工厂的生产条件没有直接联系，但它揭露了制造 737 飞机的伦顿工厂的文化和环境。波音公司在一份声明中表示：

重要的是，没有证据表明，皮尔逊先生所提出的担忧与最近 737 MAX 飞机所发生的空难事故之间存在联系。皮尔逊先生对 737 MAX 飞机的生产提出了质疑，但事故调查组并未发现 737 飞机工厂的生产条件与这些事故之间存在任何联系。

恐惧

亚当·迪克森（Adam Dickson）在波音公司工作了近 30 年，是 737 MAX

飞机燃料系统工程部经理。他在接受彭博社（Bloomberg）采访时表示，管理者们对实现雄心勃勃的成本目标感到兴奋。

销售团队卖出了4年后才能交付的飞机，从工程的角度来看，其售价是不可能实现的，这在整个组织中形成了巨大的压力，它需要我们降低成本。2016年，波音公司开始将减少一定的时间和成本作为管理者绩效评估的一部分。

迪克森说，到2018年，他的上司以"非常直接和威胁性的方式"警告说，如果达不到目标，他的薪酬将会受到影响。

马克·雷宾（Mark Rabin）曾在波音公司内支持737 MAX飞行测试的小组工作了17年，并于2015年被解聘。他说："在当时的氛围下，任何人都不愿意挑战管理者。年复一年持续不断的裁员，令员工备受折磨，士气非常低落。所以你真的要当心脚下，说话时要万分小心。"

在737 MAX飞机的第二场空难过去7个星期后，一名波音工程师在接受《西雅图时报》（The Seattle Times）的采访时提出了道德方面的控诉。该工程师负责研究过去的坠机事件，并根据这些信息提高新飞机的安全性。他说："我希望维护飞机的安全性与质量，然而我无法在这些领域发挥实际作用。"这位工程师这样描述管理层：

……他们更关心成本和进度，而不是安全和质量……鉴于该投诉的性质，尽管所有官员都保证投诉者不会被报复，但害怕遭到报复的恐惧感仍然萦绕心头。公司内的文化态度是压制一切对政策的批评，特别是针对可能导致严重事故的批评。

他写道，同事私下告诉他，由于担心自己的饭碗，因此他们不敢谈论类似的安全问题。

在所有这些报道的案例中，人们都缺乏心理安全感，因为担心丢掉工作而不敢说话。在一个人人都惧怕遭到报复的环境中说出自己的想法，这需要极大的勇气。2020 年 1 月 9 日，美国众议院委员会公布了部分调查结果，公开了 117 页电子邮件和即时消息。美国空服员协会（Association of Flight Attendants）主席萨拉·尼尔森（Sara Nelson）表示，这些信息揭示了波音公司的病态文化，并指出公司内的 "信任度已经达到了异常糟糕的境地"。

在发布该消息的当天，波音公司表示：

我们对这些通信的内容感到遗憾，并为此向美国联邦航空管理局、国会、我们的航空公司客户以及乘客道歉。公司已经做出了重大调整，加强安全流程、组织和文化……这些通信中所使用的语言及其表达的情绪不符合波音公司的价值观，公司将采取妥善的应对措施。完成必要的审查后，我们将采取相应的纪律处分或人事变动。

我认为最后一句很有趣。

问题

在新冠疫情之前，波音公司就已面临了一系列问题，涉及商业、军事和太空。5 个月内接连发生两起 737 MAX 飞机的空难事故，共造成 346 人丧生。737 MAX 飞机装有一个无正式文件的 MCAS 系统，来自单一迎角传感器的错误数据会触发 MCAS 系统，从而使该系统控制飞机。为了将成本降至最低，并尽可能降低飞行员培训要求，因此 MCAS 系统功能没有被记录在案。如果需要进行飞行模拟训练，波音公司要向西南航空公司提供每架飞机 100 万美元的回扣，而订单中有近 300 架飞机。如果西南航空公司需要昂贵的飞行员飞行模拟训练，这笔回扣就可以用来支付这一费用。然而，除了与空客 A320neo 飞机的竞争外，波音公司还进一步制造财政压力，尽量减少飞行员培训。不幸的是，两起致命的坠机事件之后，这一机型的飞机才全部停飞。然而，即使发生了第二次空难，即使世界大部分地区都停飞了该机型，波音公司和美国联邦航空管理局仍然声称该飞机是安全的。

787梦想飞机的生产也存在问题。它的交付使用时间推迟了3年，费用超出预算几十亿美元，最初批准的预算为70亿美元，最终估计花费320亿美元。《纽约时报》2019年4月的一项调查显示，北查尔斯顿787梦想飞机工厂的工人们被迫执行不切实际的生产计划，他们担心如果提出自己的担忧，就会失去工作。由于电池起火，787梦想飞机于2013年被美国联邦航空管理局停飞。波音公司在6年内停飞了两个机型。上一个被美国联邦航空管理局要求停飞的飞机是1979年的麦克唐纳·道格拉斯DC-10飞机。

波音公司向美国军方交付KC-46飞马座空中加油机时也出现了一些问题，其成本超出预算30亿美元，比原计划晚交付了3年，并受到技术问题的困扰，例如，视景系统在加油管末端10英尺处对焦不准，货物紧固件在飞行中松开，飞机燃油系统长期泄漏。对一架承担了空中加油任务的飞机来说，这是一个极为严重的问题。

2019年12月，波音公司的"星际客船"机组人员太空舱在一次无人试飞中失败，原因是飞船的任务经过计时器与实际存在11小时的偏差。此外，在发射后检测到其他潜在的灾难性软件错误，并从地面进行了修复。美国航空航天局将此次任务中止事件称为"高可见性险兆事故"，在这次事故中，太空船险些两次失事。

文化

2020年3月，美国众议院下属运输和基础设施委员会（Transportation and Infrastructure Committee）在初步调查报告中表示："成本、进度和生产压力削弱了737 MAX飞机的安全性。"

报告写道：

波音公司在2016年进行了一次内部调查，此时是737 MAX飞机认证计划最关键的时期。一位检举者将此次调查结果递交运输和基础设施委员会。调查显示，波音公司内 39% 的员工认为"压力过大"，29% 的员工担心如果他们报告了压力过大的问题，会招致严重的后果，这项调查揭露了公司文化中存在的令人不安的问题，它可能会危害安全与监管。

飞行员切斯利·B. 萨伦伯格三世（Chesley B. Sullenberger Ⅲ）曾在 2009 年将飞机安全迫降在哈德逊河上，他在接受采访时说："我们都曾看过这样的景象，比如安然公司。在危机之前，总有一些迹象表明，真正的深层次问题的根源在领导层，这不足为奇。"

波音公司的企业文化有一个重要的转折点，可以追溯到 1997 年对麦克唐纳-道格拉斯公司的收购。或者正如一些人所说，这是一次"反向收购"，因为最终掌管公司的是麦克唐纳的高管。西雅图流传着这样一则笑话："麦克唐纳-道格拉斯公司用波音的钱买下了波音。"

波音公司成立于 1916 年，以工程为主导。公司高管拥有专利，他们亲自设计机翼，工程与安全被写入了他们的 DNA 中。财政不是他们的第一要务。直到 20 世纪 90 年代中期，该公司的首席财务官与华尔街的联系仍然很少，如果同事想了解基本财务数据，他们会回答："告诉他们不要担心。"

1945 年至 1968 年，波音公司的传奇领袖比尔·艾伦（Bill Allen）这样描述波音的企业精神："为航空世界倾注全力。"到 1998 年，首席执行官菲尔·康迪特（Phil Condit）表达了另一种看法："我们即将进入一个以价值为本的环境，单位成本、投资回报率和股东回报率是衡量标准。这是一个重大转变。"

波音公司的首席财务官在 2000 年接受彭博社采访时表示："重要的是不要过分关注机舱。""机舱当然很重要，但客户们都认为机舱的质量很好。"这对工程师来说是异端邪说，他们认为，飞机才是最重要的。这足以推动白领工程工会（过去一直是一个专业辩论协会）像有组织的劳工那样行动。2000 年爆发的大罢工使波音公司停产 40 天，一位工会领导者谈及此事时表示："我们不是在对抗波音，我们是在拯救波音。"

2001 年，波音公司将总部从西雅图迁至芝加哥，距其最近的装配线 1700 英里。这样的隔离是有意为之。康迪特解释说："如果总部位于西雅图，处在主要业务附近，企业的重心就不可避免地被吸引到日常业务运营中。"这是企业文化发生改变的一个明显信号，与丰田等公司所采用的"去看"或"现场巡视"机制（在现场走动管理）正好相反。

这家曾经不谈钱的公司的高层如今已经失去了关注工程的能力。但它所失去的不仅仅是技术知识。正如航空航天分析师理查德·阿布拉菲亚（Richard Aboulafia）所说：

这是一种与工程师轻松互动的能力，你可以坦然地表达想法，但是现在，你要表达想法，只能给 1700 英里外的管理者打电话，并且你知道他只想扣除你的养老金。这两者所产生的动力截然不同。后者是剥夺工程师权力的最佳方法。

高级工程师要先向业务领导者汇报每种飞机的型号，然后再向公司总工程师汇报。在这种结构下，工程师在汇报自己所担忧的问题时会遭遇高管的阻力，因为后者主要关心能否按时完工。员工在接受采访时将老波音描述为一个重视辩论和团队解决问题的"民主国家"。一位工人说："在那些日子里，'人们被视为人，而不是数字'。"合并以后，波音公司变得更加专制。

2000 年，《从优秀到卓越》（Good to Great）和《基业长青》（Build to Last）的作者吉姆·柯林斯（Jim Collins）说道：

如果的确存在反向收购，随着麦克唐纳-道格拉斯公司的精神渗透波音，波音公司注定要走向平庸。长久以来，波音公司都十分出色，因为他们明白自己是一家工程驱动型公司，而不是一家财务驱动型公司。如果他们不再将工程作为核心使命，那么随着时间的推移，他们就会变成另外一家公司。

在波音公司，"成本、进度和生产压力损害了 737 MAX 飞机的安全性"，并且形成了"隐瞒的文化"。人们不敢说出自己的想法，缺乏心理安全感。1997 年，公司文化的重心从工程主导和民主转变为金融主导和专制，飞机被视为商品。在 2013—2019 年，波音公司将 92% 的经营现金流转到股息和股票回购，以造福投资者并提高股价。自 1998 年以来，经通货膨胀调整后，波音公司将 700 亿美元用于股票回购。这笔资金本可以为几款新型飞机提供支持。与此同时，在 2019 年年底，即 787 梦想客机完成首次商业飞行 8 年以后，该机型的生产赤字达到了 200 亿美元。毫无疑问，绝大多数员工都想做正确的事情，但许多人似乎感到无能为力。

为了优化结果，组织需要倾听各级员工的意见，创造一个没有恐惧、能够对反馈做出行动的环境；应该关注和激励结果（而不是产量），均衡考虑，包括质量、工作流程、安全、员工和客户的满意度以及价值。随着质量、流动性、安全性和员工参与度方面呈现出积极趋势，组织可以实现持续改进（而不是通过据说连续工作八周不休息），成本将会降低，工作进度会得到提升。

我们不能只关注成本和进度。波音公司的故事表明，这么做的后果可能是灾难性的。除了造成多人丧生的悲剧，在新冠疫情之前，波音公司在 20 多年来首次出现年度损失，其年度销售数据也创下了近几十年来的历史最低，2019 年取消的订单数量超过了新订单的数量。过分关注成本，结果适得其反。

2019 年 12 月 23 日，波音首席执行官丹尼斯·米伦伯格遭到解聘，他曾在 2019 年 10 月的一次演讲中表示："我们必须退后一步，谦逊地审视我们的文化。"

（二）组织文化

在反面模式 3.1（"一刀切"）中，我提到了韦斯特鲁姆的组织文化类型学。

简单来说，韦斯特鲁姆总结了三种文化类型，即病态型、官僚型和生机型。这三种文化的塑造依托领导者的先入之见。领导者是否给予奖励的行为和能力传达了他们的先入之见，进而成为组织成员的先入之见。

在病态型文化中会出现最强大的反面模式，这不足为奇。隐瞒信息是为了个人利益。出现问题时，人们会找替罪羊来承担责任，而不是尝试找出工作系统中存在的问题。结盟通常是针对一个人或一个派系，而不是针对一个使命和目标，而且由于害怕遭到报复和成为替罪羊，人们总是避免承担责任，掩盖问题。

在这种组织文化中，团队成员形成了习得性无助，不敢越界，不会独立思考，不能实现持续改进，总是低着头等待下一个指令。他们害怕做错事。

我观察了一个组织中被恐惧所支配的业务领域的领导层，每个人都必须进行两周迭代。这么做的意图是积极的，但执行起来却不是那么回事，缺少一个所有人都支持的明确原因、愿景、目标和期望结果，似乎最终的目的只是两周迭代和敏捷。

如此一来，结果也会出现异常：现有的瀑布方法会多次使用"冲刺"一词，有五次迭代分析、五次开发迭代、五次测试迭代，给毫无变化的旧行为贴上敏捷标签。然而，虽然这种工作方式并未产生预期的结果，但由于害怕犯错，没有人敢提出改进或实验。

我在一次小组会议中见到了大约 50 人，并进行了一次现场巡视。我想我从来没有见过这么多人的习得性无助，大家只会耸耸肩膀。所有的小组都放弃了主动行动，没有人愿意承担责任。每个人都像静止的雕塑一般，等待着下一个指令。

最糟糕的是，这会导致心理学家米尔格拉姆所谓的"代理状态"，正如反面模式 1.2 中所示。一个人不再认为自己应对自己的行为负责，而将自己视为实现他人愿望的工具。如果负责发号施令的人处于权威地位，并对结果负责，那么其他人的任务就是服从，听令行事。他们可能会隐瞒信息，将安全考虑甚至道德置于一旁。如果领导者营造了病态型文化，或者在病态型文化中工作，员工就会出现代理状态，领导者听不到任何抱怨，并将沉默误解为一切都好。坏消息被掩盖，等到发现问题时往往为时已晚。

沉默是一种不健康的状态。在《无畏的组织》（*The Fearless Organization*）中，艾米·埃德蒙森（Amy Edmondson）描述了医院所报告的错误数量与医院团队效能之间的相关性。她指出，有些团队比其他团队更加优秀，团队成员相互尊重，协作性更强，成员的满意度也更高，他们对自己取得成果的能力更有信心。令她惊讶的是，这种相关性与她的预期相反。团队报告的错误越多，团队的效能越高。由此她得出结论，不是好团队犯的错误多，而是他们更加愿意将错误报告出来。

其他研究，如西德尼·德克尔（Sidney Dekker）教授针对安全差异的研究也表明，报告的事故数量与死亡人数之间存在明显的负相关。鲜少报告事故的施工现场往往会发生更加严重的事故。报告事故率最高的航空公司，其空难死亡率最低。

高效能团队具有更高的心理安全感，与其隐藏恐惧和指责，不如公开、对话和调查。

反面模式 4.3　确定性思维

在前一个时代，即石油和大规模生产时代，有组织的人类活动总体上是重复的。这个时代诞生了福特汽车公司底特律工厂的装配流水线和丰田汽车公司的精益生产。我们以大量廉价石油为燃料，修筑了一条条高速公路，天空中挤满喷气式飞机，每个人的家里都充斥着电器。我们创造了大规模生产、大众传媒、公共运输、大众旅游和大众消费。工作方式的进步主要围绕着如何更加高效地重复做同一件事。为独一无二的实体产品重组装配流水线需要付出高昂的成本，因此我们要保证通用性、标准化工作和标准部件，当时的重点是产量、股东回报与生产率（即每单位投入的产出量）。

重复性工作是可知的。人们已经完成了多次同样的工作。无论是生产 10 万辆汽车，还是每天处理数百万笔外汇交易，这些工作中只存在"已知的未知"。我们知道汽车是否已经制造出来，交易是否已经完成。一般情况下，我们知道出现问题该怎么办。一切都是确定的。

在当前的数字时代，有组织的人类活动越来越具有涌现性。产品开发是独一无二的，人们此前从未做过或从未在这种情境下做过这项工作，工作充满了"未知的未知"。我们不知道自己不知道什么。伴随着巨大的即时计算能力、存储与通信的发展，新的生产方式层出不穷，变化连续不断。对软件来说，同一代码不会写上 10 万次。它只会被编写一次，运行 10 万次。

这一特点也适用于非软件产品的开发（例如，内部审计报告或全新车型的设计）。有组织的人类活动正在研究如何根据快速反馈不断增加最大价值。产品不再是某一时间点的东西，而是一系列创新、不断发展的服务、元级别的能力、客户体验。"装配线"是一条独特的、不断改进的产品流。对于知识型工作，装配线不需要针对每个独特的产品迭代重新进行调整，即使需要调整，成本也接近于零，因为装配线本身就是软件。

组织中所有重大的变化和产品开发都具有涌现性。组织需要关注结果假设和快速反馈，以保持可选择性，并通过调整，以最佳方式实现预期结果，或者意识到这个假设错误，中途更换赌注，以最低的学习成本开始验证下一个假设。

认为我们可以预测在涌现的情境下将要发生的事，这是一种严重的、浪费的、打击士气且存在潜在危险的反面模式。为了获得最佳结果，组织需要优化工作方式，利用涌现的优势。不要试图在一个涌现的领域内强行使用确定性方法，认为未来可以预测，或者认为可以控制潮流的到来，将真正的学习推迟到最后，结果将会是没有时间做出响应，压力累积到最大（例如，将支出或进度凌驾于安全之上），失败的代价最高。

前文中，我描述了斯诺登的 Cynefin 框架，它对工作性质进行了分类。这是一个很有帮助的工具，可以辅助我们做决策，并在情境中采取最佳方法，例如敏捷、精益或其他方法。工作性质可以被概括为五种：

"**简单**"域存在"已知的已知"和最佳实践，因果关系非常明确。这样的工作已经完成了很多次，不需要具备特别专业的知识（例如，在商店购买商品，上班通勤，骑自行车）。

"**繁杂**"域存在"已知的未知"。这类工作有优秀实践而不是最佳实践，需要通过分析或专业知识来厘清因果关系，有一系列正确的答案。这样的工作已经完成了多次，需要一定的专业知识（例如，在数据中心安装服务器、处理付款、制造100万辆丰田普锐斯汽车）。这是最适合采用精益生产的领域。

"**复杂**"域存在"未知的未知"。这个领域内的活动具有涌现性，没有最佳实践，因果关系只能通过回溯来确定，在空间中的行动会改变空间，有必要进行实验，获得快速反馈，并做出回应。这是独特产品开发的领域。这类工作是此前从未做过的。我们不知道该怎么进行，也不知道人们想要什么。这是最适合采用敏捷方法的领域。

在"**混乱**"域内，因果关系是未知的，快速行动是唯一的响应方式。如果你嗅到烟味并看到火光，你就不会再设计实验，你需要躲开危险。行动，感知，然后响应。

如果你不知道自己在哪个领域，那么你正处于"**失序**"状态，因此你要寻找更多的信息或试图将当前的情况分解成几个部分。

随着数字时代的到来，我们已经从对"**繁杂**"域（具有重复性、可预测性和可知性）的关注，转变为对"**复杂**"域（具有涌现性和不可知性，需要结果假设和快速学习）的关注。我们正在制造新的产品迭代，并以更快的速度响应反馈，提升客户的满意度。

如果工作是重复的（如处理付款、客户引导、客户服务或新员工入职引导等），那么这类工作属于"**繁杂**"域，重点应放在精益上（参见前文关于精益的定义）。

工作性质会不断转变。创造新产品属于"复杂"域，将它推向大众市场属于"**繁杂**"域。当不可预见的事情发生时，如信息技术中断或出现导致产品被召回的问题，组织就会陷入"混乱"域。在某些情况下，这会为"**繁杂**"域的工作提供新的优秀实践。

在 20 世纪第一个十年的泰勒制工作场所，以及今天的一些工作场所，工厂工人或煤矿底下的工人清楚地知道自己整天都在做什么。昨天做的事和明天做的事一样，几乎没有变化。福特制则出现了更加细分的专业化工作。例如，你可能一整天都在为车轮添加辐条。当你清楚自己一小时内可以生产多少个完全一样的小东西时，你就可以自信地说出自己一个月的生产量是多少。

在数字时代，对于产品开发来说，产品的每一次迭代都是新的且独特的，人们此前从未在这种情境下完成过这项工作。软件包［如企业资源计划系统（ERP）或客户关系管理系统（CRM）］和定制开发也是如此。它们从未被用于该情境下，情境中的人是独一无二的，或者拥有独特的过程、数据、文化、组织历史和记忆。在涌现和自适应的情境中，基于解决方案的预定期限和里程碑是一种反面模式。里程碑是固定且确定的。在不可知的领域内，空间中的行为改变了空间，因此组织的重点应该放在结果假设上，即在安全试错的情境中，通过嵌套节奏、实验和安全护栏内的快速反馈，追踪北极星指标，我们将在第 5 章进一步探讨这一问题。

在产品开发环境中，带有确定性思维的文化总会关注错误的事情：里程碑、预先制订的详细计划、速度、产量和繁忙程度。通常情况下，人们关注资源利用率，这会成倍地增加前置时间，减缓流动（参见反面模式 5.3）。这种思维方式往往会关注成本而不是价值。由于流动效率降低，减少可见成本几乎总会导致隐性成本的增加，最终对价值生产造成双重打击。随着等待时间与交接程序的增加，生产的价值减少，价值生产的速度降低。这种思维难以提高员工参与度与工作满意度。

坚持为独特的产品开发提供预先确定的固定解决方案并设定任务量（产量），就是将前两次技术革命中适用于手工、重复、已知型工作的工作方式错误地应用于当前独特的知识型工作。它会阻碍日益灵活的业务优势，破坏可选择性，将时间浪费在前期试图完美预测未来上，导致员工士气低落。它也不能提升客户的愉悦感，因为"使用它以后，我就能知道我所要求的东西里哪些是我不需要的，也能知道我未要求的东西里哪些是我需要的"。价值流动缓慢，这并非意味着我们完全不需要计划和固定的日期，恰恰相反。下一章我们将对此进行详细介绍。

在某些情况下，这是领导力成熟的阶段。有些人不愿意表现出脆弱性，宁愿维持舒适的现状。人们往往对替代方法缺乏理解，但其意图是积极的。缺乏对他人的信任，渴望微观管理，或者认为需要制订详细的项目计划，从而向人们施加压力，让人们对活动和产量负责，确保他们不会懈怠，这些都有可能推动确定性思维。在极端的情况下，有些人成为霸凌者，他们相信以任何人力成本都可以完成工作，因为过去有人这样做过，或者他们在模仿一个更高层的管理者。一些处于领导职位的人缺乏安全感，不愿意说他们"不知道"，或者"没有答案"。他们不会说"让我们试试看""我不知道"，或"告诉我你打算做什么，而不是问我应该怎么做"。有些人会给自己强加一种观点，即作为一个领导者，他必须无所不知，拥有所有问题的答案。但事实并非如此。组织应明确愿景、目的和预期结果假设，在安全护栏内进行实验和赋能；赞美安全、快速的学习；利用涌现性，在最后责任时刻保持可选择性，从而实现结果优化。

从反面模式到正面模式

指引旅程，身先士卒

上述反面模式很常见。我们经常看到，在工作中，人们期望别人做出改变，但他们自己又保持不变，强加的组织设计和流程使文化毫无改变，命令被传达下来，活动被分发出去。

我们也经常看到，在工作中，人们学会了永远不要做没有被要求做的事，不要表达自己的想法，不要为了改进而进行安全试错，以免遭到报复。在一些组织中，无所事事比有所作为更加安全。

同样常见的是，领导者喜欢在独特的工作情境下详细规划未来，然后向人们施加压力，让他们完成几乎不可能完成的任务，大喊着"尽情干吧！"，并进行团队建设，但因为工作系统和激励的限制，这根本无法提高人们的参与度。

20世纪80年代，人们认识到产品开发工作具有涌现性，日本制造业因此取得了进步。正如引言部分所述，这催生出20世纪90年代早期软件开发的"轻量级过程"和2001年的《敏捷宣言》。如今它已经不再是新鲜事物。随着我们逐渐度过数字时代的转折点，现在它已成为生存和繁荣的"桌面筹码"。

领导者应该身先士卒，指引旅程，示范期望行为，展示自己的脆弱性，并在这个过程中不断学习。心理安全是高绩效团队的首要决定因素。此外，要优化结果，公仆型领导的涌现思维必不可少。领导者不要设置"汇报线"，应当设置"支持线"，要确保高度的一致性，明确期望结果，然后让人们发挥自己的智慧，在最小可行护栏内以最佳方式到达目的地，要利用涌现性大大降低交付风险，让人们定期看到劳动价值的增加，以此提高士气，实现繁荣发展。

正面模式 4.1 领导者先行

领导者要身先士卒。根据词源学的解释，领导者就是引导和陪同人们踏上旅程的人。他不能丢下一句："去吧，我在这里等你。走吧，到了那里通知我一声。"领导者应当与人们一同经历考验、磨难和胜利。领导者应当具备勇气，树立理想行为的榜样，吸引追随者。这一点说起来容易做起来难。变革要从顶部开始。身居高位者表现出的行为规范，即高层的风格，会深刻影响组织文化。

领导团队（职位尽可能要高，最好是董事会）是第一团队。《重塑组织》的作者莱卢说过："一个组织的意识水平不可能超越其领导者的意识水平。"围绕着支持和鼓励改进的最高层领导者，会形成优化工作方式的气泡。为了在组织内成功地实现变革，领导者需要将气泡固定在最高层。否则，气泡之外的组织障碍或文化很可能会成为阻滞剂。

高层领导者应该激励和邀请（见第 3 章）员工改进工作方式，从而更快、更安全、更令人满意地交付更高质量的价值。也就是说，改善 BVSSH 结果应作为少数优先项之一，在公司范围内，这种做法会得到认可和奖励。"怎么做"不具有强制性。随着时间的推移，BVSSH 结果可能会呈现积极的趋势。领导者不要设定目标（因为目标可能会造成货物崇拜，或者在某些情况下导致代理状态、不道德的行为）。领导者要提供支持，并身先士卒。

领导者可能通过传统的工作方式坐上了当前的位子，因此会表现出反面模式的行为。过去能使一个人取得成功的东西未必会带来持续的成功。为了优化结果，领导者需要表现出勇气和脆弱性，打破学习焦虑，进行实验，鼓励其他人安全试错。高层管理者要做领导者而不是指挥官，示范期望行为，确保结果假设清晰，然后尽其所能地为团队清理障碍；要寻求指导，限制在制品，实现信息可视化与辐射，多进行简短的站会，而不是费力地浏览 60 页的委员会文件；要进行现场巡视，关注并解决组织障碍，定期进行回顾，根据反馈进行调整，专注结果，均衡考虑，而不是将注意力全部放在活动或产量上。人们忘却学习和再学习的速度有限，没有权宜之计。根据我的经验，一些担任领导职务的人，尤其是接近退休的人，只想过平静的生活。他们不想打破现状。如果是这样，就像正面模式 3.2 所示，要从那些愿意响应邀请的人开始。

各级领导者在培养、指导和支持组织优化工作方式方面发挥着重要作用。

草根很快就会触及草坪天花板。自上而下的变革是强加而不是邀请。相反，正如正面模式 2.3 所示，领导者要利用组织的垂直切片，包括受迫中间层，要从天生的创新者开始，并应用"一法则"，以小组的形式实施新的工作方式，然后再横向推进。每个人都有自己的角色，包括可以作为公仆型领导者指导团队的中层管理人员。鲁斯的"丰田套路"中包括教练形，即各级领导者都扮演着公仆型领导者的重要角色。他们指导团队思考并解决问题，避免就问题或改进提供直接的建议。他们需要对思维过程提供指导。

（一）变革型领导

变革型领导的概念由詹姆斯·伯恩斯（James Burns）1978 年的著作《领导论》（*Leadership*）推广开来。另一种领导是交易型领导，即实施管理而非领导，他们以任务为中心管理员工，提供或拒绝经济奖励，类似于 20 世纪初工厂的工作方式。1985 年，伯纳德·巴斯（Bernard Bass）进一步扩展了这一概念，他说，变革型领导者是那些激励追随者取得非凡成果并在此过程中发展自身领导能力的人。

以下是有关变革型领导的四个要素：

典范：领导者是下属的行为典范，能够做到"言行一致"。追随者认同这样的领导者，给予其尊重与信任。领导者始终如一，表现出较高的道德标准与高尚的品行，人们对其成就事业寄予厚望。这一要素也被称为理想化影响。

愿景：清晰的愿景能够鼓舞和激励追随者。对理想的未来状态有一个明确的共同认识，这样可以为工作提供更高层次的目标和意义。它还有一个更高层次的意义，那就是赋予力量。即使在一个不确定的环境中，沟通也能鼓舞和激励他人。这一要素也被称为鼓舞性激励。

智力激发：领导者鼓励追随者以新的方式思考问题，挑战现状，质疑假设，鼓励实验和新的想法。任何想法都不会遭受批评（最初没有坏点子），失败的实验会推动学习和探究，不会招致其他人的责备。这样可以建立心理安全。

指导：领导者指导和培养员工。重视和支持每个追随者的独特需求、优势、动机与愿望。领导者首先寻求理解，然后获得理解，积极倾听。追随者认为他们正在学习，并得到领导者的支持。这一要素也被称为个性化关怀。

《2017 年 DevOps 全球状态报告》发现，高效能团队的领导者具备最强的变革型领导力。变革型领导也与员工敬业度密切相关，这一点不足为奇。人们在组织中的满意度提高，对组织的忠诚度也会提高，对工作更投入，进而会提高组织的绩效。

变革型领导能够帮助组织获得更好的成果。有趣的是，《DevOps 全球状态报告》发现，虽然变革型领导对于组织的高效能至关重要，但仅凭这一点是不够的。在变革型领导者的影响范围之外，可能还有其他系统性障碍，阻碍了绩效的提升。因此，为了能够更快、更安全、更令人满意地交付更高质量的价值，优化应面向整个组织，且应让整个组织都能得到上层的支持，而不是将局部优化组合在一起。

（二）沟通，沟通，还是沟通

领导行为是文化放大器。行为的改变需要有激励、安全、认可和社会认同，而这一切都需要以沟通为基础。为了实现持久的行为改变，沟通的次数应是你认为有必要的次数的 3 倍。各级领导者需要经常沟通，认识到期望的行为和学习，并使用一系列机制，包括内部社交媒体、内部会议、实践社群、聚会、展示和讲述会议、内部奖励、企业可视室（虚拟和实体）等。

能够优化结果的模式能够带来你希望看到的变革。领导团队是第一团队。高层管理者要做一个领导者而不是管理者或指挥官。各级领导者要身先士卒，成为下属的行为典范，言行一致，做真实的自己；能够清晰、有目的、有抱负地描绘未来；鼓励实验；为追随者提供指导。领导者要引领并陪伴人们踏上征途，自 2500 年前"领导者"一词最早出现以来，这一点始终没有改变。

正面模式 4.2　心理安全

在反面模式 4.2 中，我们看到，如果人们害怕表达自己的想法，或在表达时被轻蔑地对待，这种文化可能会带来悲剧性的后果。由于缺乏心理安全，人们往往表现出习得性无助，等待命令，陷入代理状态，只有外在动机，缺乏内在动机。在某些情况下，人们形容自己"面对共同的困难无法团结一致"，反馈受到抑制，信息无法被传达到需要的地方。显然，这样无法优化结果。

无论是独特的产品开发还是重复性工作，为了持续改进和优化结果，人们需要安全地进行实验。人们需要安全地试错，安全地挑战现状，安全地质疑上级，安全地进行改进实验，验证可能会失败的价值假设。除此之外，人们还需要以最低的成本和最短的时间经历失败，避免沉没成本谬误。一些组织设置了虚拟或实体的"失败墙"，鼓励员工进行尝试并消除失败带来的耻辱。实际上，没有失败的实验，一切都是学习的机会。唯一的失败是认为未来是可预测的，组织是简单化的，就像机械手表的工作原理一样。

由于我们已经通过了数字时代的临界点，今天的变化速度比昨天更快，因此心理安全已不再是可有可无的东西，它是必不可少的，没有心理安全就无法释放人类的潜力，无法实现更快、更安全、更令人满意地交付更高质量的价值。丰田公司深知这一点，因此他们设置了一个持续改进机制。在丰田的工厂里，有一个"安灯绳"，拉动该绳后，过去曾在这条生产线上工作过的团队领导就会过来提供相应的帮助。他可能是解决一个问题或提供一个改进建议，实现质量内建和安全内建，而不是事后检验。人们有一个表达意见的过程。团队领导者表现出公仆型领导力，并感谢员工指出潜在的质量问题。如果他们在"节拍时间"内无法解决问题，就会停止整条装配线，保障个人的心理安全。

仅在一家工厂，每天拉动安灯绳的次数就高达 5000 次。相比而言，通用汽车公司有一条基本原则：生产线从不停止。一位前通用汽车公司的工人说过："如果你弄停了生产线，你就会被解雇。"通用汽车公司曾发生过汽车下了生产线，结果发现发动机装反了的情况。2006 年，丰田汽车公司成为全球第一大汽车制造商。2009 年，通用汽车公司破产，这成为美国历史上规模最大的破产案，损失高达 500 多亿美元。

（一）生机型文化

根据韦斯特鲁姆的组织文化类型学，心理安全是生机型文化的一个重要特征。组织应鼓励人们站出来表达自己的观点，跳出思维定式。信息被传达到需要的地方，人们不考虑部落联盟或等级。当出现问题时，重点是理解工作或文化体系中需要解决的问题，而不是指责个人。例如，想象一个场景，电气工程师断开数据中心的电源，导致系统意外中断。生机型文化会认为，这是一个系统性问题，需要提升保障与弹性，并不会将其视为电气工程师的错误。生机型文化有助于提高透明度，努力使人们了解情况，提供数据，而不是隐瞒信息。变革型领导和生机型文化是齐头并进的。

2012 年，谷歌启动了一项名为"亚里士多德计划"的研究，以调查影响高绩效团队的因素有哪些。研究发现，心理安全是首要因素。谷歌的指南指出："在一个具备心理安全的团队中，成员们在冒险尝试时会感到安全。他们相信团队中任何人都不会因为承认错误、提出问题或提出新想法而难堪或遭受惩罚。"重要的不是团队中有哪些人，而是团队如何合作。

字母表公司的另一家子公司 X 关注"登月探测器"的研制。在罗马数字中，X 代表 10，该公司的目标是将世界上最棘手的问题的影响扩大至 10 倍。在这家公司，失败会得到正面的奖励。"我们最有价值的文化习惯之一，就是愿意扼杀自己的想法。每一天，我们的团队都做好了失败的准备，"登月探测器项目的负责人阿斯特罗·泰勒（Astro Teller）写道，"我们会奖励那些扼杀了自己项目的团队，以此来维护人们的勇气。过去一年，我们验证了 100 多个想法的失败。不久前，一个由 30 名工程师组成的团队终止了他们已经从事了两年的项目。我宣布，他们将因此而获得奖金。"阿斯特罗接着说："心理安全是免费的。这意味着任何公司、任何领导团体都可以选择在阻力最小的道路上大胆前行。因此，如果你的领导团队说，'我们没有时间感受'或'我们不像 X 那么有钱'，那么他们就没有抓住要点：成功进行月球探测的关键并不需要花钱。"

皮克斯动画工作室（Pixar）已经制作了 22 部电脑动画电影，这些电影一经上映就好评如潮。有 4 部电影跻身影史票房前 50。据皮克斯动画工作室的前总裁埃德·卡特穆尔（Ed Catmull）表示："健康的公司文化的一个特点是，人们可以自由地表达想法、观点和批评。"皮克斯动画工作室有一个名为"智囊团"的机制，它鼓励员工在电影制作过程中坦诚表达。智囊团定期开会，评估正在制作的电影。导演、编剧和分镜师会相互检查对方的作品，并坦诚地提供反馈。卡特穆尔解释道："坦诚对我们的创作过程至关重要。为什么呢？因为所有的电影一开始都很糟糕。在皮克斯，我们试图营造一种环境，让人们希望倾听彼此的声音（即使这些声音很有挑战性），每个人都能从其他人的成功中获益。"这与传统的好莱坞做法相反，在好莱坞，电影项目开发经理排在制片人前面，他们通过"强制性说明"对电影导演进行微观管理。

（二）建立心理安全

营造一个心理安全的工作氛围需要付出大量精力，改变根深蒂固的组织规范、信念和行为。这个过程不可能在一夜之间完成。俗话说："种一棵树的最佳时间是 20 年前，其次是现在。"《无畏的组织》的作者埃德蒙森认为，要在组织中建立心理安全，需要采取 3 个步骤。

首先，**搭建舞台**。重新构建环境，这样一来，重点就不再是个人能力，而是工作系统。我们需要重新定义失败，将智力上的失败视为学习的机会，对无意的失败进行免责调查。安全的失败尝试值得庆祝。这一步也是为了确保目的和意义，让员工团结一致实现零事故，或者打造世界上最值得信赖的品牌。

其次，**邀请参与**。人们可能习惯于沉默，因此应采取积极措施，定期征求每个人的意见。除此之外，任何人都可以与其他人交谈，不必担心报复或等级制度。领导者应谦虚，积极倾听，并提出问题，挑战我们已有的 300 多种认知偏差，听取不同的意见，否则人们可能会拒绝表达。感知到的权利差距越大，领导者就越需要征求反馈。

最后，**有效回应**。对反馈或学习表示赞赏，表扬快速、有价值的失败。同样，存在最小可行护栏，包括不可协商的程序性护栏和行为性护栏，这些都需要明确地传达给组织成员。

（三）安全-Ⅰ和安全-Ⅱ

安全问题专家埃里克·郝纳根（Erik Hollnagel）教授提出了"安全-Ⅰ"和"安全-Ⅱ"两个术语。安全-Ⅰ侧重于规避问题，并关注问题出现时的情况：强调根本原因分析。它的重点是避免失败。但对复杂系统而言，失败的根本原因往往不止一个。寻找根本原因可能会忽视更大范围的文化环境。安全-Ⅱ关注一切进展顺利的原因，并尝试建立一种文化，使事情能够顺利推进。心理安全（表达想法与采取主动行为的信心）是安全-Ⅱ的重要组成部分。

从西德尼·德克尔的研究成果来看（我们将在第 6 章中详细讨论），失败与成功的区别不在于是否存在消极因素，而在于是否存在积极因素。这些积极因素包括：

- 挑战现状的能力；敢于说"停止"。
- 过去的成功不能被视为未来成功的指标。
- 意见的多样性。
- 保持关于风险和潜在"坏消息"的对话。

所有这些都需要积极的心理安全。

总之，为了不断改进，为了更快、更安全、更令人满意地交付更高质量的价值，为了创造一个更加人性化、更具吸引力且回报更高的工作环境，组织需要为人们提供足够安全感，并鼓励人们提出自己的想法，提出可能愚蠢的问题，在某些情况下拉动真实或虚拟的安灯绳，让整条生产线停下来。人们需要安全试错，传递接收者可能不想听到的消息，表达不同的意见，并寻求帮助。有了安全感，人们才会积极行动，而不是将什么都不做或什么都不说视为最安全的行为。有组织的人类活动不应该依靠一个仁慈的独裁者；相反，领导者应该帮助人们充分发挥自己的作用。

■ 案例研究：爱尔兰银行的审计员如何提高敏捷性

在爱尔兰目前仍在运营的银行中，爱尔兰银行的历史最为悠久，它创立于 1783 年，是爱尔兰四大银行之一，拥有 10 000 多名员工。银行内部审计主管史蒂夫·桑德斯（Steve Saunders）分享了他们的内部审计工作方式：

"2017 年，爱尔兰银行集团内部审计（GIA）团队开始着手改进工作方式。我们可以看到，现有的工作方式并没有引领团队走向成功。

"迈向敏捷的第一步是做公仆型领导。这一职能下的每个人都被视为领导者（作为特定技术团队的领导者、风险类型的领导者，或特定业务部门的领导者）。我们在很大程度上采纳了"各级领导者"的理念，鼓励位于上一级的领导者支持和指导同事实现目标，而不是指示同事如何完成工作。这一转变的重点不在机制和过程上，而是文化上的转变，事实证明这为我们的征程奠定了基础。

"我们的文化以《敏捷宣言》的十二条原则为基础。例如，客户和团队成员协同合作。当务之急是通过缩短交付时间，并持续交付价值，以满足客户的需求。我们一直在努力培养一种自我管理型的团队文化，使组织层级结构最小化，将决策权交予掌握信息的人（与团队一起），鼓励快速失败、学习然后进步。

"为了支持这一变革，领导团队参加了培训课程和研讨会，然后对所有审计团队开展培训。一些审计师开始成为审计职能部门中的敏捷拥护者，集团内部审计团队能够帮助银行大大提升敏捷性，并被视为该领域的领导者。

"2018 年 5 月，集团内部审计团队举行了针对敏捷性的员工大会。直到那时，集团才开始研究流程。拥护者们开始使用 Scrum 测试基于迭代的流程。利益相关者可以尽早、持续和频繁地获得迭代价值。他们不是在持续数月的审计结束时才收到结论，而是每两周就能收到一次保证。

"我们注意到，通过公仆型领导方式，我们将提供价值的周期缩短为两周，并经常举行回顾会议，员工的士气和参与度得到迅速提升。调查发现，采用这些方法和工作方式的团队很快成为参与度最高的团队。

"我们与来自同行业组织的部分志同道合的同事建立了'敏捷审计'小组。通过这种方式，我们开始邀请整个行业的同僚定期聚会，就提高敏捷性的工作方式交换意见。这些会议大受欢迎，越来越多的人参与其中。很简单，火焰已经被点燃了。我们也实现了全行业的转变，将敏捷从一个有趣的额外'事物'转变为一个行业期望。事实上，专门对审计团队进行质量评估的公司现在也在尝试和探索部门的敏捷性。审计员的世界已经被彻底改变了。"

正面模式 4.3 涌现思维与公仆型领导

如果你想找一个坚决贯彻等级制度和反面模式 4.3 所描述的确定性思维的地方，那么这个地方就是军队，那是一个有明确的等级制度、稳固的尊卑秩序且必须服从命令的地方。

（一）以意图为导向的领导

1998 年，在为指挥美国海军潜艇"奥林匹亚号"（Olympia）进行了一年的准备后，大卫·马凯特（David Marquet）在上任前两周接到通知，他意外地被调去指挥另一艘潜艇"圣塔菲号"（Santa Fe）。"圣塔菲号"在舰队中排名倒数第一，在过去的一年里，只有 3 名艇员同意延长服役期限，创造了美国海军最低的继续服役率。

通常情况下，艇长都要无所不知，他是倾囊相授的指挥官，其他人都要听从他的命令。艇长从高处下达决策。然而，在这个故事中，马凯特艇长不可能是无所不知的指挥官，因为他没有接受过这类潜艇的训练。某一天进行的电力推进装置模拟测试令他茅塞顿开。当时马凯特建议提高电力推进装置的转速，领航员命令"加速至2/3"，什么也没发生。最后，马凯特询问掌舵人员怎么回事，他回答道："艇长，这艘潜艇的电力推进装置上只有 1/3 转速。"马凯特问领航员："你知道'圣塔菲号'的电力推进装置上没有 2/3 转速吗？""是的，长官，我知道。""那你为什么还下达这个命令？""因为你命令我这样做的，长官。"

在那次事件发生后，马凯特艇长与艇员达成了一项协议，他永远不会再下达命令。作为交换，艇员们必须说出自己计划做什么。这样一来，所有权便移交给每位艇员，并在各个层级上确立了领导者。每个领导者都不应该告诉别人要做什么，领导者应当传达意图。他将决策权交给掌握信息的人，而不是将信息交给掌握决策权的人。

12 个月后，"圣塔菲号"跃升为美国海军潜艇的第一名，艇员继续服役率达到100%。艇长的工作不再是告诉其他人该怎么做，而是传达明确的意图、任务，然后倾听团队成员的想法及其思考过程，了解他们打算如何执行任务。

一群人协同合作，这是一个复杂适应系统。复杂适应系统的特点是涌现性而不是确定性。人们对输入的反应是未知的，而且每次反应都有所不同，因为复杂适应系统有记忆。无论是被锁在一根深处海底的金属管中长达 6 个月的 160 人，还是在一个大型传统组织中，变化都是涌现的，不是确定的，其中存在未知的未知。为了实现结果最大化，以意图为导向的领导方式要利用每个人的智慧，创造一个尽可能智慧的群体，使他们能够做出尽可能明智的决策。这个过程需要检查（沟通意图），并提供指导（"如果……，你打算怎么做？"），不能让人们对自己的行为丧失所有权（"因为你命令我这样做的，长官。"），不能依靠一个大脑来下达所有的命令。

（二）公仆型领导

公仆型领导的概念由罗伯特·格林利夫（Robert Greenleaf）在 1970 年的一篇文章《公仆领导者》（*The Servant as Leader*）中提出。格林利夫区分了受领导力激励的领导者与旨在帮助他人发挥潜力的领导者。他认为，对领导力最好的考验是，那些被领导的人能否获得成长，能否变得更加健康、智慧、自由、自主，领导者自己能否成为公仆型领导者。

■ 案例研究：东方之旅

罗伯特·格林利夫表示，他的公仆型领导理念来自赫尔曼·黑塞（Herman Hesse）的短篇小说《东方之旅》（*Journey to the East*）。这本书本身受到中国名著《西游记》的启发，讲述了一个名为"盟会"的宗教组织，该组织前往东方寻找"终极真理"。旅程中有一个名叫里奥（Leo）的仆人，他帮助大家搬运行李，以简单自然的方式愉快地工作，确保没有人掉队。他被描述为"一个完美的仆人"。

当队伍到达下莫比奥（Morbio Inferiore）峡谷时，里奥消失了。团队很快四分五裂。成员们争论并指责里奥导致了旅程的失败。后来，人们发现里奥不仅仅是盟会的仆人，还是盟会的领导者。他已成为将整个团队团结在一起的黏合剂。

格林利夫说："你可以想象黑塞写下这个故事是想表达什么。对我来说，这个故事清楚地表明，伟大的领导者首先被视为仆人，这正是他'伟大'的关键。实际上，里奥一直都是领导者，但他首先是仆人，因为他的内心深处就是如此。"

格林利夫说，公仆型领导者能够倾听并表现出同情心。他们认可他人的观点，支持他人实现目标，群策群力，建立社群意识。

重要的是不要过分关注"公仆"的部分，而是要忘记"领导者"的部分，否则就会引发"布朗运动"，团队成员像悬浮在流体中的粒子那样随机运动。领导者需要明确阐述和理解结果假设、任务、目标与意义。这样才能保证高度的一致性，使人们为了共同的目标团结一致。作为一名公仆，领导者应为团队让出道路，给予他们自主权与支持，消除阻碍团队实现预期结果的障碍。丰田公司的"安灯绳"是公仆型领导力发挥作用的典型的例子。拉动安灯绳，团队领导者就会走过来说："谢谢你提出了一个可能的问题或改进。亲爱的团队成员，我能为你提供什么帮助？"

在涌现的情境下，这一点尤其重要。在一个确定的、已知的环境中，如果没有赋能，由负责指挥的管理者告诉人们在什么时候做什么事情，这样是可行的；但在一个涌现领域，这显然不是最佳方法，因为人们事先并不清楚因果之间的联系。与其拥有一个服从命令的团队，管理者不如同时做好仆人和领导者，让每个人都能发挥自己的智慧去完成工作和实验，从而更快、更安全、更令人满意地交付更高质量的价值。

（三）涌现思维方式

领导者应用涌现思维方式取代确定性思维方式，为持续学习赋予新的价值。变化、改进和未来都是不可预测的，复杂适应系统的响应方式也不可预测。我们将在第 5 章中看到，为了优化结果，当工作具有涌现性时，我们的关注点需要从产量（固定的路径，缓慢学习）转移到结果（摆动的路径，快速学习），从预先制定的解决方案（沉没成本）转移到验证假设（快速且低成本的学习）。验证假设的方法是探测、感知和响应。人们需要具备安全感，才能进行实验、学习和调整。随着时间的推移，想要生存和发展的组织需要建立新的肌肉记忆，成为一个（再）学习型组织，每个人都在努力不断改进，这正是丰田的"持续改进"的思想。

各级领导者的作用是根据目标与意义，建立一个人性化、有吸引力、有回报的工作环境，在这里人们可以发挥自己的潜力，全身心地投入工作。此外，正如 BVSSH 中"H"（更令人满意）的要求，组织不仅要为机构投资者、养老基金、对冲基金和其他股东增加价值，也要为社会和世界增加价值。

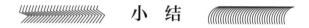

小 结

以安全和实验为主导

阿伯万和波音公司所发生的这类灾难的根源往往在于其组织文化和行为规范，而不是我们在表面上看到的所谓根本原因，例如将矿渣堆积在溪流上，或只有单一迎角传感器。我们通常看到的根本原因，其实是深层文化问题的症状。如果不解决这个问题，同样的结果很可能会再次出现。

这与挑战者号和哥伦比亚号航天飞机失事有相似之处。在挑战者号失事事件中，工程师们曾发出警告，要求不要发射，但他们的意见被上级否决，最后他们选择了沉默。在哥伦比亚号失事事件中，工程师们试图提出问题，但被告知不要给上级发电子邮件，他们一再遭到抵制，最终也选择了放弃。工程师被管理者否定，上级成为保障心理安全与最终身体安全的障碍，他们首先考虑的是工作进度，过去的成功被错误地视为未来成功的标志，最终造成了悲惨的后果。如果能够提升人们的心理安全感，提高挑战现状的能力，让人们可以说停止，就可以拉动一条虚拟的安灯绳，最终的结果可能会更好。

那些担任领导者的人对文化的影响最大，他们从顶部开始定基调，能够给予或拒绝激励、奖励或恐吓，并创造一种自我选择效应。如果组织的价值观与自己的价值观不符，人们会选择离开（参见圣塔菲号变化前后的艇员流失率）。

如果领导者可以建立心理安全，为每个人提供表达观点的空间，让他们发挥自己的智慧，而不仅仅是听从命令，那么就更有可能取得理想的结果。如果每个人都感到自己对周围发生的事情负有责任，感受到自己具有能动性和控制力，将自己视为领导者，并且获得成长所需的支持和指导，那么他们也更有可能取得理想结果。

领导者首先要做的不是"照我说的做，不要学我做"，不要做指挥官，要做一个变革型领导者，为下属树立行为典范，表现出谦逊和脆弱。领导团队是第一团队。

领导者要避免在文化中形成恐惧和习得性无助，不要关注短期股东回报或将进度压力放在首位，要创建一个心理安全的组织，允许人们挑战现状。过去的成功不应被视为未来成功的指标，领导者应共享信息，积极征求反馈意见并采取行动。

不要将产品开发、更改和改进视为确定性的、已知的活动，就像尝试将方形钉钉入形状不规则且经常变化的孔中，产品的开发、更改和改进是不可知的，具有涌现性，需要实验和快速反馈。为了优化结果，采用以意图为导向的领导方式，可以提高团队共同解决问题的能力和集体的所有权。就像里奥一样，领导者也在为追随者服务，他是将人们团结在一起的黏合剂，帮助人们消除道路上的障碍。领导者要设置支持线而不是汇报线。

以上都是最具影响力且最可持续的方法，能让每个人都实现更快、更安全、更令人满意地交付更高质量的价值。但它们也是最难以实施的方法，需要花费的时间也最长。种一棵树的最佳时间是20年前，其次是现在。

原则

领导者要身先士卒。

领导者发挥领导作用。

为下属树立行为典范。

表现出勇气与脆弱。

讲故事，对期望行为给予奖励。

建立心理安全。

邀请参与。

通过失败培养开放的学习氛围。

倾听并采取行动。

培养免责文化。

利用涌现性。

利用涌现性实现结果最大化。

采取涌现思维方式。

将决策权交给掌握信息的人，保障透明性。

提供指导和支持，设置支持线而不是汇报线。

第 5 章

做正确的事：

智能流动

在工业化国家，大多数工作场所都已抛弃了福特制。即使在汽车制造厂——率先使用输送带生产的地方，如今也可以靠机器人完成大部分简单而重复的任务。工厂车间的工人开始从事专业化的工作，并与机器相互配合。丰田汽车公司将其称为"自动化"，其含义可以简单解释为"包含人的因素的自动化"。即使是福特公司也不再使用福特制。

但你仍然可以在一个地方看到旧的工作方式。那就是许多个人经营的咖啡馆。

走进一家咖啡馆，你会看到一个收银台，然后你要加入排队的行列。队伍向前移动，然后停止，过一会儿再次向前移动，再次停止。当你靠近柜台，可以查看菜单和甜点时，你需要停下来。柜台内的店员问你想要什么。你看看选项，最后点了杏仁奶、馥芮白咖啡、特浓咖啡，然后你又指了指丹麦酥。店员询问了你的名字。你将自己的名字告诉他，并一再纠正拼写，最后，你放弃了，看着他们在杯子侧面写下两个"k"和一个"p"作为你的名字。店员把订单传给咖啡师，你付了钱，拿着零钱或手机继续向前走，然后……等待。几分钟后，依靠一位咖啡师和一台咖啡机，咖啡馆的工作流程就完成了：一位带着需求而来的顾客变成一个拿着咖啡、油酥糕点和杯子（上面还把他的名字写错了）的顾客。

这个系统中存在各种限制因素。顾客在到达柜台之前看不到点餐牌，不知道这家咖啡馆能够提供哪些餐饮，这意味着他们在做决定时，队列必须停止移动。在顾客与店员的沟通中，可能掺杂了一些应当进一步阐明的需求，甚至存在需要纠正的错误。这也会使队列停下来。当信息传递给咖啡师时，这些错误可能会进一步叠加，因为咖啡师在制作产品时可能也会犯错。店内有一位收银员、一个收银台、一位咖啡师和一台咖啡机。如果用现金付款，那么在顾客付钱之前，店员不知道要找给对方多少零钱，队列会再次停止移动，顾客必须等待，直到订单完成。他还必须通过错误的拼写辨认出自己的名字。

在点餐与交付咖啡的流程中，最慢的环节限制了价值流动。每当队列停止移动，顾客不得不等待某一个人仔细查看货架，询问巧克力包中是否含谷蛋白的时候，流动就会中断。

所以咖啡馆需要改进他们的流程。他们可以变得更加高效，也可以更加精益和敏捷。有些咖啡馆进行了尝试。他们确保柜台上方的点餐牌足够醒目，使远处的顾客也能看到。他们可能会提供店内用餐服务，以减轻需要外带的顾客排队的压力。他们可能会让某位店员到顾客的队列中帮助他们点餐，缓解收银台前的拥堵（将阻碍流动的瓶颈转移到咖啡师），或者让顾客在应用程序上下单。例如，星巴克在店内安装技术设备，包括订单完成后通知顾客取餐，从而使顾客流动具有可衡量性和可见性。考特尼·基斯勒（Courtney Kissler）曾在 2018 年 DevOps 企业峰会上解释道，"服务速度"是衡量店铺间交易的一个指标。它是指从顾客下单到收到相应产品的前置时间。有了这一指标，我们可以将操作流程或菜单项中变化所带来的影响可视化，并优化流程和客户体验。但更常见的情况是，顾客排队，紧张地留意他们最喜欢的松饼是否售完，然后等待，流程中的限制因素延长了价值实现的时间。

在本章，我们将重点关注价值和价值交付时间。我们将特别关注组织如何选择（明示或暗示）要做的工作，以及如何在产品开发的情境下处理这些工作，从而更快、更安全、更令人满意地交付更高质量的价值。

我们经常观察到的一种情况是，产品开发团队的上游成为有效流动的主要限制因素，特别是当产品开发团队要提高其敏捷性的时候。如果做得不好，那么结果将是脆弱而不是敏捷。随着赋能增加与自主性提高，工作系统可能变得混乱且四分五裂。团队成为自证预言，产品负责人忙着完成待办事项，忘记与客户交谈。一家咖啡馆可能拥有世界上动作最快、最敏捷的咖啡师，但如果他们在制作没有人想要的榛子酱玛奇朵，而顾客在到达柜台之前也不知道自己可以点什么，并且在收银台的一个人身后排起长长的队伍时，那么从确定客户需求到满足客户需求仍然需要很长时间，还会浪费一堆榛子酱玛奇朵。

另一个我们经常观察到的场景是瀑布式 Scrum，有时也被称为"混合敏捷"。它包括一个基于预测的、确定性思维的项目计划，该计划试图在已知信息最少的情况下预测未来，预先进行传统的宏大规划、分析、设计并提出解决方案，然后在甘特图中间，"冲刺"一词出现了 10 次，接下来是测试阶段和大爆炸式的上线。至于需求……抱歉，至于"故事"……被预先纳入每次"冲刺"中。

人们这么做的意图是积极的，希望以此实现敏捷，但它不具备任何敏捷思维，只是将一种确定性思维错误地应用于涌现的工作领域中，将重点放在预先计划好的产量而不是结果上，没有针对安全价值的快速流动进行优化。项目管理者将预测的工作塞进传统的甘特图工作分解结构中，并称为"冲刺"。在生产或类似生产的环境中，没有采用定期的价值切片，就无法满足涌现和快速学习的需要。这仍然是"大处着眼，小处着手，慢速学习"，几乎没有体现敏捷的价值观和原则。

那么，大型传统组织如何确保其团队在提高敏捷性的同时完成最有价值的事情？如何保持价值流动？本章将探讨缺乏价值流动的反面模式，并描述相应的正面模式（这些模式可以使企业朝着正确的方向前进，朝着期望的结果前进，并快速、顺利地为客户提供他们想要的咖啡，同时还能将客户的名字拼写正确）。

反面模式 5.1 局部优化

我曾经遇到一个软件开发团队，他们对自己在提高敏捷性方面取得的进步感到自豪。团队结果领导（或敏捷专家）向我展示了团队在软件开发周期（即从完成需求列表到开发结束之间的时间）所做的改进。改变令人印象深刻。反馈和学习的速度大大提升，团队在过去一年中将平均周期时间缩短了大约一半，生产力达到了原来的两倍。

然而，有些地方不对劲。接受变革的人抱怨说，他们没有看到那些所谓的益处，团队敏捷性的提高没有给他们带来任何改变，工作所花的时间仍然和以前一样长，实现的价值也没有增加。当他们推出新功能时，世界已经前进了。任何新想法的实现都是以年而不是月或周为单位。

这令我感到吃惊，所以我咨询了团队结果领导，想知道软件开发和测试完成后发生了什么。

"嗯，我们需要等待整合测试，"她告诉我，"因为我们有很多依赖关系。然后是用户验收测试，之后我们必须等待信息技术运营部门发布软件。"

我询问了他们的节奏，即每个阶段的发生频率。

"整合测试每月进行一次，"团队结果领导说，"验收测试和发布则按季度进行。"

因此，这些敏捷的开发团队的生产时间表如下所示（见图 5-1）：

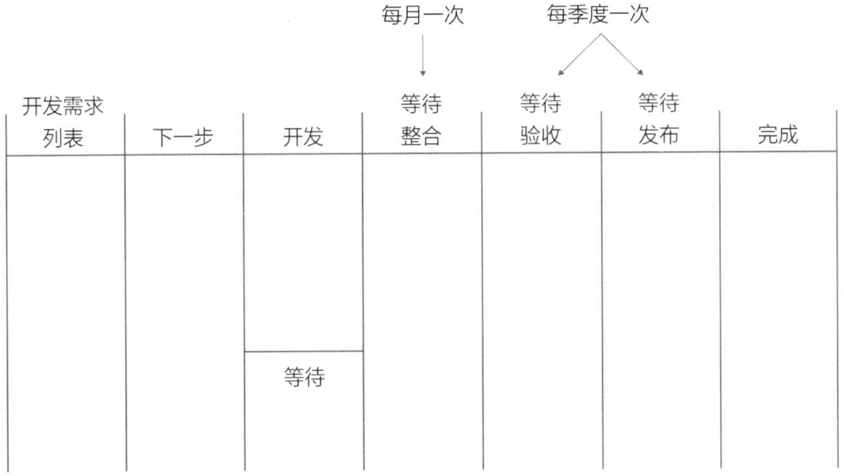

图 5-1 障碍集中于验收测试与发布阶段

团队从左侧的需求列表中拉动一个价值项，完成后一等再等。从软件开发团队完成自己的工作，到实现价值和完成学习之间，至少需要三个月的时间。

这只是开发团队工作中的障碍。我询问了在工作分配给开发团队之前所发生的事。

团队结果领导说："在那之前有一个产品需求列表，其中包含大量工作或结果假设，需要将其分解为实验和较小的价值项，以获得快速反馈，从而验证假设。为了调整方向并实现价值最大化，有些团队会及时拉动工作，并对其进行改进。另一些团队会预先将工作规划为一个季度的多次迭代，更关注该季度的承诺产量而不是结果。我想这取决于不同的情境。"

"好吧，"我说，"还有其他的吗？"

"当然，详细的设计必须由技术设计部门起草和审查。这是一个面向整个组织的团队。在此之前，要完成一个详细业务案例。他们需要就资金达成一致意见，并获得业务指导委员会的批准。在此之前还有一个概述业务案例的审批步骤。"

"概述业务？"

"概述业务案例审批步骤。它会对业务案例进行筛选，通过筛选的业务案例将进入详细业务案例的审查。在此之前还有创意分类。"

"这些步骤多久进行一次？"我问道，并且振作起来准备迎接她的答案。

"创意分类是每月一次，概述业务案例是每季度一次，利用详细业务案例完成年度规划过程大约需要 6 个月。我们从 9 月开始规划。大约到次年 3 月才能知道我们所需要的资金水平。因此，到今年年底，计划大约已经进行了 18 个月。噢，我们必须生产 20 个强制性工件。"

因此，实际的端到端的前置时间至少持续了 18 个月，如图 5-2 所示：

这种流程导致了唐·赖纳特森（Don Reinertsen）和普雷斯顿·史密斯（Preston Smith）所谓的"紧迫性悖论"。有价值的想法需要经过 12 ~ 18 个月的预先计划，然后等待进入下一批优先事项中，整个过程毫无紧迫感。但当

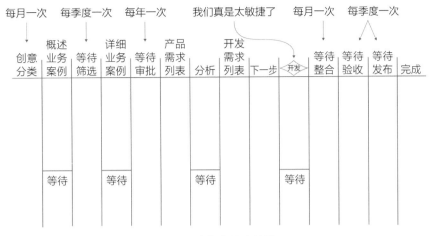

图 5-2　我们真是太敏捷了

注：本图借鉴利奥波德（Leopold）的著作《重新思考敏捷》（*Rethinking Agile*）。

这些想法到达产品开发团队时，它们突然变得非常紧急。到那时，市场机遇期可能已经过去了。团队错过了尽早尽快学习的时机。延迟是有成本的。然后，产品开发团队面临压力，可能会造成技术债务和偷工减料，进而导致质量下降，客户和员工的满意度降低。

　　软件开发团队可以按照自己的意愿进行改进，但如果因为流动过程中的障碍，导致从确定客户需求到满足客户需求的时间没有改变，那么信息技术中的任何局部敏捷对端到端的价值实现时间几乎都没有影响。

　　两次技术革命之前的工作方式会进一步导致端到端的流动不畅，因为这样的工作方式适合重复的手工劳动，以及被安置在职能简仓中的人。按照职能角色，而不是价值和客户确定部落认同，造成了很多交接工作、排队以及"我们和他们，各管一摊"的文化。"团队"的概念是局部优化。人们只看一个阶段，不需要知道整个流程。很少或根本没有与价值流动相一致的端到端的所有权或责任。这是一系列的局部优化。

　　学习的时间、交付价值的时间、满足客户需求的时间以及流程本身都没有实质性的改变。这是很久以前我在制造业中总结的一个教训：提高非瓶颈环节的效能，只会导致瓶颈环节本身堆积更多库存。它不会改善端到端的价值流动。咖啡店可以让排队的顾客在平板电脑上下单，但如果只有一名咖啡师，那么仍然会遇到障碍。局部优化可能会给部分人带来利益：在局部优化的情况下，小型跨职能团队可以使团队成员的工作生活更加人性化，回报更高；但人类活动整体上不会带来更广泛的利益。

由于缺乏端到端的价值流动，无法尽快完成学习和调整，因此团队可能难以将精力集中于最有价值的事情上。团队可能缺乏响应客户反馈或满足其需求的能力。传统的竞争对手或非传统的颠覆者可能具有先驱优势，能够更好地创造客户需求向导。

传统组织试图加快流动的一种方法是设置截止时间和里程碑。这也是一种反面模式。

反面模式 5.2　里程碑驱动的预测解决方案

"面对共同的困难，我们团结一致。"这是我曾经从一家大型组织的员工那里得到的答案，当时我提出的问题是：为什么还有那么多人没有离开？

工作本身是有意义的。这家公司值得尊敬。然而多个领域的工作方式导致了一种组织性的斯德哥尔摩综合征。

工作开始时，项目管理者在不与进行这项工作的成员协商的情况下，自行设定截止时间。这是一项大批量工作，大家从分析到设计，再到开发、测试，循序渐进、缓慢完成各项任务。对相关人员来说，这是一种"从盛宴到饥荒"的工作方式。如果不能在截止日期前完成任务，就会遭受指责。计划从未改变。在"盛宴"阶段，一大批工作都有特定的作用，人们会在周末长时间工作，这种方式是不可持续的。当人们意识到自己可能要错过一个"里程碑"时，他们会感到恐惧和羞愧。员工并非循环进行工作、审查和学习，而是赶工、交接和隐瞒。

根据职业角色划分小组以后，即使船正在下沉，只要"洞在船的另一边"，人们就不会紧张。这样的小组划分导致人们缺乏共同所有权。如果大家各管一摊，那么共同前行的旅程下一个阶段的问题就是别人的问题。

里程碑不能体现敏捷性。它们是石头做的，很难移动，移动后就失去了有效性。它们更像纪念碑，而不是衡量进步的标准。人们也把它们称为"最后期限"或"死线"。它们无法传达任何关于以下问题的期望：你为什么想到达那个目的地，如何到达目的地，如何以其他方式到达目的地，能否到达或能在多大程度上安全到达目的地。里程碑不涉及共同前行的旅程的质量和体验，也不管它是不是你想要到达的目的地。它们是一维的，是沿一条固定路线的两个固定点之间的距离。里程碑（milestone）起源于 2300 年前古罗马帝国的石碑，它们埋在地下的部分超过 2 英尺，地面以上部分的高度是 5 英尺，每块石碑重达 2 吨以上，每隔 1000 步有一块。它们是僵硬不动的化身。

你不知道何时才能抵达一个里程碑。旅程最后的 20% 可能需要花 80% 的时间，可能遇上道路施工、事故、洪水泛滥的河流或需要对产品进行重大改造的重大设计缺陷。只有当你到达一个里程碑时，你才知道自己已经做到了。即使如此，考虑到你的意图，你可能会发现这并不是最理想的地方。

在快速变化的环境中实施独特的变革时，里程碑只是一种局部优化的心理构建。

"最后期限"（deadline）一词也不适用于具有复杂性、独特性和涌现性的变革。这个词起源于 1864 年美国内战期间的萨姆特营（Camp Sumpter）。"死线"是一道木栏杆，违规越过栏杆的人将被枪杀。"最后期限"显然是一种死亡的类比（"截止日期"是另一种类比），并不能提高员工的参与度。

在甘特图上，里程碑关注的是活动的完成——产量，关注静态的业务案例和固定路线。它们并未考虑到如何基于战略意图和对形势的持续认识，实现结果最大化。它们关注的是活动是否已经完成，而不是获得快速反馈后思考下一步应该做什么。前者是命令下达者和命令接收者的关系，不需要进行思考；后者则要求每个人都要开动脑筋。

使用 RAG 状态（根据感知状态标记为红色、琥珀色或绿色）的里程碑通常具有更高的文化毒性。根据我的经验，在一个命令和控制的病态型文化组织中，人们不会将红色 RAG 状态视为寻求帮助或发挥公仆型领导力的机会，而是被视为失败，招致耻辱和报复行为。这种组织内通常缺乏心理安全，导致人们隐藏坏消息、拒绝学习、偷工减料、努力工作而不是聪明工作、参与度降低、满意度降低，实现预期结果的可能性也随之降低。任何可以避免可怕的红色 RAG 状态的事情都与确定性的产量（产量是在已知信息最少的情况下设定的）相对立。

里程碑不适用于组织（具有涌现性）的独特产品开发（具有涌现性），它无法帮助我们在一个一切都以史无前例的速度迅速变化的环境（可想而知，它也具有涌现性）中满足客户（具有涌现性）的需求。从传统意义上来说，里程碑用于预测距离（完成的工作）、目的地的质量和时间。管理者与员工的矛盾，业务与信息技术的矛盾，恐惧、责备和报复导致较低的心理安全，个人激励而不是团队激励，由基于任务的职业角色划分出的部落认同，基于以上种种，一项研究认为传统软件项目的成功率低至 29%，也就不足为奇了。另一项研究发现，美国员工的敬业度虽然在上升，但仍然很低，只有 34% 的人积极投入工作，53% 的人对工作的投入度较低，13% 的人完全不敬业。

但这并不意味着工作场所不存在固定的期限。例如，遵守新法规，或从几年后推出新车型开始向前进行规划，这些都需要固定的日期。正面模式 5.2 对此进行了详细介绍。这里的反面模式是继续使用"里程碑"，它无法优化结果。它延续了旧的行为与过时的思维方式，却希望实现具有独特性的变革。它使确定性思维在一个涌现领域中得以延续，抑制了敏捷性。它的重点是实现预定计划而不是结果最大化。

人们不知道自己想要什么，直到他们得到它。人们不知道如何建立某种独一无二的东西，直到他们将它建立起来。在这个过程中需要学习。人们通过学习知道下次不要做什么，如果还有下次的话；了解什么是真正有价值的，什么是没有价值的。然而，大多数大型组织一直在实践的传统智慧——这些传统智慧借助适用于软件开发的项目管理方法而进一步强化。它错误地认为具有复杂性、涌现性和独特性的知识型工作是可预测的，这将抑制选择性，并将学习推迟到响应时间最少、沉没成本最高的时候。这种方式将变革视为从这里到下一个村庄的五英里路程，仿佛有了甘特图，以前从未做过的变革就具备了可知性。

这里提到了甘特图。引言对甘特图进行了概述。该图由亨利·甘特设计，他曾在20世纪初与泰勒一起工作。甘特图最初被称为"工人记录表"。一条线代表一名工人所铲的煤或运输的粗铁是否达到工头指定的数量。短线表示工人未完成工作量，而长线工人会受到鼓励。

甘特图是管理者对工人实施压迫的工具。它是确定性的。对20世纪初的体力劳动和重复劳动来说，甘特图是一种进步。但它不适合涌现的、基于知识的产品开发领域。

在数字时代，快速变化的环境中不断出现新的生产方式，如果一个组织想取得更好的结果，就要采用更好的工作方式。这也包括有固定日期和固定范围的工作，如强制性的监管措施。但重要的是涌现性而不是决定性。当然，更好的业务结果不具有强制性，生存和繁荣无从强制。

反面模式 5.3　无头苍蝇

想象一个产品开发团队采用了适合数字时代的敏捷工作方式，他们已经成为一个"功能工厂"。他们不断为产品添加新功能，但这些功能与客户需求和公司战略脱节。团队主要靠产量来激励工作。他们以行动的速度而不是结果作为衡量标准。活动不应被误认为是成就。团队成为执行需求列表的自证预言。这种情况屡见不鲜。

有时，导致这一现象的原因是缺乏明确的战略一致性，缺乏"北极星"来指导成果并将正在进行的工作与战略目标联系起来。当一致性较低而自主性较高时，结果往往类似于布朗运动：在没有共同目标的情况下，出现大量随机方向上的运动。有时，导致这一现象的原因在于个人。企业可能会受到薪酬最高者意见的影响——薪酬最高者的意见具有最高优先级，即使该意见与客户反馈脱节。

我经常看到这样一种行为，产品负责人（尤其是过去担任项目经理的新产品负责人）过于关注一个概念，即他们负责一个产品，遵循命令和控制的行为规范，自行决定要构建什么，不寻求更广泛的团队投入，也未能向客户征求反馈，了解什么东西对他们来说可能是最有价值的。他们缺乏产品上的远见。忘却学习和再学习需要一个过程，不可能在一夜之间完成。

采用这种反面模式的团队会大量生产与战略、反馈或价值无关的东西，这也可能源于资源利用的传统思维方式，认为人们需要始终保持忙碌的状态。关注员工而不是工作系统。这会导致筒仓中出现生产过剩的现象，而不是团结一致，解决阻碍流动的问题。如果在一个工作系统内，所有人始终处于工作状态，那么这个工作系统的效率会很低，这是制造业给予我们的教训。关注单个员工的忙碌程度只会适得其反，因为前置时间会随着资源利用率的增加呈指数增长（见图5-3）。

在这种情况下，人们没有时间持续改进、解决障碍、反思、调整方向或实现蜂群式协作。工作系统的运转速度降低，因为人们正全神贯注地推着方形的轮子前进。或者用另一个比喻，人们像无头苍蝇一样到处乱跑。

反面模式 5.4　为了开始而开始

想象一下在一个多车道公路的交叉口，路上的汽车正以稳定的速度行驶。

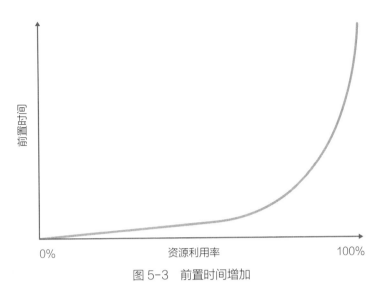

图 5-3　前置时间增加

在下一个交叉路口，另一列车队从坡道驶下，加入车流。事实上，它们驶入道路的速度比其他汽车离开道路的速度快。你认为接下来会发生什么？

道路上的汽车越多，行驶速度越慢。

汽车越少，行驶速度越快。

同样的过程也发生在公司中。组织对工作系统的容量一无所知，认为工作系统需要被推动而不是拉动，因此组织继续启动计划和项目，同意客户或利益相关者的需求。

上路的汽车越多，拥堵就越严重。换言之，咖啡馆的营销吸引了更多顾客前来购买咖啡，但咖啡馆并未增加咖啡师或咖啡机的数量。并行的工作越多，速度越慢。

就个人而言，任务切换是最浪费时间的神经活动之一。根据美国心理学会（American Psychological Association）提出的观点："即使是两项任务之间切换所产生的短暂思路中断，也会耗费一个人 40% 的作业时间。"

排队论也适用于此。利特尔法则（Little's Law）认为：

前置时间 = 在制品 / 吞吐量

减少在制品可以缩短端到端的前置时间、学习时间、调整时间、实现价值最大化的时间。它提高了敏捷性，使我们能够更加清晰地识别因果关系，从而将行动与结果相关联，更快获得针对战略的反馈。

在制品的增加会延长端到端的前置时间。"为了开始而开始"的组织会增加价值交付和学习的时间，降低敏捷性，提高响应和反应的难度，更难将行动与结果联系起来。

我曾经看到一个组织的部门不断承诺将工作要求的数量加倍，结果超出了工作系统本身的容量。这样做的意图是积极的，它试图快速响应，并在对端到端的工作流程缺乏任何洞见的情况下完成工作。但不幸的是，事与愿违，结果是工作需要更长的时间才能完成。组织没有对前置时间、吞吐量、停留时间、在制品或流动效率等指标进行衡量。大多数人不知道端到端的流程，因为人们都处在职能筒仓中。在制品、承诺工作的待办事项逐月增加，人们并未意识到这一点，更糟糕的是，人们期望这一切都能完成。

应用传统思维，其重点在于顺序工作流中每个阶段的服务级别协议（SLA）。鼓励人们更加努力地工作，以满足服务级别协议，这是一种局部优化。例如，服务级别协议要求 2 天，但经验证据表明平均需要 15 天。但服务级别协议仍然被保留下来，其中隐含的假设是人们需要更加努力地工作。工作被推动而不是拉动，每个阶段都有大量工作在排队，进一步增加了端到端的前置时间。实际上有无数的在制品。每 12 ~ 18 个月，工作系统就要重置一次。

结果，利益相关者接受了一个事实，即事情通常需要很长时间才能完成。这样一来就形成了一个恶性循环：他们渴望开始更多工作，否则它们永远无法完成，然后形成了成堆的无形库存和"我们和他们"的行为规范。最终结果就是质量低下，因为人们在努力工作而不是聪明地工作，员工的敬业度难以得到提高。由于缺乏对工作系统的认识，组织在这样的局面下终将失败。

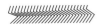 # 从反面模式到正面模式

"价值生产力"

上文描述的反面模式阻碍了更快、更安全、更令人满意地交付更高质量的价值。

局部优化未必能优化端到端的结果。它只是转移了障碍（如果那确实是一个障碍的话）。如果它不是链条中最薄弱的一环，那么继续对其进行加强则是没有意义的。

里程碑不是最佳方法，它会抑制敏捷性，常常导致恐惧文化，学习被忽视，最终所有的努力都化为泡影。绿色的西瓜爆出一连串红色的汁水，员工的参与度并未得到提升。

一些已经在敏捷之路上奔跑的组织发现，他们已经变成了敏捷的无头苍蝇，与公司的战略意图或客户的需求脱节。

而且大多数大型组织都有太多并行的工作，这会增加价值交付和学习的时间。"越早开始，就能越早完成吗？"我们经常听到这样含糊不清的问题。答案是否定的。如果6000项计划同时进行，任何一项计划都不可能尽早完成。增加并行的工作将进一步减慢所有工作的速度，就像星期五的晚上，道路上的汽车数量增多一样。它使我们难以发现流动中的障碍。岩石被隐藏在并行的计划和等待的工作所组成的潮水之下。大量工作不得不排队等待，流动效率大大降低。组织不应为了开始而开始，应当暂缓开始，聚焦完成。

上面列出的反面模式相当常见，因为组织要经历忘却学习和再学习的循环。这些反面模式都有对应的正面模式，后者可以帮助我们优化安全价值的快速流动和 BVSSH 结果。

我们需要转变思维方式，从关注局部的"生产力"，即每单位投入的产出数量，到关注端到端的"价值生产力"，即以最少的产量最快地实现最大价值。但如果我们意识不到错误，只能更快地完成错误的事情，结果就无从改进。

我们需要从确定性思维转变为涌现思维，从关注项目到关注产品，从关注产量到关注结果。根据我的经验，这对于提高质量、交付最佳价值、提升学习速度、打造更安全的控制环境，并进一步满足员工、客户、公民和气候的需求都至关重要。

正面模式 5.1　优化端到端的价值流动

局部优化，即仅提高端到端流程中某一部分的敏捷性，例如，仅提高信息技术工作的敏捷性，这样并不能优化结果。相反，组织要关注并优化安全价值在端到端的快速流动，建立长寿命价值流、长寿命产品、长寿命团队，并为价值流提供资金。

（一）长寿命价值流

组织首先要找出长寿命价值流。价值流是价值创造的流程，从确定需求到满足需求，有一个或多个价值消费者。你的企业组织结构可能已经被设置为价值流。价值流是有组织的人类活动背后的基本原理，也是组织持续运营的原因，无论你的组织性质是商业的、公共的还是慈善的。价值流有长寿命产品（例如，抵押或可再生能源发电），其中一些是信息技术产品，或由一个或多个信息技术产品支持（例如，抵押处理系统或近乎实时的能源发电显示）。一些价值流（通常占组织的20%）是内部共享服务价值流，如人力资源、财务、内部审计、房地产和法律。价值消费者来自内部，这些价值流需要支持外部的、面向客户的活动。（关于通过价值流交付价值的说明，见图5-4。）

价值流嵌套

价值流应该是端到端的，理想情况下应尽可能减少依赖性。它应该具有较高的内聚性（做好一件事）和低耦合性（对其他价值流的依赖性最小化，

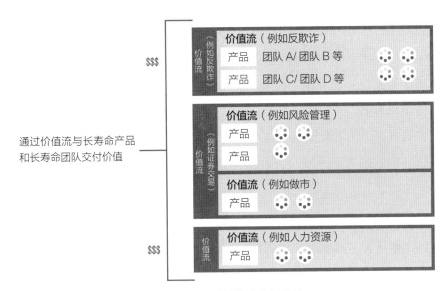

图 5-4　通过价值流交付价值

从而实现敏捷）。

重要的是，如图 5-4 所示，价值流是嵌套的，例如银行—投资银行—资本市场—交易—证券交易—做市。在最底层，价值流是一个团队型组织，成员数量不超过 150 人（即邓巴数，是人类智力允许人类保持稳定社会关系的人数极限）。Spotify 模型使用"部落"一词来表示团队型组织，再向上一个层级是团队的团队型组织等，始终按照逻辑价值创造来组织。（请注意，针对一种产品的所谓 Spotify 模型从来没有大到或复杂到需要嵌套的价值流或"部落"的程度。因此，当拥有许多业务部门和数百或数千种产品的大型复杂组织尝试采用所谓的 Spotinfy 模型时，往往会忽略这一点。）

同样，根据我的经验，企业中的信息技术人员的组织结构往往在一定程度上或完全不符合企业价值流。它通常按职业角色进行组织（例如，项目管理团队、业务需求分析团队、开发团队或测试团队）。

一个教训是，不要急于一开始就正确地识别价值流，不要在这上面花太多时间，这不是明智的做法，开始的时候，你要先检查和调整，然后带着有所改变的期望去做。没有对错之分，你只要能在具体情境下发挥作用即可。

识别价值流的一个指标是既不要过分粗线条（少数价值流包含大量产品），也不要过分细线条（众多价值流只针对一个产品，除非你的情境几乎不会重复且依赖程度低）。

价值流命名

我更喜欢采用"价值流"这一说法。用词非常重要，"价值流"一词可以清楚地表明它的方向围绕"价值"（因而也围绕价值主张与客户），而"流"则清晰体现了工作的流动。此外，这个术语在制造业中也很常见。

我曾有幸参观过一家喷气发动机涡轮叶片工厂。厂房屋顶上悬挂巨大的标牌，上面写着"商业航空价值流""私人飞机价值流"，等等。工作的实际安排是从左到右依次进行。工厂的设计是从左边输入原料，完成涡轮叶片制造后，从右边装载并输出。这样设计是为了在需求增加时能够扩建厂房（一直扩建到停车场），从而容纳更多价值流。但是，从现代制造业中学到的东西不适合知识型工作。归根结底，没有"一刀切"的方法，也没有最佳实践。作为一个组织，你应该使用最适合你的情境的表达，并做好检查和调整的准备。

价值流方向

组织的基本方向是围绕这些业务价值流，不要再区分业务和信息技术，不要说"业务"，应该说"我们的业务"。组织中的所有人都在"我们的业务"中。组织围绕价值和客户建立部落认同，可以将业务和信息技术结合在一起，让二者从命令下达者和命令接收者的关系转变为业务伙伴的关系，让所有人共同学习，共创成功。

例如，在一家金融服务公司，有一种信用卡价值流，它使人们能够现在购买商品，过后再付钱（加上利息）。为了做到这一点，它需要多个专业团队对安全价值的快速流动进行优化。价值流中的工作属于不同的领域，它会在各个领域之间转移，从复杂域到繁杂域，再到混乱域，再回到复杂域等。组织应对持续变化的独特的产品开发工作，采用敏捷方法，对重复的已知工作（如客户引导、付款），采用精益方法。两者都能对 BVSSH 结果进行优化。

重要的是，价值流通常不以客户画像（例如，"退休夫妇""学生""年轻的专业人士"等）为导向，也不以客户旅程为导向。每个客户画像或客户旅程都可以使用来自多个价值流的服务。我曾在一个组织看到，围绕客户角色建立价值流，会导致实际价值流的重复并提高依赖性，从而抑制敏捷性，例如，重复的客户引导、客户服务、贷款供应等。

如果你认为价值流是多层的蛋糕，那么客户画像、价值交付渠道和客户旅程就是蛋糕上的蜡烛。它们结合在一起，以人性化的方式提供价值流。在数字时代，从技术上来说，这些价值流可以通过应用程序接口（API）提供。实际上，它能使业务、人员和技术体系结构保持一致，具有高内聚性（做好一件事）和低耦合性（依赖性最低，流动性和敏捷性最高）。最终，你将拥有一个服务相互依赖的价值流网络。

产品开发

正如我们所见，长寿命价值流有长寿命产品（例如，抵押贷款、可再生能源的生产），其中一些产品本身是信息技术产品（例如，社交媒体软件），或者由信息技术产品支持（例如，抵押贷款处理系统）。在数字时代，几乎所有的产品都在某种程度上涉及信息技术。产品（无论是否利用信息技术，都应将业务和信息技术视为一体，称为我们的业务）的价值流能够应对变更，从而安全地将创新理念转化为增加客户价值与业务价值的功能。

例如，可能有这样一种假设：为信用卡设置一个一键式线上申卡功能，能够提高该信用卡的市场份额。相关组织完成产品开发价值流后，在手机应用程序中实现这项功能，可以将想法变为现实，从而验证假设。产品开发具有独特性和涌现性，因此最适合敏捷、快速反馈环路和安全试错。客户是否信任一键式的信用卡申请流程？是否存在服务水平低下的市场？应用敏捷开发，就有可能以最快的学习速度和最低的学习成本实现价值的最大化。这不仅仅是一项信息技术任务，也是一项"我们的业务"的实验，其中包括市场营销和法律。

信用卡信息技术应用程序本身并不是人们进行自我定位的价值流，除非该组织向其他金融服务公司销售信用卡信息技术应用程序。该应用程序更有可能是一个支持信用卡产品的信息技术产品。它是一种长寿命产品，被映射到信用卡价值流。信用卡价值流涉及多个工作领域（见 Cynefin 框架），包括持续的独特变化和重复的操作。如前所述，产品的价值流能够应对变更。

根据我的经验，在大型的、历史悠久的受监管组织中，产品开发价值流往往被通过具有形式控制权的政策和标准加以解释。内部审计在对团队进行审计时会使用该标准，因此，他们也要改进其工作方式。

作为形式标准，它通常还会导致产品开发价值流中的强制共性。形式标准并非"一刀切"的简化标准，其目标是确保产品开发达到最小可行合规性。第 6 章将更深入探讨这个问题。

这种形式标准往往是 BVSSH 的最大障碍之一，这类标准可以追溯到 20 世纪 70 年代，其概念本质上是瀑布式的。我听说一个组织的形式标准至少有 22 个强制工件，可选工件多达 45 个。在这个生命周期中，引领一次变更需要三个月，而每一次发布的版本都有变更。显然，它不适合数字时代的目的。

价值流动效率

价值流图（value stream mapping）是一个重要技术，能够对垂直和水平的价值创造流程进行可视化。它反映了工作系统的健康程度。这种方法适合与代表端到端流程各个环节的人共同完成。通常，虚拟房间中的人以前从未见过面，即使他们属于同一价值创造流程。当我们以虚拟或实物的方式绘制出流程图后（包括对"增值时间"和"等待时间"进行估算），总会出现一些令人幡然醒悟的时刻。

了解增值时间在端到端的总时间中所占的百分比，可以估算出流动效率，即工作时间与等待时间之比。正如第 1 章所说，在大多数大型组织中，知识型工作的流动效率很少超过 10%，90% 的时间都在等待，这实在令人震惊。更令人震惊的是，大多数组织都没有注意到这一点，甚至没有考虑过流动效率。

（二）长寿命产品

确定了使组织能够在经济、社会和环境方面实现其目标的价值流之后，接下来我们需要将长寿命产品映射到长寿命价值流中。这些产品可能不是信息技术产品，不受信息技术产品支持，或者完全与信息技术无关。例如，一个金融机构可能有一个股票交易系统，这个信息技术产品可以实现股票做市的价值流，在该价值流中，产品是场内交易的股票。所有大公司都有一个引导新员工的人力资源系统。金融科技公司可能会推出智能手机应用程序，用来管理个人财务，零售商可能会推出在线购物应用程序，社交媒体公司可能会推出应用程序。

你也可能有非信息技术的产品。例如，内部审计报告、研究报告、新闻稿等，都是独一无二的创造性产品，它们也可以利用敏捷方法。如果某件产品已经被制造了多次，工作中有"已知的未知"，那么精益方法是最佳选择。

在数字时代，如图 5-5 所示，将信息技术产品标记在价值流中，组织可以看到系统的重复，从而简化信息技术环境。根据我的经验，它能提供一个明确的一致性，而以前对简化信息技术环境的尝试都忽略了一致性。如果明显存在重复，组织则要根据信息技术产品做出投资或撤资的决策。目标是使环境尽可能简单，但不能过于简单。在某些情况下，将产品映射到价值流后，组织才能真正了解信息技术产品库存。

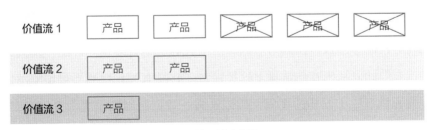

X= 缺乏战略意义

图 5-5 长寿命价值流上的长寿命产品

就"长寿命"一词而言，它的目标是"保持常青"。信息技术产品应该不断被重构，始终保持最新。如果保持不变，系统自然就会产生熵，进而导致杂草丛生。相反，在飞行途中不断对飞机进行升级，将其从双翼飞机升级为喷气式飞机，最后它会变成宇宙飞船。在旧的工作方式中，组织使用基于项目的方法，常常会引发"非本地发明"综合征：每个项目都会导致新的软件构建和信息技术产品数量的激增，然后应用程序就被弃之不顾，任由杂草生长，结果组织只能将其铲除和焚烧，开始另一个大预算、大爆炸式的构建。

将信息技术产品映射到价值流中，也能揭示庞大而单一的信息技术系统，它能跨越多个价值流。它要么部署一切，要么什么都没部署。这些通常被称为"大泥球"架构。这就是信息技术架构可能阻碍敏捷性的地方。

如果有一个跨越多个价值流的大型信息技术产品，企业就可以将该产品放在临时的共享服务价值流中。然后，随着时间的推移，企业可以将该产品分解为更小的组件（如微服务）。它们可以独立更新、发布，并纳入非共享的相关价值流中，从而实现高内聚和低耦合。这样可以减少依赖性，提高敏捷性。

最初，信息技术产品和价值流之间可能存在很多依赖关系，而信息技术产品不能被独立测试和部署。你需要花时间打破这些依赖关系，而不仅仅是管理它们。除了刚才提到的组件化，软件产品实现这一点的方法还包括共享代码所有权、内部开放源代码、服务虚拟化，以及让开发人员专注于共享服务价值流中面向客户的价值流。

信息技术产品情境下的一个重点是，所有软件开发都是独一无二的，因为同样的代码不会被多次编写。编写后的代码会运行多次。产品开发具有独特性，人们此前从未在此情境下这样做过。它具有涌现性和不可预测性，包括在同一情境中（同样的集成、数据迁移、数据、周围系统、流程或人员）安装此前从未安装过的第三方软件。

（三）长寿命团队

长寿命价值流有长寿命产品，也应有长寿命、跨职能的小型（理想情况下不超过 10 人）团队，从而可以在变革的背景下优化 BVSSH。团队会经历布鲁斯·塔克曼（Bruce Tuckman）所描述的团队发展阶段：组建、激荡、规范和执行。最重要的是，他们会团结一致。这与项目团队不同，项目团队会根据每个项目变化和解散。他们的时间被分割到多个项目上，并且形成基于角色的部落认同。

长寿命团队要理解客户未明确表达的需求。他们的跨职能性质意味着他们拥有交付端到端价值所需要的技能，并将"业务"和"信息技术"结合到"我们的业务"中。人们具备 T 形技能。他们是具有深厚专业技能的全科专家，期望并且愿意为需要帮助的团队提供广泛帮助。Spotify 模型使用"小队"（squad）一词。我个人更喜欢用"团队"（team）。实际上，团队会给自己起名字，这样可以增加其个性、认同感与社会联结。同样，与价值流一样，命名也没有对错之分。你只需要使用对你的组织有效的方法，并做好检查和调整的准备。

团队的跨职能性质最大限度地减少了与其他团队的交接和依赖，实现了流动、快速反馈、学习和敏捷。团队应该是"全栈式"的，能够独立交付和部署价值。在理想的情况下，这些团队是真正的跨职能团队，具体取决于情境、业务参与、用户体验、营销、信息技术、运营、合规等。

长寿命团队可能需要少数专家团队为产品团队提供更多专业技能。例如，金融服务团队可能需要低延迟网络专家的支持，以完成场内电子交易。（第 6 章会深入介绍合规的参与模式。）

小型卓越中心（也称为实践小组或行会）有助于培养技能，这一概念在欧洲与中世纪手工艺行会中尤其常见，例如，铁匠行会、金匠行会、皮革工人行会、面包师行会等。卓越中心旨在提升技能，分享创新、经验和理解，确定原则和标准，扫除障碍，以公仆型领导的方式提供帮助。涨潮时，所有的船都被抬高。例如，一个组织可能有一个架构卓越中心、一个质量卓越中心或一个工程卓越中心。这些卓越中心的规模较小，并不对员工进行集中管理。绝大多数员工主要与价值流中的小型长寿命团队保持一致。他们的部落认同首先针对的是业务价值流，其次才与卓越中心保持一致。卓越中心主要涉及 T 形技能组合的垂直部分，即专业技能。

为了跨越价值流和小型卓越中心进行共享学习，长寿命团队需要增设公开邀请、自愿参与的实践社区。流动性法则适用于此：参与与否是自愿的。这些实践社区倾向于达尔文主义，因为它们不靠人力维系生命。实践社区定期举行会议，促进共享学习、理解、社会认同，并帮助各个团队进行创新。

例如，我曾为 37 个实践社区建立并提供公仆型领导，其中一些实践社区已经暂停活动，但所有的实践社区都提倡自愿参与。在技术架构实践社区中，超过一半的与会者不是架构专家，这体现了实践社区的优势。这是一个好现象，它表明人们对学习感兴趣，并愿意广泛地共享学习。

长寿命团队与长寿命价值流相一致，创造出一种以价值流为中心的部落认同。团队成员不会认为"我负责业务"或"我负责信息技术"，而是认为"我们负责抵押贷款""我们负责奢侈品背包""我们负责直升机引擎"。组织的本质是，人们每天共同努力实现共同的业务结果。

角色

在长寿命团队中，我们观察到有一种方法对独特的产品开发情境非常有效，那就是在每个团队中设置三人领导小组（即三个关键角色）（见图 5-6），特别是在嵌套价值流的每个层级上。除此之外，团队成员还具备 T 形技能组合与一些专业技能。这三个角色分别是价值结果领导、团队结果领导和架构结果领导。

价值结果领导关注"是什么"，即对外面向客户、利益相关者，以及经济、人力和环境结果。价值不应该以社会或地球环境为代价。价值结果领导

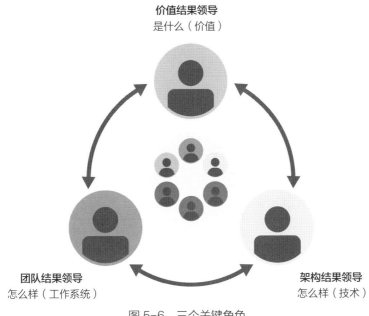

图 5-6　三个关键角色

关注更快、更安全、更令人满意地交付更高质量的价值中的价值。这个角色也被称为"产品负责人"，但这个词语来自 20 世纪 90 年代初，通过观察和调整，我认为适用于这个词语的时代已经结束了。现在这个角色更多的是针对价值和结果，因此，我认为应给予他一个更好的身份。用词与工作系统同样重要。这个头衔鼓励围绕价值和结果的自我认同，而不是像反面模式 5.3 那样，缺少对产品的长远眼光，只关注"我负责这个产品"，忘记与客户进行交谈，最后成为执行需求列表的自证预言。我在正面模式 5.2 中将进一步探讨，价值结果本身被表述为具有领先指标和滞后指标的季度结果假设。虽然每个人都在"我们的业务"中，但担任价值结果领导的人是主要的业务人员。这个角色的主要责任是业务架构和产品管理，即将事情做对。

团队结果领导关注"怎么样"，他针对的是工作系统与人。团队结果领导支持并帮助团队朝着更快、更安全、更令人满意地交付更高质量的价值的方向发展，从而对"价值"产生积极影响。这是一个关注内部的公仆型领导角色，帮助团队或团队型组织顺利交付价值。担任这个角色的人要协助团队清理障碍，建立持续改进的日常习惯，并担任团队的教练。如果一个团队已经采用了Scrum，那么这个角色可以被称为"敏捷专家"。但如前文所说，在大型组织中，"一刀切"的方法并不能优化结果。一些团队可能采用基于迭代的方法（如Scrum），而其他团队则采用基于流程的在制品限制方法。由于历史和文化的原因，一些团队甚至可能会在开始时采用较小规模的瀑布方法。"团队结果领导"的头衔强调，这个角色的任务是支持团队或团队型组织在"更快、更安全、更令人满意地交付更高质量的价值"方面朝着积极的方向发展。

架构结果领导关注"怎么样"，他们重点关注组织范围内的技术架构和工程原则与标准中的技术实现方式［敏捷团队中的这个角色灵感来自斯科特·安部勒（Scott Ambler）］。这个角色的行为立场应该是指导与公仆型领导。在团队层面不需要专门设置这样一个角色，它可以由某个成员兼任，通常是信息技术产品开发中的高级开发人员。在团队型组织中，价值流层面需要单独由一位成员全职担任该角色。这种架构是"透明盒子"或"解决方案"架构，重点是如何在该角色的水平价值流范围内开发长寿命信息技术产品。（它被称为"透明盒子"，因为架构专家已经打开了盖子，负责并处理内部工作。）例如，软件是否符合架构原则，比如高内聚和低耦合原则？软件编写是否合理？是不是一堆无法维护的代码？软件韧性如何？能否从容地处理失败？（我们将在第7章中更加深入地讨论这个主题。）绝大多数架构师（他们是实际操作的"球员教练"）都位于水平的、与价值流保持一致的团队中，并且处于嵌套价值流的各个层级上，如图5-7所示。

少数架构是企业架构（EA）。这是一种垂直于水平价值流的"不透明盒子"架构，为价值流中与团队一致的大多数架构提供治理、标准、支持和指导。如前所述，这个小组就是架构卓越中心（或实践社区或行会）。（根据我的经验，一个有效的模式是每个业务单位设一个架构卓越中心，组织整体设一个位于核心的架构卓越中心。）

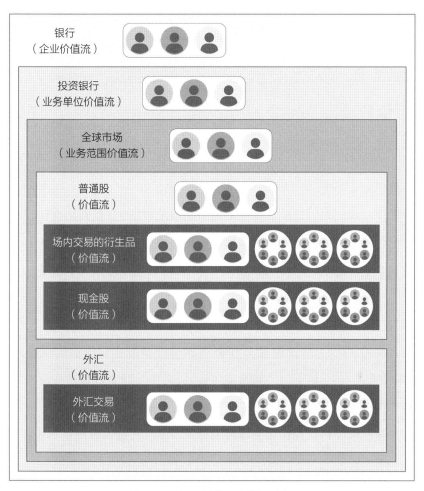

图 5-7　每一层的三人领导小组

此处企业架构的重点是整个组织的架构原则、最小可行标准、不透明盒子如何跨越价值流相互沟通，以及架构的敏捷性和韧性。之所以使用"不透明盒子"一词，是因为盒盖没有被打开，我们看不到里面的内容。重点是不透明盒子之间的架构模式。例如，架构卓越中心会关注如何从容地处理不可避免的故障。企业架构有强制性风险故事，是安全团队建设的一部分。详细内容请见第 6 章。

这三个角色存在于嵌套价值流的每一层上——团队层、团队型组织层

（如订单管理）、在价值流的上一层（如股权交易）等（例如，投资银行—银行）。

在数字时代的业务单位层面上，在产品开发的背景下，这样的三人领导小组分别是首席执行官（关注"是什么"）、首席信息官（关注"怎么样"，针对工作系统与变革）和首席技术官（关注"怎么样"，针对技术、韧性、可扩展性、"非功能性需求"）。对于大公司来说，这三个角色是集团首席执行官、集团首席信息官和集团首席技术官。这三个角色在各个层面上要作为一个整体进行工作。我们是否在验证正确的结果假设（价值）？我们是否在改进工作系统（更快、更安全、更令人满意地交付更高质量的价值）？从技术上说，我们是否在改进所有 BVSSH 结果？例如，发布新功能并招致技术债务是"我们的业务"决策，这将在以后产生额外的成本。

指导

这些角色的行为应该遵循公仆型领导与指导方式。他们的惯常用语是"我能帮什么忙？"，而不是"照我说的做"。各级领导者都应该提供指导。这尤其应作为受迫中层的明确责任。正如鲁斯在提到丰田的教练形与改进形时曾指出，强烈建议将指导作为领导者的日常习惯。详细内容请见第 6 章。

（四）为价值流动提供资金

资金与价值流一致。每个价值流及其长寿命团队都能分配到资金。资金是价值最大化的制约因素之一。对于知识型工作，价值流中的主要成本是人。这个成本不能（也不应该）轻易开启或关闭。它是从项目到产品、从产量到结果的转换。

资金不会被分配到项目，而是被分配到价值流。结果假设是为了最大限度地提高"价值生产力"。如果价值减少或没有实现，可以从优先待办列表中提取下一个业务结果假设，尽早尽快地调整方向。我们将在下一节中看到，业务结果有内置的价值衡量标准（即业务案例）。通常，由经过改造的项目管理办公室（详见后文）完成轻量级治理检查，确保业务结果编写合理，并延续到下一层级上的年度项目组合结果，确保战略一致性。这样可以优化价值的快速流动，将学习成本降至最低。经过大量洞察以后，我们可以在中途更换赌注。

在已知信息最少的情况下预测未来，提前设计解决方案，从而一次性获得项目资金（我们可能需要几年的时间才能看到价值，因此不如将一切都添加进去，并增加30%的缓冲，因为我们知道自己会受到打击，我们知道自己无法预测未来），这种做法已不适合当下，它会导致我们将具有涌现性和独特性的知识型工作视为确定性工作。这样一来，我们会预测解决方案、任务和收益，然后关注计划而不是结果。这就像在比赛中闭上眼睛，几乎不作了解就下一个固定的赌注，但实际上你可以在中途多次改变赌注。

为长寿命价值流中长寿命产品的长寿命团队提供资金，会限制通过快速反馈实现价值最大化。它会导致人们为了实现价值曲线的最大化而追求无实际价值的东西。当价值曲线开始趋于平缓（或者根本没有上升）时，人们会"切断尾部"（即停止该业务的工作，拉动下一项业务），然后重复这一过程（见图 5-8）。这些没有实际价值的东西可能被表述为季度结果假设，被认为

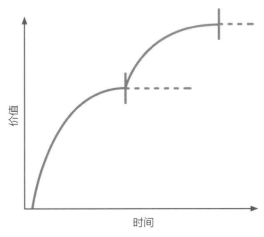

图 5-8 价值曲线最大化；切断尾部

是对客户、员工、公民和气候最有价值的赌注。因此我们需要经常向客户部署价值，尽可能获得对价值、对赌注的实时反馈，从而实现敏捷。

如果出现宏观经济上的变革或机遇，并且希望调整跨价值流的资金供给，那么一般情况下至少每三个月调整一次。改变知识型工作的资金分配，意味着将人们从一个价值流转移到另一个价值流。人们需要时间来适应新领域的发展速度，这会降低那些已经处在该价值流中的人们的速度。它也假设了技术技能是可替代的。

据我观察，改变团队工作优先级的是新需求的出现，而不是人的移动。例如，将更多时间用于监管结果，那么用于自主决定结果的时间就会减少。在极少数的情况下，比如英国脱欧，变革的支出整体增加，然后将其分配到各价值流中，工作在这些价值流中完成，中心价值流中有一个小型核心团队，负责监督嵌套结果。

随着跨职能团队越来越多地采用"开发运营一体化"的方法，"持续一切"，将"主要工作"和"次要工作"组合成具有优先顺序的待办列表和一个更加精简的信息技术运营的"抓—派"层，一些人只完成资本化工作（资本性支出，构建资产）、另一些人只完成运营工作（运营支出）的局面被打破。越来越多的人会同时涉及这两方面的工作。这体现在当我们有时间表的时候，时间表中有两个新项目："资本性支出"和"运营支出"。大家会输入大约的分配比例，例如用三天构建资产，用两天支持资产。随着时间的推移，在一个稳定的环境中，伴随稳态的"连续一切"，我们可能会根据经验确定团队或团队型组织在这两方面的分配比例，例如80/20，并在没有时间表的情况下使用该比例。

综上所述，为了优化端到端的安全价值的快速流动，组织需要针对长寿命价值流的长寿命产品安排跨职能的长寿命团队。

优化安全价值的快速流动至关重要。《数据化决策》（*How to Measure Anything*）的作者道格拉斯·哈伯德（Douglas Hubbard）认为，影响产品开发投资的最重要的因素首先是该产品或功能是否会被使用，其次是它多快才能被使用。这些因素比成本等其他数据更为重要。如果产品或功能得不到使用，它只能是二进制的。投资被浪费了。因此，重要的是优化价值实现时间，即使只是一个价值切片的时间。另一种思考方式是考虑延迟成本，即由于上线时间较长而未能实现的价值。你需要多长时间才能持续不断地将创新的想法变成交付给客户的价值？

■ 案例研究：美国合众银行（U.S. Bank）的转型之旅

美国合众银行创立于 1863 年，现拥有 1800 多万客户，70 000 名员工。银行认识到需要改进工作方式，以应对几个新挑战：金融科技对其传统市场的侵蚀；客户人口结构的变化；客户对数字渠道的渴望。工作方式领导者沃纳·洛茨（Werner Loots）解释道：

"从 2017 年底开始，我们确定了三个关键业务领域，并组建了团队，以更加敏捷的工作方式应对机遇。其中一个优先事项是显著改善小企业贷款流程。当时，客户的贷款流程十分烦琐：客户需要先到分行，提供 120 多个字段的数据，整个流程平均用时 11 天。因此我们提出了大胆的设想，通过数字方式完成贷款流程，让客户在 15 分钟完成从申请到拿到贷款的手续，主要的预期结果是提高客户满意度，其次是提高业务效率。

"2018 年 1 月的第一项任务是组建一个跨职能团队，成员来自组织各个部门（业务、信息技术、合规、风险、法律、设计等），其中包括产品负责人、敏捷专家和敏捷教练。情境也很重要，因为团队必须应对 21 个不同的信息技术系统以完成其业务成果。

"所有人就核心工作原则达成一致意见。这些原则以'客户至上'为基础，包括赋能、空间并置、专注、时间可控的阶段以及对结果的关注。专注和面对面的想法对每个人来说都是陌生的，坐在没有办公室或隔断的开放区域办公，这让很多人感到有点害怕。

"在一位经验丰富的敏捷教练的指导下，团队完成了敏捷思维的启动，随后进入设计冲刺阶段，创建故事图并构建人物角色。过去，美国合众银行会在前期进行大量的研究和分析，并定期让客户参与设计会议和共同创造和反馈，但这并不是一种成熟的方式。如今团队很快意识到，他们正在进行一项与以往完全不同的工作。业务领导者和技术人员坐在一起，设计师主持与客户的讨论，尽早认识风险而不是在做出决策后再谈风险问题，所有人都有发言权——早期证据表明这确实有一定的效果。

"客户走进办公室成了稀松平常的事。他们每两周来一次办公室。在客户不来的时候，我们会邀请商业银行家。最值得强调的是，每周举行的共同创造和反馈会议发挥了巨大的作用，它重新定义了客户至上的真正含义。

"在与小企业主合作时，我们的业务团队非常关注小企业账户获得资金的速度。快速是一种压力，直到有一次客户说：'你一直在说快，但如果流程复杂，我就做不到快。'这是团队的一个重要转折点，此后他们将注意力集中于过程的直观和简化。速度成为这两个重点领域的一个优势。客户还引导团队进行了另一项重大转变。这项重大转变同时也使他们自己能够快速获得贷款，最重要的是能让团队快速做出决策。一旦做出决策，他们就可以在资金汇入账户的同时开始规划。

"组建新团队并以新的工作方式开始工作后，在不到 4 个月的时间里，团队首次在不到 15 分钟的时间内交付了第一笔数字小企业贷款。在后续演示中，信息技术主管被问及，如果采用'旧'的工作方式，我们需要多长时间才能完成这项任务。他说：'至少两年。'面对同样的问题，业务领导者说：'哦，很简单，我们永远也不可能完成。我们会在完成之前就把它报废。'作为一个长寿命、高效能的团队，大家齐心协力，抓住一个又一个新的业务成果机会。他们无法想象重返原来的工作方式，回到自己原本的工作角色和基于流程的职能筒仓中。"

正面模式5.2 结果假设

在数字时代，新的生产方式和具有涌现性的工作出现，环境瞬息万变，确定性思维和大型的、详细的、预先设计的解决方案成为一种反面模式。环境发生了变化，两吨重的里程碑变成了阻碍你前进的磨石。里程碑已不再适用于具有涌现性工作。

为了在产品开发的情境下优化安全价值的快速流动，我们需要从确定性的、固定的、大型的、预先设计的解决方案转向实验性的结果假设。从关注产量到关注结果，从遵循固定计划到实现价值最大化。我们将这种模式分为五个部分：涌现、嵌套结果、业务结果、逐步推进路线图和固定日期，以及从项目管理办公室（PMO）到价值赋能团队（VET）。

（一）涌现

如前文所述，产品开发具有涌现性。这项工作是独一无二且不可知的。组织是复杂适应系统，它们是不可预测的。我们无法准确预测人们想要什么、如何构建它、我们将在途中遇到哪些障碍，以及外部市场力量将如何随时间而变化。我们无法穿越时空，也无法看到前方的完整道路。

也就是说，我们应该有明确的"北极星"，即明确的使命。这是"大处着眼，小处着手，快速学习"方法中的"大处着眼"。它为获得授权的团队提供了高度一致性和明确的方向。对于这类知识型工作，"北极星"不是一个固定的解决方案，也不是预先设定的截至某一时间的产量。从A（现状）到B（预期结果）的过程中没有已知的直线路径。从A到B的距离越远，我们对旅程的了解就越少。它超出了我们的知识范围（见图5-9）。

如图5-9所示，现实中的旅程是一条从A到B的未知曲折路线，我们需要克服障碍和沿途不断浮现的"未知的未知"，以实现业务结果的最大化［BVSSH中的"V"（Value价值）］。业务成果是以假设（赌注）形式表述的业务价值，因为没有人确切地知道将要发生什么。你可以收集数据见解，但找到答案的唯一方法是去做。工作系统应针对快速反馈、安全试错和心理安全进行优化，从而尽早、尽快地验证业务结果假设。

图 5-9　从 A 到 B 的旅程

注：本图借鉴迈克·鲁斯的著作《丰田套路》。

对于具有独特性的工作来说，我们希望最大限度地提高可变性，在某些情况下，可能会选择进行多次实验，以最大限度地学习和降低风险。例如，从一小部分有代表性的客户那里获得多个原型的反馈。这种方法可以帮助我们在中途改变赌注，甚至根据快速反馈决定放弃这场赌局，转向另一场赌局。

（二）嵌套结果

嵌套结果能够满足战略一致性和内在效益实现。用嵌套假设和不同节奏的反馈环路取代里程碑：每日、每周、每月、每季度、每年和每几年。重点不是预先设定的截止日期，而是季度结果假设：业务结果（目标与关键成果）。结果有日期（后面更多的是固定日期）。也就是说，重点不是活动，而是结果，领先和滞后的价值衡量指标（关键结果）都是为了尽早尽快将潜在价值交给客户。这是关于价值曲线最大化的问题，不是关于用户验收测试中途的对话。更确切地说，对话的主题是"在新服务试行中，客户的净推荐值是否达到 +50？"。

季度这个时间段既不太近也不太远。它略微超出我们的知识范围，但又没有超出过多。每个季度的业务结果包括每月用来验证假设的"实验"。这些业务结果又被分解为"故事"（最小的潜在价值项），每天都会出现，并且可以选择将其转换为每小时的"任务"。理想情况下，我们应该经常（每天或每周）向客户释放价值，不要到了季度末才进行首次部署。这样可以提供快速反馈环路，从而实现学习、洞察并且有能力进行调整。它能对多年战略意图快速反馈，从而提高业务敏捷性。

纵观结果层级，季度业务结果被划分到每个价值流的少数年度项目组合实施中。这些项目组合实施也被称为结果假设。从这里开始进入战略一致性阶段。年度项目组合实施被分为多年期项目组合目标，这些目标是业务单位层面的战略项目。对于大公司而言，这些目标都包含在少数战略目标中，后者是跨越整个组织的最高层的战略意图。

这种嵌套结果的结构（如图 5–10 所示）非常强大。有了可视化和使嵌套结果透明的工具，人们可以处理一个两小时的任务，然后单击结果层次体系，查看他们的任务如何与少数战略结果之一相匹配。工作在一线的人最适合进行创新，以实现预期结果，保证战略一致性。

从多年期战略意图到日常故事，嵌套结果都是垂直呈现的。每个层级都应该有自己的实物看板和虚拟看板对工作系统可视化。在结果层次体系的各个层级上，在制品是有限的。每个层级的结果都以拉动为基础，并针对流程进行优化。同时进行的业务结果不应超过三到五个，并且要避免过多的领先指标和滞后指标，以免陷入度量地狱。记住：少即是多。

例如，信用卡供应商的多年期项目组合目标中可能包含一个期望结果，即跻身市场份额前三名，以扭转衰败的趋势，提高盈利能力，实现持续的有

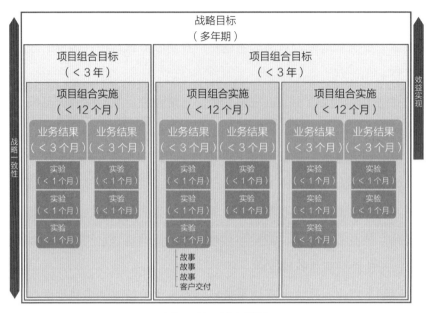

图 5-10　战略目标

酬就业，并帮助更多人拥有可靠的资金流动性。年度项目组合实施可能是这样的假设：与航空公司推出合作伙伴卡。季度业务结果可能是这样的假设：向至少一位客户发放一张合作伙伴信用卡，并在现场利用它进行至少一次端到端的交易，以降低交付风险。这样你就可以在安全试错的环境中快速学习，并使客户得到更多航空里程或现金回馈，进而提升市场份额。这种方法以结果为导向，使用商业语言（而不是信息技术术语），可以获得真实的反馈、经验和根据度量指标进行调整的能力。

从这个例子中可以看出，结果并不是级联关系，它们不会以传统的命令下达者与命令接收者的方式毫无改变地传递下去。但结果具有一致性。它们的时间范围较短，被映射到嵌套值流中较低的层级，我们将在下一个模式中看到。它们由人编写和"承认"，特别是嵌套价值流中每一层级的三人领导小组。

与其一次性吃掉大象，不如瞄准大象肉。组织的目标是让真正的客户能够拿到最薄的垂直价值切片。这样可以降低交付风险，最大限度地提高学习效率，为战略赌注提供快速反馈。

（三）业务结果

将独特的产品开发工作表述为结果假设，这样会产生一个明确的预期，即这是一个假设，它可能是无效的，并且只有在工作发生时才会发现"未知的未知"。它还提供了一个明确的预期，即实验是必需的，人们可以运用自己的头脑找到最佳验证途径，或者判断结果假设是否值得继续验证。

你可以写一个这样的结果假设：

基于＜这条见解＞。

我们认为＜这个假设＞。

将导致＜这个结果＞。

当＜行为价值领先指标（如呼叫中心的呼叫次数或应用程序的下载次数）和行为价值滞后指标（如销量、市场份额、客户净推荐值或碳排放量）＞，说明这条道路是正确的：

指标1：量化的且可衡量的领先指标或滞后指标

指标2：

指标3：

例如：

由于客户净推荐值下降和新账户申请数量减少，我们认为，将线上申请用时缩短到5分钟之内，而不是要求客户在店内进行新账户申请，将提高客户的满意度。

如出现以下情况，说明这条道路是正确的：

指标1（领先指标）：本季度客户焦点小组净推荐值为+50或更高。

指标2（领先指标）：本季度移动应用程序下载量比上一季度增长5%。

指标3（滞后指标）：6个月内在线新账户申请每月增长5%。

指标4（滞后指标）：到第三季度末，客户净推荐值增加了10个百分点。

需要重申的是，这是一个假设，价值与领先指标和滞后指标挂钩，这些衡量标准与客户行为、公民和气候相关，确保结果不会对社会或地球造成任何损害。业务结果衡量标准并不意味着测试的完成或信息技术系统的实现，它是达到目的的手段。它们是对业务价值的定义。

随着时间的推移，随着掌握程度的提高，我们可以考虑把业务结果写成登月，将其视为延伸目标。按照传统方式设定的目标往往会使人们碌碌无为，适度承诺，或可实现目标。实现 60% 到 70% 的业务结果就是做得好。如果经常能够 100% 地实现业务结果，说明"大处着眼"做得不够。《谷歌十诫》中写道："我们为自己设定了目标，我们知道自己还无法实现，因为我们知道，通过努力实现这些目标，我们可以超越预期。"

为了编写目标与关键成果，你可以使用画布，如图 5-11。这个业务结果画布与 12 个月的项目组合实施结果具有战略一致性，包含客户角色视图以及潜在的客户问题、机会和利益，结果假说，领先指标，以及滞后指标。

业务结果（目标与关键成果 <3 个月）
北极星指标：[项目组合史诗（<12 个月）]

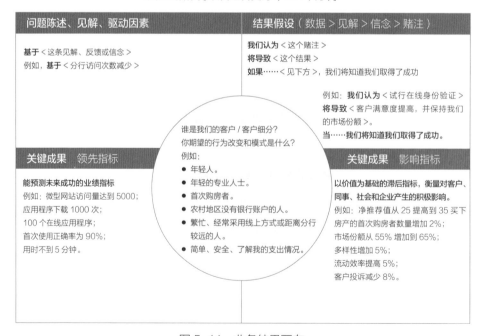

图 5-11 业务结果画布

（四）逐步推进路线图与固定日期

简要概括来说，季度业务结果本身就有一个日期，即每季度一次。在这期间有每月实验和每日故事，理想状态下，还要每天将价值交付到客户手中。重点从计划中的日期转移到正在进行的结果和下一步要做什么。计划在多个嵌套节奏下持续进行。用艾森豪威尔的话就是："计划无用，但计划也必不可少。"

一个成功的模式是一个显示季度结果的 12 个月逐步推进路线图，从多年期结果和年度结果逆向开始工作。近期的结果偏向细粒度；远期的未来结果偏向粗粒度，因为未来距离遥远，不确定性大。英国政府在规划其 GOV.UK 在线服务的开发时，特意选择了一个弧形玻璃隔板来绘制他们的路线图。未来总是遥不可及的，他们确实看不到拐角处有什么。

如果不需要固定的时间，就不要人为确定固定日期，不要让自己陷入困境。我见过很多领导者坚持在固定的日期完成固定的产量，结果限制了组织对学习的响应能力，进而限制了价值。我们需要关注的是尽早尽快地交付价值和学习。

在有些情况下，人们需要固定的范围和时间，例如 2008 年次贷危机后颁布的《通用数据保护条例》（GDPR）和《多德–弗兰克法案》（Dodd-Frank）等强制性的监管变革。我也实施过许多强制性的监管举措。它们都有固定的时间和范围，延迟成本很高，如果不实施，业务活动就要停止。这些举措的实施都利用了敏捷原则，尽早完成。我发现，即使你认为范围是固定的，但立法的编写方式往往能让我们以近乎无限的方式来执行。此外，即使你认为规则书写是固定的，但实际上可能并非如此。

例如，大约在 2012 年，在我领导的价值流中，我们实施了英国版《多德–弗兰克法案》金融立法中风险最大、最难以理解的部分。团队用生产数据对其进行了测试，并在第一个月内获得了一些见解，表明这项立法将使英国在全球其他金融中心的竞争中处于劣势。我们将这些见解提交给英格兰银行，他们对立法做出了调整。

瀑布方法将学习和价值实现放在最后，它关注里程碑和产量，而不是结果。对于固定日期和范围的工作来说，这种方法的风险过大，会导致业务活动停止。组织应该尽一切努力消除无知，尽快完成学习，并尽可能多地采取行动。

（五）从项目管理办公室（PMO）到价值赋能团队（VET）

从临时项目转向长寿命产品，后者有长寿命价值流上的长寿命团队与逐步推进的结果假设，因此传统项目管理办公室的角色发生了变化，调整为公仆型领导团队，专注于"更快、更安全、更令人满意地交付更高质量的价值"中的"价值"。为了明确身份的变化，重新对团队命名会有所帮助。例如，可以将它命名为"价值赋能团队"或"价值实现办公室"（VRO）。

价值赋能团队能够指导和支持团队阐明并衡量业务结果，协助团队确定待办事项中业务结果的优先级，指导各层限制在制品，确保嵌套结果层次体系的一致性，帮助收集领先指标与滞后指标的数据，并每月为价值流团队提供综合数据，对每季度和每年的结果假设进行检查和调整。有关该主题的详细内容，请参阅我在 2018 年 DevOps 企业峰会上的演讲《PMO 已死，PMO 万岁》（*PMO is dead, Long Live the PMO*）。

关于业务结果的优先级问题，我们需要关注延迟成本，也就是不作为成本。它是一个预测视图，反映了从现在开始与以后开始，随着时间推移的收益（收入增加或成本规避）差异。例如，如果一件新产品上线晚了，可能意味着市场份额几乎没有了，因此要么现在就做，要么就不做，因为延迟成本很高。

如果需要停止业务运营，或者如果因未能执行规定而被处以巨额罚款，监管工作也面临很高的延迟成本。建议采用延迟成本除以持续时间（CD3）的方法进行优先级排序，这是一种加权最短作业优先（WSJF）的优先级排序方式。也就是说，这是每单位时间的延迟预计产生的最高成本，也是确定优先级的有力指标。

在正面模式 5.2 中，将固定的解决方案中的固定里程碑替换为结果假设，从而改变了问题。我们不再问"完成了吗？"，而是问"我们观察到了什么价值，学到了什么，下一步应该采取什么措施来接近预期结果？"。

正面模式 5.3 智能流动

为了避免陷入无头苍蝇的反面模式，我们需要关注一致性，将水平嵌套价值流与垂直嵌套结果层次体系结合在一起。每一个在长寿命价值流中制造长寿命产品的长寿命团队都要有明确的业务结果假设。

清晰嵌套的"北极星"指标可以保证较高的一致性。由于跨职能团队已获得授权，可以发挥自己的才智，并且能够决定（在安全护栏内）如何最好地实现这些嵌套的北极星指标，因此他们也有很高的自主性。从顶层到日常故事的战略是统一的，季度业务结果指标明确体现了价值的实现。

当水平价值流与垂直结果层次体系一致时（见图 5-12），跨职能团队拥有实验的共同目标和共同任务。这会消除传统组织中划分业务和信息技术的行为边界。人们共同努力，通过实验验证并实现期望结果，而不是建立一种命令下达者和命令接收者的关系。"部落"是价值流而不是职能角色。

敏捷团队不再是无头苍蝇，不再与战略意图脱节。他们不再是自我实现的功能工厂。相反，敏捷团队有明确的战略一致性，采用双向战略——向下和向后，并快速测试和学习。

一般来说，季度业务结果可能需要跨越多个价值流，但月度实验却不需要。作为业务结果的一个切片，月度实验仅与一个价值流保持一致，通过频繁部署到生产中的每日故事快速学习。其他价值流中的功能可以通过服务虚拟化来模拟。理想的情况是，随着时间的推移，依赖关系被消除，这样每个

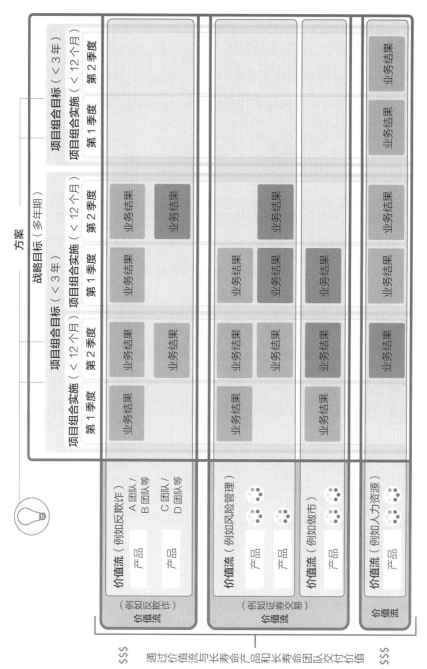

图 5-12　智能流动

价值流都可以独立地、按照自己的节奏部署变化。组织可以通过重新架构、共享代码所有权、内部开放源代码、功能切换等方式来实现。根据情境，组织可能需要跨越价值流进行整合测试，最好是小规模、高频率，甚至每天进行。

总而言之，在产品开发的情境下，长寿命、跨职能团队（"我们的业务"）的成员聚集在一起，共同研究长寿命产品和长寿命价值流，这种模式在横向上有清晰嵌套的结果假设，它们有多种多样的开发节奏，在纵向上则能优化"更快、更安全、更令人满意地交付更高质量的价值"。

正面模式 5.4　暂缓开始，聚焦完成

为了优化快速的价值流动和转型能力，与反面模式"为了开始而开始"相对应的正面模式是"暂缓开始，聚焦完成"。马路上的汽车越少，行驶的速度就越快。正如反面模式 5.4 中的利特尔法则所阐释的那样，减少在制品，缩短前置时间，提升实现价值和学习的速度，可以降低交付风险，实现关键转型，实现价值最大化。

此外，通过拉动工作而不是推动，限制在制品，这是提高敏捷性的"赋能约束"。它具有强制性。当一项工作由于障碍受阻时，团队不会拉动另一个工作项目。这样组织才能看清楚阻碍流动的障碍，让团队成员蜂群式协作，群力群策，解决障碍。在基于拉动的系统中，一个项目在完成或停止之前不能拉动另一个新项目，会导致一些人无所事事。因此组织应努力缓解瓶颈，永久改善流动，缩短价值实现和学习时间，改进工作系统。

减少在制品就像看着海水退潮，暗礁与被当成垃圾扔进大海的购物车便暴露出来，它们相当于阻碍流动效率的障碍。这些障碍一直存在，但过去漫长的前置时间和大量并行的工作将其掩盖了。

可视化

为了暂缓开始并聚焦完成，组织应将有关工作系统的信息扩散出去。在

理想情况下，有一个虚拟和实体的企业可视室（EVR），我们通过它可以看到工作系统。很快，在制品过多和项目拥堵的情况就变得显而易见，以前看不见的知识型工作系统变得清晰起来。这往往是人们第一次真正看到完整的端到端的价值流。我们可以设置多个看板，代表多种开发节奏（多年期、年度、季度、月度、每日）以及累积流图。这种可视化可以提高我们的洞察力，让我们看到周期时间、前置时间和随时间变化的吞吐量。很快，我们就可以了解工作系统的健康状况，以及从关注中受益的区域。

拉动，不要推动

"暂缓开始，聚焦完成"模式的一部分是，确保完成一个结果、实验或故事之前，不要拉动另一个结果、实验或故事。这使工作系统成为一个基于拉动的系统，而不是一个基于推动的系统。每个工作系统都有一个自然容量，即自然吞吐量，这由它的瓶颈所决定的。在基于拉动的工作系统中，工作可以在系统容量内流动，从而揭示容量本身，使我们可以对容量进行改进。

■ 案例研究：Moonpig 如何实现业务敏捷

Moonpig 是一家在英国、美国和澳大利亚销售个性化贺卡、鲜花和礼品的数字企业。2007 年，该公司占领了英国 90% 的在线贺卡市场。曾任该公司敏捷教练的阿曼达·科尔普斯（Amanda Colpoys）解释道：

"2015 年，Moonpig 新上任的产品总监简·霍尼（Jane Honey）发现产品与技术职能和公司的其他部分缺乏一致性。产品与技术职能被普遍视为服务交付能力，数字产品方案往往是战略性的、被动的且受意见驱动。她主张围绕结果采取更具战略性的方法并取得了成功。她建议围绕关键任务组建跨职能团队。

"我们将这种跨职能团队称为'蜂巢'。他们将产品、技术和业务合作伙伴聚集在一起，围绕战略成果，在安全护栏内自主决定如何实现这些成果。得益于蜂巢模式，跨职能工作的概念成为产品与技术之外的主流，人们认识到与任务高度一致、高度自治和高度协作的好处。

　　"虽然蜂巢模式显著改善了数字产品的开发，但在组织的其他地方却未必如此。共同目标的缺失和关卡式的瀑布流程带来了挫折。产品与技术部门采用基于实验的方法，但组织的其他部门仍以产量为重，并以大爆炸方法为导向。数字产品实验的交付周期很短，而一封关于活动的电子邮件可能需要长达四个月的时间。在某些情况下，敬业度也存在很大差异，产品与技术部门的敬业度是其他部门的两倍。

　　"简而言之，产品与技术部门正在更快、更令人满意地交付更高质量的价值。因此总经理詹姆斯·斯特罗克（James Sturrock）开始考虑在组织内全面推行敏捷工作方式。这给蜂巢模式带来一次迭代。在本地情境下展现了优势以后，接下来所有面向客户的职能部门都被重组为围绕任务的跨职能团队。我们决定将它们称为小队。小队的一个原则是，每个小队都必须努力完成一个明确的任务。小队之间可以相互独立，这样可以提高敏捷性。随着时间的推移，依赖关系被打破。小队将实现目标所需的技能集中起来，并且能够自主决定如何在最小可行护栏内实现目标。

　　"职能部门本身仍在继续发挥作用，它们的角色已经变成技能社区，用以培养特定学科的优秀人才。职能部门不再设置目标或规定做什么，而是专注于如何以高标准完成工作。作为持续改进的一部分，我们不断对小队结构进行迭代。我们致力于使人们从一开始就为变革做好准备。我们传达的信息是渐进式的信息。随着我们不断发现障碍以及业务发展和规模扩大，我们希望能够不断迭代。

　　"这段旅程从未结束，但变革的结果是积极的。我们能够取得成果，而且常常超出预期。小队实现了健康的收入增长，创造了更多的价值。交付时间从几个月大幅缩短到几天，这意味着我们可以更快地交付价值。满意度和敬业度也有所提高。对员工的调查显示，他们感到一致性更高，更有能力成功地实现自己的目标。不断改进运营模式，这使 Moonpig 能够继续成长，并保持其在线贺卡和礼品领域的主导地位。

"我已经明白，不存在'一刀切'的方法。你必须根据自己的情境进行优化。这是一个漫长的旅程，但它是值得的，令我们受益匪浅。从小处着手，现在就开始。"

小 结

更快地交付价值

流程并不是轻易就能看得见的东西。事实上，很少有人能在自己的价值流中看到端到端的流程，就如周一早上在咖啡馆排队，排在队尾时，你几乎什么也看不到。因此，人们倾向于在职能筒仓中完成局部优化，而不是改善端到端流程。

组织不应将重点放在局部优化上，而是应放在长寿命团队在长寿命价值流中开发的长寿命产品的端到端流程上，应该用结果假设取代固定的、不可移动的里程碑。结果假设具有规律的节奏，用以实现更快地交付价值，其中一些结果可能有固定日期。目标一致可以将无头苍蝇似的团队变成有目标和方向的群体，"暂缓开始，聚焦完成"可以确保工作流动的可持续性，并更快地交付价值。

这些模式可能还无法让本地咖啡馆正确拼写你的名字，但你可以期望它们在涌现领域优化价值流动。

原则

优化安全价值的可持续快速流动。

长寿命价值流上负责长寿命产品的长寿命跨职能团队与客户保持一致。

根据价值流形成部落认同。

人类是部落的，最初的身份认同应该针对价值流和客户，而不是对职业角色的专业分化。

结果假设取代解决方案的里程碑。

通过结果假设和实验来利用涌现性。

具有战略一致性的嵌套结果。

暂缓开始，聚焦完成。

限制各层在制品。

路上的汽车越少，行驶的速度越快。

拉动，不要推动。

拉动工作可以让我们看到系统的自然容量和阻碍流动的障碍。

障碍不在道路上，道路本身就是障碍。

6

第 6 章

把事情做对：

智能控制

2017 年 6 月的一个下午，在哥本哈根，全球航运服务集团马士基集团（A.P.Moller Maersk）的员工注意到笔记本电脑出现异常。计算机自动关闭，然后重新启动。一些计算机屏幕上出现黑色和红色的警告文字："修复文件系统。"另一些计算机则宣告"哎呀，你的重要文件已加密"，好像这些计算机已全部遭到黑客攻击，需要大约 300 美元的比特币才可解锁。

马士基集团在全球范围内有 88 000 名员工，他们都没有想到接下来会发生什么。随着整个组织中一排排个人电脑陷入黑屏，信息技术部门逐渐意识到了问题。马士基集团旗下的公司遍布 130 个国家，财政收入达到 350 亿美元，而现在它即将一蹶不振。在接下来的两个小时里，笔记本电脑、工作站以及整个电话与操作控制系统全部中断。全球各地的组织都受到了影响，由于码头控制设备和集装箱货单被删除，马士基集团所处理的全球贸易中有 20% 的业务无法进行。马士基集团受到了 NotPetya 勒索病毒的攻击。

马士基集团董事会主席吉姆·哈格曼·斯纳布（Jim Hagemann Snabe）随后在达沃斯世界经济论坛（World Economic Forum in Davos）向一个网络小组解释说，马士基集团并不是对方的攻击目标，只是被一起由他国实施的针对乌克兰的网络攻击波及。尽管国际社会仍在讨论如何维护网络公共空间的安全，但企业没有时间等待。马士基集团的重建工程十分庞大。此次网络攻击给它造成的损失约为 3 亿美元，NotPetya 病毒在全球造成了 100 亿美元的损失，其中马士基集团的损失占 3%。蠕虫病毒肆意传播，影响到世界各地的公司、公用事业、汽车站、加油站、机场、银行和医院。

斯纳布观察到，马士基集团在危机期间只能依靠人力进行复原，将操作回归到纸质系统，才能维持 80% 的业务。然而，展望数字未来，"自动化程度日益加深"，船舶本身也变得自动化，马士基集团的董事会主席认为，"这一警钟（来得）正是时候"，因为人类的复原力不足以抵消我们日益增长的数字依赖性。稳固的网络安全是一种竞争优势，对个人、经济和社会的影响远远超出了局部的短期损失。

本章将讨论"更快、更安全、更令人满意地交付更高质量的价值"中"更安全"的方面。本章将阐述随着产品开发的加快和敏捷性的提高，与风险管理和控制相关的反面模式和模式。本章侧重于操作风险类别〔如《新巴塞尔协议》（Basel Ⅱ）框架所述〕，包括欺诈、工作场所、业务操作、法律、监管、连续性和韧性等风险类型，以及企业架构和数据治理等执行风险。但本章不讨论战略风险，即第 5 章所讨论的由于糟糕的战略决策所带来的损失风险。

我最近遇到的一位首席信息官在启动会议上说："你们这些敏捷专家都很好，但当你们撞上风险和控制的大门时，就不得不放慢脚步。请让我看看哪位敏捷专家准备好了风险和控制议程。"这是一个重要提示。在之前的工作中，我负责重新起草产品开发的风险和控制标准。这需要重新定义意图，并采用比"一刀切"的多关卡和多工件的传统审批模式更加精简的方法。通过与来自风险和合规社区的团队合作，这一方法已被数以万计的员工成功采用，从而改进了风险结果和控制创新，并实现了持续交付。事实证明，应用敏捷和精益的概念后（采用与本书中其他模式一致的方式），我们可以加入某种行为刺激，从而更快、更安全、更令人满意地交付更高质量的价值。

每个公司都离不开客户的信任。数据泄露是一种新型"石油泄漏"事故。数据泄漏可能是软件导致的，但其根本原因不在软件。它们是商业领域的重大问题。在过去 10 年中，数据泄露的频率和规模一直在稳步提高，监管机构提出的罚款金额也在稳步增长。在欧盟，2018 年出台的《通用数据保护条例》将罚款额提高至年度营业额的 4%。据报道，仅在 2019 年 7 月，英国航空公司（British Airways）就因数据泄露而面临创纪录的 1.83 亿英镑巨额罚款；万豪国际酒店集团（Marriot）完成收购后未解决被收购公司的数据泄露问题，被罚款 9900 万英镑；艾可菲公司（Equifax）同意支付 7 亿美元，以解决从 2017 年开始的数据泄露问题；在美国第一资本金融公司（Capital One）发生数据泄露后，董事长理查德·费尔班克斯（Richard Fairbanks）公开道歉："我对所发生的一切深表歉意。"你的公司是否也有"石油泄漏"的风险？

没有人能够完全躲开网络攻击，特别是随着国家行为体的出现。WannaCry 勒索软件攻击了 150 个国家的 23 万个计算机系统，给全球带来约 40 亿美元的经济损失。它还给英国国家医疗服务体系的医院造成了严重混乱，导致 20000 个医疗预约被取消。几个月后，NotPetya 勒索病毒暴发，在全球造成了 100 亿美元的损失，几乎摧毁了马士基集团和默克制药公司（Merck）等大型跨国企业。

随着产品交付节奏的加快，我们需要提前建立运营风险应对措施，而不是事后再检查。戴明曾说过："用烤面包来打比方，（事后检查）相当于'你把面包烤焦了，那么我会将烤焦的部分刮掉'。"任何事情都可能出错。与传统方法相比，新的工作方式提供了更多的控制，频繁对正面模式 7.3 所描述的松散耦合技术组件进行小规模变更，从而使你的大脑可以应对复杂性，并降低交付风险。

反面模式 6.1　安全领域内缺乏安全性

治理、风险与合规管理社区人员（我称之为"安全领域"）明白，他们位于前线。他们必须设计系统和流程，保护组织免受可能有国家资源支持的攻击，同时在安全需求与允许自由创新的商业压力之间寻求平衡。

这个反面模式指的是大型传统组织的安全领域内缺乏安全性。

安全领域的人员处境艰难。安全从业者经常听到的一句话是："工作太多，人手不够。我们根本无法回顾每个人所做的每件事。"但第 4 章所描述的领导力反面模式仍然非常真实，这是传统企业的现实。无论是 1966 年的阿伯万对波音公司的检举，还是一个就在你身边的组织，如果人们因害怕丢掉工作而不敢表达意见，那么结果都是不健康的沉默，问题将被掩盖。如果安全领域缺乏心理安全，就会妨碍组织学习，增加运营风险。

格里菲斯大学位于澳大利亚布里斯班，其安全科学创新实验室负责人西德尼·德克尔（Sidney Dekker）在 2012 年创造了"安全变革"一词。在 2017 年的 DevOps 企业峰会上，德克尔讲道：

……报告的事故数量、诚实度、就可能出现的问题进行对话的意愿与实际出现的问题之间存在负相关。报告更多事故的航空公司，乘客死亡率更低。如果你要从旧金山飞回来，那么你最好找一家报告事故最多的航空公司，这样你能够安全抵达目的地。这是经验之谈。

德克尔所举的例子基于麻省理工学院发布的统计数据，该数据基于主要航空公司 5 年来的 10 万次起飞。德克尔说，在多个行业中（包括建筑业和零售业）都能看到，报告的事故数量与实际发生的严重事故之间存在负相关。

一位在大型组织负责法规遵从的同事描述了他们在传统安全领域工作的经历：

遭遇失败时，人们会急于找一个人来担责，却从不考虑过程的问题。尽管 ISO 9000 系列要求我们把例外情况作为学习的机会，但实际却不是这样。结果，风险部门的每个人都必须自我保护，因此呈现在他们面前的每个问题都会被其他人（主题专家、管理者或其他部门）所抵消。每个阶段都会发生这种风险抵消，因此每个人都会受到影响。我曾见过极其漫长的批准过程，这些过程毫无意义，没有集体目标，也没有对创新的鼓励。

韦斯特鲁姆的官僚型文化与病态型文化在当今许多组织中仍然非常明显。

合规的含义是"行为遵守规则"［参考《剑桥词典》（*Cambridge Dictionary*）］；然而，规则制定者需要谨防代理状态（见第 1 章）。遵守外部法律和监管规则当然是必要的，但这些规则很容易被组织的内部安全领域用过于狭隘的解释加以强化，从而导致无数"一刀切"的内部流程和控制指南。虽然这些措施的意图是积极的，但如果没有心理安全，就无法进行真正的组织学习，也无法实现改进。

■ 案例研究："深水地平线"钻井：责备文化、安全文化与控制

2010 年 4 月 20 日，"深水地平线"石油钻井平台爆炸，造成 11 名工人死亡，17 人受伤，近 500 万桶石油泄漏至墨西哥湾。这是历史上最严重的一起意外漏油事故。

事故发生后，奥巴马总统任命了一个由 7 名成员组成的委员会来调查事故原因并提出改革建议。在 2011 年 1 月发布的最终调查报告中，委员会给出结论，井喷事故的原因在于各方面的一系列错误，"这些错误揭示了风险管理中的系统性失误，让人们对整个行业的安全文化产生了怀疑"。报告称："在没有重大危机的情况下，考虑到深水资源带来的可观的财务回报，企业文化屈服于一种虚假的安全感。'深水地平线'的灾难揭示了自满的文化所造成的代价，政府和整个行业都受到了影响。"

据报道，2008 年至 2010 年，墨西哥湾每 4 起引发联邦安全调查的事件中，就有 3 起发生在瑞士越洋钻探公司（Transocean）所拥有的石油平台上，但该公司仍因其安全记录而受到监管机构的表彰。钻井平台爆炸当天，公司高管还在平台上庆祝 7 年未发生严重事故。

事实上，就在事故发生前几周，对越洋钻探公司的船员所进行的一项调查已经暗示了问题的根源在于组织。这项调查涉及数百名岸上员工和 4 个钻井平台（包括"深水地平线"）的员工，揭露了一种恐惧文化。只有大约一半的员工表示，他们认为可以报告可能会增加风险的行为，

而不必担心自己遭到报复。一些员工会提交虚假数据，误导他人对钻井平台安全性的认识。

复杂的系统会以复杂的方式遭遇故障，"重要的是，公司要保持一种普遍的自上而下的安全文化，如果员工和承包商在发现安全问题时采取了行动，即使他们的行动会增加公司的时间和金钱成本，也应当予以奖励"。

缺乏充分的安全文化，害怕被报复，后果不堪设想。

在一个有心理安全感的群体中，信任能够激励个人分享自己的想法，并开诚布公地展开辩论。像"迫害"和"个人保护"这样的词语则传达了相反的意思，它们意味着一种氛围，在这种氛围中，个人可能不愿意对团队或组织的改进发表看法，因为他们担心自己会受到严厉的评判或忽视。正如哈佛商学院（Harvard Business School）的领导力教授埃德蒙森所说："心理安全是……一种氛围，在这种氛围中，人们可以自在地表达并且能够做自己。"

组织报告的事故越少，就越有可能发生极具破坏性的事故。"深水地平线"的故事就是这样的例子。在爆炸发生前的几年里，钻井平台的安全记录一直"完美"。如果人们因为害怕被报复而放弃了诚实和坦诚，坏消息被掩埋，问题被隐藏，风险未被报告或被误报，那么人们就失去了学习的机会，结果可能会更糟。

反面模式 6.2 基于职能的安全筒仓

大型传统组织通常按职能分化来构建组织结构，比如销售、营销、信息技术等，安全领域的职能也不例外（信息安全、反欺诈、反洗钱、数据隐私、信息技术运营、数据治理和企业架构等）。它们会形成职能筒仓，通过职能角色获得部落认同。正如第 2 章所述："政策、标准和控制会随着聘用的员工数量的增加而扩大。"这也与反面模式 4.1（局部优化）有关。

职能筒仓对安全价值快速流动造成了障碍，在安全情境下会产生一些特定的问题。详见图 6-1。

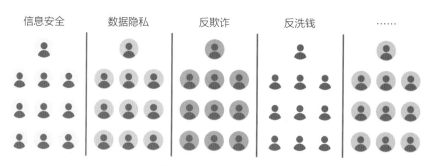

| 信息安全 | 数据隐私 | 反欺诈 | 反洗钱 | …… |

图 6-1　缺乏集体目标

（一）主题专家负责且只负责自己的专业领域

正如总控制办公室的一位员工所说：

> 许多法规可能相互冲突，例如，信贷风险报告条例与数据隐私条例。这导致不同的风险小组之间产生冲突。问题不断升级，但缺乏透明性：问题解决速度慢，不对外公开，没有过程可追溯性，事实被掩盖。这给风险团队带来了压力。我确实认为，行为可能会引发极端的个人冲突，使我们从伙伴变成敌人。

根据职能角色进行专业分化是一种分形模式，它是对一类职能的细分。有的专家负责数据隐私，有的专家负责数据沿袭，有的专家负责数据模型，还有许多涉及架构的领域。在价值流中寻求帮助的人需要知道如何在各个安全筒仓中寻找方向，找到合适的人，收集完全不同的、模棱两可的、有时甚至相互冲突的指导。这个过程可能充满挑战，并且每次找到的人都不同，他们可能缺乏对情境的理解。

从安全主题专家的角度来看，各个价值流有无数的支持请求，导致他们的时间被众多方案分割。这些安全筒仓无法对价值流进行优先排序，因此个人必须依靠直觉进行判断，这种工作方式不利于安全价值的快速流动。

在一个组织中，为了量化在多个职能筒仓之间传递工作的合规性，人们创建了一个简单的"Hello World"应用程序。这类应用程序非常简单，只需一行代码就可以在屏幕上显示"Hello World"。我们度量了跨流程和所有安全筒仓来批准应用程序生产部署的传统治理时间。项目管理者需要填写每个安全领域所需的广泛风险审查表，并（作为联络员）跟踪每个安全领域操作的标准工作流程。这个过程耗时三个月，其中一个月是纯粹的项目管理工作。付出大量努力未必能够解决所面临的风险。当增加到1000个并行项目且多个项目同时发布时，传统企业无法承受这样的浪费。

遵循这一过程可以保证团队对风险的控制，但毫无速度可言。还有种方式是团队选择不遵循这样的过程，这种方式是"脆弱"的——有速度但没有控制。2011年，卡森（Carson）和朱利安·霍姆斯（Julian Holmes）在油管（YouTube）上发布了动画《我想运行一个敏捷项目》（*I Want to Run an Agile Project*），全面且有趣地反映了这个问题。

（二）层级控制与限制组织

从物理意义和组织结构上来说，安全筒仓与价值流都是分离的。这种安排通常基于多个不同监管机构提出的职责分离（SoD）要求。例如，英国金融行为管理局（UK Financial Conduct Authority）表示：

有效的职责分离……有助于确保任何人都不能完全自由地代表公司调配资产或承担债务。职责分离也有助于确保公司的管理机构能够收到客观且准确的信息，例如财务业绩、公司面临的风险以及系统适当性。

这么做的意图是积极的，可提高透明度和准确性，减少内部不良行为者的潜在影响。有很多方法可以达到这个目的。在这种情况下，工作并没有规定组织设计、员工的位置以及工作流程。例如，职责分离可以在跨职能团队内进行。

当安全筒仓的目标和与客户一致的价值流不同时，当安全团队工作的内容和方式在筒仓内得到指导，筒仓中可能会出现好斗的行为，在那些以风险规避为目标的人与那些以在情境敏感的风险胃纳内交付价值的人之间制造压力。"建设性的压力"也许能够推动创造性的进步，但正如马修·狄克逊（Matthew Dixon）和布伦特·亚当森（Brent Adamson）在《挑战式销售》（*The Challenger Sale*）中所描述的那样，它需要被放在合适的位置上。在信任度较低的环境中或没有共同目标的环境中，压力可能会迅速变得具有"破坏性"或"无效"。

随着在制品的增加，价值流的变化频率和数量不断加快，导致安全主题专家将时间切分得越来越小。正如我们所知，这不利于流动。情境的切换会使流动变慢，与控制相关的工作的队列也随之扩大，同时交接增多，并行任务增多，前置时间延长，压力增大。

（三）模板和流程"僵尸"消耗脑力劳动

为了管理支持部门收到的请求，组织通常需要建立一个参与流程。我们比较熟悉的流程是"请在这里填写您的详细信息，然后等候服务"。每个部门都会设计一个适合他们的流程，可能会使用 Excel 和电子邮件。这些部门包括信息技术运营、企业架构、数据治理、信息技术安全、数据隐私、反欺诈和其他安全筒仓等部门。随着时间的推移，由于风险事件、监管变化和组织变化，组织出于积极的意图做出改进，并略微扩展了流程。不妨设想，这个过程中的消费者试图在多个安全筒仓间找到方向。无数的内部门户上有不同的参与流程和时间表，还有多种不同的参与方式，每种方式都有自己的行话，执行人员每次都需要进行企业考古挖掘。对一个糟糕的工作系统来说，一个疯狂但常见的解决方案就是为它聘用员工，结果增加了成本等，对 BVSSH 结果的改进无益，障碍仍然稳固地留在原地。

每个安全筒仓的工作队列都在不断延长，一旦错误理解流程，你可能会被发送到队列末尾。"治理陷入僵局"，这是项目团队和产品团队都熟悉的一句评价。

我曾帮助一个组织改进其客户引导体验。客户引导负责人评论道：

我们的一些客户必须推来一辆手推车，才能装下我们要求他们签名的所有文件，这些文件来自法律部门、合规部门、产品部门和营销部门等不同团队。各部门有它们自己的优先项，而且这种情况已经演化了很长时间。然而，数据大多是重复的。这种流程对任何人来说都是低效的，客户再也不想体验第二次。

这种方法无法更安全或更令人满意地交付结果。

对组织内产品开发过程的治理也存在同样的问题，对于希望在数字时代生存和发展的组织来说，这种治理也越来越难以接受。随着安全筒仓日益专业化和细分，它们会从其他筒仓派生出模板，并复制来自其他筒仓的需求。这种"一刀切"的做法迫使所有团队都要回答风险最高、风险胃纳最低的场景下的问题，然后得到需要 100 多年才能完成的审计要点。在治理过程中，第 7 章所讨论的熵和对简化的持续关注与技术卓越一样重要。在一个组织中，治理模板的每个版本都有将近 800 个问题。显然，这不利于持续交付。

（四）用控制工具优化报告并复制措施

为了提高安全领域的效率，筒仓中的员工建立了跟踪机制，以管理工作流程、捕捉异常并分配职责。这些工作流程可能包括通过风险分配和监督补救计划，以及加快完成优先项目。安全领域的工具是为了优化安全域本身的报告和工作流程，而不是优化安全价值在端到端的快速流动。更糟糕的是，控制工具（包含风险、控制措施和补救计划）与价值流中用于管理其他类型工作的日常工具是分离的，执行人员需要从其他多个位置和格式翻译和复制记录。这种方式缺乏透明度，并且与价值流工作系统缺乏联系，是在理解和行动方面发生摩擦和出现风险的根源。

（五）信息气泡

在依赖性较强并且需要多次跨筒仓交接的环境中，信息流动可能不畅。人们不愿意跨界分享信息。语言、术语和工具可能会有所不同，没有根据客户和价值流进行优化学习的尝试。组织可以用韦恩图来表示信息安全、数据隐私和反欺诈等安全领域，从而体现各领域相互重叠的关注点。我们观察到不同的安全标准之间存在大量重复的地方，但在控制、缓解、风险胃纳和更新频率等方面又存在不一致的地方。每个领域的响应在该领域内看来都是完全合理的，但从价值流的角度来看，信息气泡会造成混乱和延迟。通常情况下，没有人会监督所有的安全筒仓进行监督，同时关注端到端的工作系统。这种重复和孤立的方法是实现 BVSSH 结果的一大障碍。（关于这一点，我们将在第 8 章详细讨论。）

反面模式 6.3　以固定型思维方式应对风险

风险与合规是两门不同的学科，甚至可能相互对立。风险管理包括评估现实威胁，找到适当的应对措施，而合规管理包括遵守预先确定的要求。两者的关系在于，组织发现一个在某种情境下有效的风险缓释措施后，可能会将其继续应用于其他情境。以遵守历史检查表作为一种风险管理是一种应对风险的固定型思维方式。安全主题专家经常注意到，以合规心态对待风险会增加风险水平。一位专家曾告诉我："随着变革速度的加快，过去已成为不可靠的指标，它无法预示未来将会发生何种风险。"

根据序章介绍的 Cynefin 框架，在简单域和繁杂域中，工作是可预测的，采用固定的标准方法可以降低风险。然而，位于复杂域的产品开发具有独特性。人们此前从未做过这项工作，或者从未在如此情境下做过这项工作，工作中充满"未知的未知"，需要关注结果假设和快速反馈，从而保持可选择性，并通过不断调整来实现预期结果（在理解风险和降低风险时，可以采用同样的方法）。我发现，与风险管理的同事合作时，Cynefin 框架非常有帮助，它有利于我们开展对话，了解我们还需要学习什么以提升应对风险的信心，同时使我们保持安全。

（一）风险管理与合规管理之间的冲突日益加剧

最近有一位安全主题专家向我解释道："维护安全意味着你需要研究对手，先发制人。安全领导者有很强的研究能力，但他们不会像黑客那样思考。如果（内部）合规心态让我们忽视了为什么要合规，那么这种心态是危险的。"

在试图采用公共云基础设施的传统组织中，这种不匹配可能更加明显。在按需计算的公共网络环境中运行应用程序的情境与传统的"围墙花园"企业网络截然不同，后者的外围安全至关重要，物理服务器可能会持续使用多年。新的情境带来新的风险，需要新的应对措施。

在最近的一次公共云实施中，一个组织试图将现有的风险管理标准应用于云环境。这些标准为多年前制定，例如，其中一项标准旨在降低操作风险，如许可协议、恶意软件和补丁。为了遵守该标准，云平台团队不得不使用"一刀切"的方法在云上配置服务器。这么做忽略了一个事实，即云服务器可能会持续几分钟（而不是几年），因此需要不同的措施。尽管云服务器也可以执行旧的标准，但它增加了情境外的复杂性，实际上增加了在危险中的暴露范围。合规方法所带来的服务虽然符合传统标准，但无法使人们享受公共云的大部分优势，且风险更大。显然，这样不利于提升安全性。

（二）不可一概而论

通过上述案例，我们可以得出结论，需要对标准进行一次性更新以支持云，但这并不像听起来那么简单。越来越广泛的云支持下的创新服务（金融科技、法律科技、监管科技等）提供了高价值的功能，基础软件、硬件和服务产品的差异很大。仅亚马逊云科技（Amazon Web Services）每年就会发布数百种新服务和更改后的服务，包括不断升级安全功能的定制硬件和软件。关键问题是，一个资源有限的集中控制的组织是否能够快速了解新兴技术和随之出现的威胁，从而先发制人地识别并记录适合所有情境和场景的详细的控制解决方案。

各组织需要探索替代方案，而不是试图以最大可能的合规性来制定高度规范性的控制标准。这是一项重大挑战，它挑战了人们对风险的固定型思维方式。在一个传统的大型全球组织中，安全领域执行大约 300 份政策和标准文件。文件共有 5000 页，其中一些文件具有高度规范性。随着技术变革的步伐加快，这种规范性的方法会适得其反。在同一家企业中的情境也会千差万别。例如，支付平台中固有的风险与员工自助餐厅菜单应用程序中的风险存在根本性的差别。传统方法导致合规职能不断增长，但结果未必得到改进，这个问题存在于不同的组织和学科中。

在 2015 年的一次演讲中，德克尔指出，21 世纪初，澳大利亚的合规员工数量占劳动力的 5%；到 2015 年，该比例增长至接近 10%。他表示，在同一时期，行业的死亡率基本没有变化。在这个问题上进一步加强官僚作风不一定能降低风险，可能还会适得其反。

（三）庞大的前期风险规划

如果要在已知信息最少的情况下对一个项目或大型的复杂计划进行早期

判断和预测性规划，就会形成庞大的前期风险规划。早期风险评估旨在提前识别所有的风险，以预测降低风险所需要的成本和努力，而在项目周期内很少再进行风险评估。

在项目开始时确定风险需求通常与安全主题专家在项目后期的测试与签发（通常在大爆炸式发布之前）相关联。由于传统项目的持续时间很长，控制环境从一开始可能就会发生变化，需要实施新的控制措施。如果在项目周期的后期发现这一点，可能会增加计划外的工作，导致延误和可怕的红色RAG 状态。或者，该项目可能不得不寻求特许，招致控制债务，从而增加风险。官僚主义、组织障碍和大批量、顺序的、从左到右的交付计划阻碍了控制的内建，执行人员只能在最后进行检查。它无法优化安全价值的快速流动。详见图 6-2。

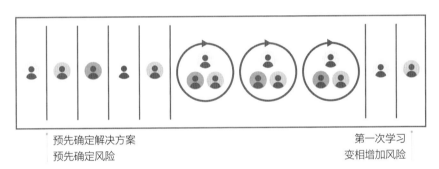

预先确定解决方案
预先确定风险

第一次学习
变相增加风险

图 6-2　庞大的前期风险规划

组织需要一种渐进式的迭代方法来讨论风险。公平地说，Prince2（受控环境下的项目管理）等传统项目管理框架都注意到了这一点。然而，正如《Prince2 手册》（*Prince 2 Handbook*）所说："项目一开始，它就被遗忘了。"

组织是一个复杂适应系统，内部有许多不断移动的组成部分。这些部分随着外部机会、压力和威胁而发生变化。在一个复杂适应系统中，风险也会以无法预测的方式发生变化。公司应该留意马士基集团首席信息官亚当·班克斯（Adam Banks）的警告："你需要设置防线来阻止犯罪分子，你需要更广泛地思考。你需要假设，国家层面的攻击会越来越多，而且 100% 会成功。"

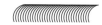

从反面模式到正面模式

逃离僵尸！

本章开篇讲述了一个令人恐惧的真实故事：一次网络病毒攻击在世界各地迅速蔓延，危及重要系统，造成数十亿美元的损失。网络病毒的迅速传播突显了安全的产品开发过程的重要性，在 NotPetya 和 WannaCry 等软件病毒不断传播的世界中，安全的产品开发流程能够使组织生存下来。上文描述的反面模式反映了当今许多大型传统企业的现状，虽然它们试图做正确的事情：降低风险、实施控制并提升合规性。但是，在如当今的大公司一样复杂的组织中，行动都会带来不可预见的、有时甚至是负面的后果。管理文化经常将人们的恐惧心理作为激励工具，这本身可能会增加风险水平。因此我们需要经常思考"我们在优化什么？"，是否应该"一刀切"地迎合最低共同标准？是否有控制但无速度？基于职能的安全筒仓内的局部优化是否会导致重复？或者，是否以情境敏感的方式优化安全价值的快速流动，满足速度和控制的需求？

下面的正面模式提供了一种转型方法。当采用正确的文化和思维方式时，这些模式能够提高人的参与度和"价值生产力"，从而快速实现安全交付。通过这些模式，我们可以更快、更安全、更令人满意地交付更高质量的价值。

正面模式 6.1　安全领域的安全性

数据泄露是一种新型"石油泄漏"事故，它导致客户丧失对组织的信任，罚款不断增加。此外，网络犯罪频发、技术变革的加速也带来了新的风险，因此安全领域内必须有足够的安全性。心理安全（见第 4 章）对组织的安全职能至关重要。在反面模式 6.1 中，我们看到了安全领域中缺乏安全性的影响。

一个组织需要在外部风险发生之前先察觉到风险。在工作场所保持员工的高度参与，并为快速学习创造条件（见第 8 章），这是建立安全性的关键因素。埃德蒙森和雷志科（Zhike Lei，音译）指出，心理安全是组织学习的"基础"，心理安全感更强的个人更有可能在工作中表达观点。盖洛普民意测验发现，只有3/10的人"非常肯定"地认为自己的观点在工作中受到了重视。盖洛普计算，如果这一水平可以提高到6/10，那么安全事故将减少40%。

心理安全研究的领导者埃德蒙森从四个方面描述了心理安全：

1. **对风险和失败的态度**：在多大程度上允许犯错。

2. **公开对话**：在多大程度上可以公开讨论敏感和有难度的话题。

3. **乐于助人**：人们在多大程度上愿意互相帮助。

4. **包容和多样性**：你能在多大程度上做自己并被大家接纳。

下面列出的具体行动可用于提升安全情境中的心理安全：

- 无论成功与否，定期组织整个团队进行汇报、事后复盘、事前分析和免责的事后反思。包括美国军方在内的各个行业都证明，这些仪式的具体目标是改进工作系统，而不是提升员工。

- 在设计解决方案时，考虑"不良行为"用例以及客户旅程。

- 在安全主题专家和产品团队之间建立伙伴关系，以树立共同目标，并在必要时创造新的符合控制目标的控制模式。

在2017年的一次演讲中，德克尔阐述了对医院安全结果的调查。对失败的根本原因的调查包括人为错误、程序违规和计算错误。然而，对成功结果的调查也发现了完全相同的因素：人为错误、程序违规、计算错误。于是人们得出这样的结论："成功与失败的区别不在于是否消除了消极因素，而在于是否存在积极因素。"具体来说，积极因素是：

- 说"停止"的能力——如果有人说这不是一个好主意，即使在面临严重的生产压力时也要停下来。

- 在一个动态的复杂系统中，过去的成功不能作为保证，也无法预测今天的成败。

- 意见的多样性，存在分歧——当人们说"我不同意"时，是否愿意接受异议？

- 保持对风险的讨论，是否有能力听取不同意见？

这四个因素都是行为因素，不涉及过程和工具。

心理安全文化对安全环境的维护具有至关重要的作用。它体现为透明、开放、支持、学习、关注工作系统的改进、共享所有权和"安全第一"的文化。为了更快、更安全、更令人满意地交付更高质量的价值，建立心理安全至关重要。

正面模式 6.2 通过价值流管理安全性

在产品开发的情境下，通过职能筒仓进行组织，会阻碍"更快、更安全、更令人满意地交付更高质量的价值"。相应的正面模式是对安全职能采用第 5 章所述的产品开发团队的方法，以优化安全价值的快速流动。

（一）跨职能的长寿命安全团队

自 20 世纪 70 年代以来，日本施乐和本田等公司采用了一种独特的产品开发模式，他们将安全主题专家组织为跨职能的长寿命安全团队，与长寿命价值流保持一致。这样可以优化与客户一致的安全价值的快速流动。"部落"认同从一个职能筒仓转移到一个跨职能的长寿命安全团队，该团队与价值和客户保持一致。这样一来，安全团队经过组建、激荡、规范和执行，保持共同的部落认同，与客户保持一致，并与价值流产品开发团队保持一致。

随着时间的推移，安全团队能够深入了解价值流情境，并理解客户未阐明的需求。此外，二者可以建立长期关系，尽早尽快进行风险对话，以优化安全价值的快速流动。与其说风险管理涵盖了正常的产品开发活动，不如说安全团队支撑了持续对话，而持续对话是正常工作流程的一部分。随着时间的推移，我们会看到安全主题专家的变化，80% 的被动时间会转变为 80% 的主动时间。安全团队应尽量减少反应和救火所花费的时间。我们并非鼓励安全主题专家说

"不"，而是激励他们与价值流结合，找到一条说"是"的安全道路。

与价值流保持一致后，安全主题专家能在彼此之间找到更多的、他们未曾意识到的共同点，从而使跨职能安全团队（见图6-3）发挥作用。安全主题专家分摊间接费用，他们与利益相关者接触，以了解新的业务举措，了解风险发生在哪里。他们需要业务情境，可以相互学习并帮助彼此建立这种理解。他们需要了解所涉及的人员、数据和技术。他们需要了解正在进行的业务结果假设，以及产品快节奏发布的本质，这正是容易出现风险的时刻。安全主题专家是价值流构造的核心部分，与作为筒仓专家的个人相比，组成团队的安全主题专家可以共同实现更多目标。他们可以解决控制标准之间的重复或不一致，消除主题专家专业领域之间的传统差距，提高生产力。

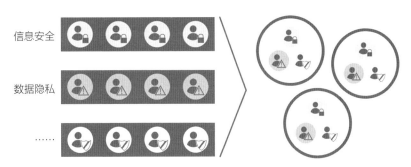

信息安全

数据隐私

……

图6-3　从安全筒仓到跨职能的长寿命团队

（二）安全团队与价值流保持一致

按价值流组织安全团队（见图6-4），能够使价值流中的同事保持清晰的思维。产品团队现在拥有针对所有安全事项的一致、长期的接触点，可以建立关系和信任，优化安全价值的快速流动。对价值流来说，每个安全团队中的安全主题专家都代表其安全领域。如果个人知识存在差距，安全主题专家可以向其他地方的同事寻求帮助。在这个过程中，他们可以跨越安全社区，学习并拓展自己的知识，并通过减少关键人员对主题专家的依赖性来提高组织的韧性。信息气泡不再因基于职能的分化而彼此孤立。这种方法相当于跨职能产品交付团队的 T 形技能。

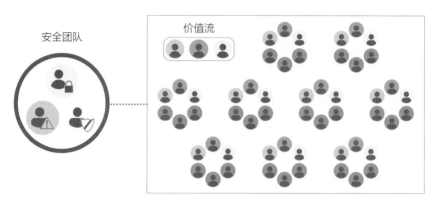

图 6-4 安全团队与价值流

安全团队和与其一致的价值流都有相同的目标：向客户快速传递安全价值。通过价值流业务成果（见第 5 章），人们形成共同的目标，共同承担对安全的责任。通过与价值流领导层合作，安全团队可以教育和指导组织增强风险意识。例如，在"风险游戏日"，让员工暂停职能性的工作，专注于安全改进，并在最后展示其结果。

通过了解价值流的客户、业务和技术背景，安全团队可以更好地与交付人员沟通，增加信任，并更快地提供更有效的风险建议。安全主题专家与产品开发团队具有相同的价值流、部落和认同，因此采用"持续一切"的工作方式，有助于他们尽早尽快地识别风险，找到风险缓释措施，同时深入了解客户、人员和情境。人们拥有共同的"北极星"指标与高度的一致性，受到同一结果的激励，进而优化安全价值的快速流动。

■ 案例研究：大型金融机构的大数据研究项目

一个大型组织的研究团队成员与我联系，提出了一个创意："我们希望使用新的云平台来试验高级分析。"

这是展示最近利用亚马逊云科技构建的云服务的绝佳机会。该团队成员建议："最初的数据集为 90TB，每天增加约 1TB。供应商利用亚马逊云科技存储数据，因此这么做应该很容易。"

在与安全部门的同事进行初步讨论后，他们发现，这样的数据导入带来了恶意软件的风险。有两种控制措施可用于降低风险：

1. 安全下载到本地部署服务器。前期分析表明，由于带宽限制，这需要几个月的时间，并使互联网连接承受压力。

2. 通过加密的 1TB 硬盘进行物理传输。这个方法值得推荐。但是，在数据中心之间交换大量的硬盘，这项工作非常繁重。这种措施每天都需要大量的人员参与，需要耗费大量的人力和财力，是不可持续的方法。

云平台团队提出了另一个方案。亚马逊云服务提供了一个按钮，可以让供应商自动分配一个大数据有效载荷。"为什么不直接用它？"他们问道。安全团队解释说，这项服务没有经过安全评估，需要六个月的时间来安排和调查。云团队提出了第二个想法："我们能否直接从供应商的亚马逊云服务账户复制数据，并在云中运行已批准的恶意软件扫描？"安全团队解释说，已批准的企业扫描解决方案无法在云中使用。此时，在考虑了所有具有成本效益的方案之后，传统的下一步应该是停止。

然而，这个组织正在进行一种工作方式转型。一个安全团队与云平台团队合作了很长时间。安全团队和云平台团队一样希望实现业务价值。大家一致赞同来到白板前，继续探索各种可能性，通过仔细分析业务的具体情境、所讨论的文件类型和详细的技术方案，找出对轻量级的云原生恶意软件攻击的解决方案。不久之后，在安全团队的监督下，一对与研究团队有联系的热情的应用程序开发人员完成了亚马逊云服务的重新配置。数据导入程序已经建立。研究实验开始了。

如果采用传统的、"一刀切"的、中央授权的控制模式和固定的思维方式，这种结果是不可能出现的。该机构随后被邀请在云供应商的行业会议上介绍这项工作，包括大规模并行技术的创新应用。对团队来说，这是职业生涯的跃升时刻，也是一个典型的例子，证明关注更快、更安全、更令人满意地交付更高质量的价值能够带来良性循环。

（三）安全部门

当基于职能的安全筒仓转型为安全团队时，安全部门成为安全主题专家的社区，他们有共同的纪律，是组织内的咨询专家（因此具有权威性）（见图6-5）。他们作为一个单位，在权力范围内为知识管理、职业路径和线性管理提供支持。这类似于第5章中描述的小规模的卓越中心。安全主题专家的角色是矩阵化的。他们与主要价值流保持一致，因此可以确定在某个时候需要参与哪些业务结果。他们所属的安全部门决定了工作的推进方式，即风险管理的业务流程。安全部门可以分享他们在技能上的学习和创新。

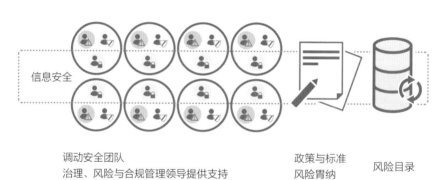

图6-5 安全部门

在这种模式下，安全部门继续负责在组织的政策和标准中明确阐述控制目标，并阐明适合情境的风险胃纳，应避免采用规定性、"一刀切"、迎合最低标准的方法，让与价值流一致的安全团队能够根据情境（最小可行合规性）调整控制措施。安全部门合作制定共同的风险目录，在整个组织内建立语言和方法的一致性。与价值流一致的安全团队中的安全主题专家有权确定哪些控制适用于该情境。

安全部门的领导方式采用公仆型领导，提供方向和标准，与监管机构和行业机构保持联系，分享来自不同价值流的创新和见解，提升技能，同时支持与价值流一致的安全主题专家。这包括安全主题专家招聘，确保专业学习和发展，并确保持续改进和安全实验，从而更快、更安全、更令人满意地交付更高质量的价值。

（四）风险目录

安全部门的知识管理工具之一是风险目录。安全部门中的安全主题专家与工作方式团队合作，将政策和标准中的风险陈述转化为风险故事模板，以解释风险、控制目标、验收标准和常见的风险缓解措施。风险故事模板将组织的控制目标和控制方式传达给产品团队。在不同政策领域重叠的情况下（例如，数据隐私、信息安全），风险故事的转化过程会去掉重复的部分，以提供清晰一致的立场。风险故事要使用交付团队能够理解和验证的语言进行表述。对双方来说，转化都很难实现，根据我的经验，这需要安全主题专家和工作方式团队投入大量精力。这项工作的本质是对安全组织进行指导。它不是高度规范性的技术说明（这可能有"一刀切"并迎合最低共同标准的风险），最好是描述意图，并让团队尽可能灵活地决定如何达到验收标准。这样才有可能实现更大的创新。

例如，对于恶意软件的风险故事模板，所使用的语言最好能够描述所有情况下必须应用的识别、隔离和警报原则，而不是指定一个技术解决方案，例如"每个服务器必须包含一个 Symantec Antivirus（赛门铁克开发的反病毒软件）代理，该代理可以作为一种推荐的控制模式的基础。但是，它每周都会自动更新新的定义"。对于某些技术情境（例如，某些云技术）来说，后者的描述造成了不必要的限制。

风险目录使安全团队的语言和方法保持一致，并帮助产品开发团队理解在其他地方应用的控制模式。风险故事模板可以节省时间，通过定制反映每个特定用例的业务和技术情境。

表6-1是一个风险故事的例子，该故事可用于降低使用公共云所带来的相关风险。

表6-1　风险故事示例

风险编号-60 使用公共云数据库的逻辑存取管理
3级风险：未能保护信息资产的机密性、完整性与可用性
相关政策和标准链接： ＜文档链接 1 ＞ ＜文档链接 2 ＞
考虑到使用公共云原生数据库的应用程序团队的情境，没有自动化基础结构层数据库的逻辑存取控制，我希望确保应用程序的所有者了解他们的责任，包括遵守数据保留、密码复杂性规则、数据库登录的每日报告与权限，从而使组织能够： a）维护中央记录，记录哪些员工在什么时候可以访问哪些数据，允许报告和纠正未经授权的存取组合。 b）调查并对任何意外或故意的数据库删除进行恢复。 c）确保主动管理员工调动或离职的数据访问。 d）降低通过密码黑客进行的未经批准的数据存取风险。
风险缓释措施： 1.针对云资源容器（也称亚马逊云服务账户）中的所有主动数据库，建立有关登录和权限的本地自动化每日检测报告。 2.确保负责相关工作的在职员工能够识别每一次登录。

正面模式6.3　智能控制

在反面模式6.3中，我们看到，以固定型思维方式应对风险，无法优化安全价值的快速流动。在复杂多变的环境中，以固定型思维方式应对风险，实际上会增加风险水平。对固定的、规范性标准的盲目坚持并不适合快节奏、复杂变化的数字时代。

相反，我们应该创造一个环境，使与价值流一致的产品团队和安全团队能开展日常协作，并将其作为正常工作流程的一部分，让人们拥有安全感，可以畅所欲言，积极讨论风险胃纳之内的、符合控制目标的具体解决方案。这样可以建立一个有利于更快、更安全、更令人满意地交付更高质量的价值的环境。

在大型企业中，为了让这种协作和对话大规模地取代固定型思维方式的传统合规流程，我们需要一个最小流程。要记住，优先顺序是人、流程、工具。轻量级流程允许引入一定程度的自动化，使安全团队和安全部门能够将高风险区域可视化。一个最小可行流程可以同时实现速度和控制。

该正面模式从上述操作模式开始建立安全团队，并与长寿命价值流和产品保持一致（参见第 5 章）。

产品团队与安全团队就短期业务结果进行沟通，从而开展有关潜在风险和相关政策的对话；通过讨论，探索风险并提出降低风险假设，从而在产品需求列表中创建风险故事，在风险故事层面实施安全治理，使安全主题专家有权在没有广泛审批链的情况下予以验证。

产品增量发布后（如果所有必需的风险故事都已由安全主题专家验证并关闭），价值结果领导有权给出发布准备就绪证书。这种自助服务方法允许产品团队采用其工作系统可以承受的发布节奏（每小时、每天、每周）。由于风险故事验证和关闭与发布过程分离，因此安全团队不需要再针对发布获得任何额外的安全领域的批准。

多年来，这种模式在高度监管的环境中不断演进和迭代，并在无数人进行各种变更的情境下得到了验证。下面我们将更加详细讨论该模式的各个阶段。

（一）持续合作

产品团队持续与安全团队合作（见图 6-6）。有新的季度业务结果时，合作中会出现一个关键事件。简短的参与调查问卷可以为这一过程提供支持，以表明业务结果的性质，例如，对个人数据的影响。维基页面用于描述意图，例如，产品愿景增量、架构愿景增量或关键功能。团队不期望或不需要预先详细说明，只需要足以进行有意义的对话的信息。

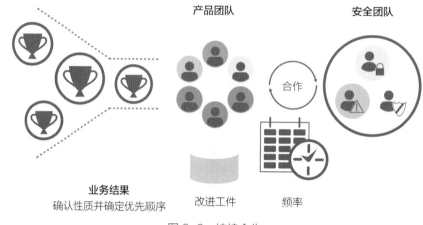

图 6-6 持续合作

（二）设置安全合作等级

根据新的业务结果，安全团队的每个成员都会重新评估与产品团队合作的必要频率（例如，每天、每周、每月）。例如，风险最低的产品（比如内部假期安排应用程序）可能根本不需任何合作。通过设置合作等级，安全主题专家认识到正在迭代的业务结果。产品团队始终对其发布的产品的安全性负责。他们的安全团队了解外部监管框架、网络威胁和企业控制目标，并连同其他团队共同确定潜在风险领域、需要进行的学习和风险缓释假设。这种合作可以被视为一种形式上的控制点。

（三）风险故事与持续测试

安全团队和产品团队按照约定的频率开会，讨论业务结果，回顾经验教训，并完善他们对各种风险的共同理解。需要实施的控制措施的性质将根据控制目标以及业务和技术背景而异。这包括业务部门的风险胃纳。控制需求是不固定的：

$$控制需求 = 控制目标 + 情境$$

对于 Cynefin 框架中复杂域的变化，我们无法预先确定全部的控制需求。正如大家所见，我们不需要以固定型思维方式对待控制。组织虽然从风险目录中就能得到风险故事模板，但这些催化剂可通过安全团队和产品团队之间的讨论和协议进行调整，以适应情境。

风险故事是需求列表中的一个工作类型，除此以外，需求列表还有其他类型的工作，如用户故事。一旦进入产品需求列表，风险故事的处理方式就与其他形式的学习和工作所需的方式基本相同，并在可能的情况下会通过自动化测试提供证据。根据产品团队和安全团队之间的信任程度，已完成的风险故事（尽早、尽快完成）可能需要安全团队在关闭前进行验证，或者由价值结果领导验证其完成情况（见图 6-7）。

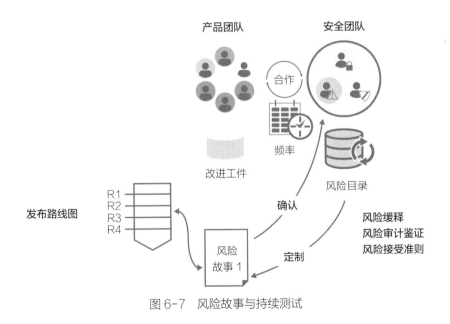

图 6-7　风险故事与持续测试

对于新型风险，或者已确定风险缓释不适用的情况，我们可以将风险故事表述为一种假设，其形式为"考虑到 X 的风险，我们相信活动 Y 将是一种有效降低风险的措施。当我们观察关键结果 Z 时，即证明该假设成立"。表6-2 是用于实现新的风险缓释措施的风险故事示例。

表6-2　降低新型风险的故事

恶意软件风险
3级风险：未能保护信息资产的机密性、完整性与可用性
相关政策和标准链接： ＜文档链接 1 ＞ ＜文档链接 2 ＞
考虑到将数据从第三方公共云账户复制到企业公共云账户可能招致恶意软件风险，我们相信，在一个"气密舱式"的公共云账户中使用自动扫描可以有效隔离恶意软件，并通知网络团队，从而降低这种风险。 当异常情况可以被注入第三方数据集并成功被检测和隔离时，即证明上述假设成立。 缓释措施： 恶意软件检测模式的设计要确保： a）只有经过验证的安全文件才能被复制到企业云账户。 b）检测到存在异常情况的文件会被隔离保存在"气密舱"内，进一步接受调查。 c）存在一个警报流程，以便网络团队可以收到异常警报。 d）建立一个审计鉴证过程，定期将异常情况注入第三方数据流，并确认企业监控工具中的正检测。
风险故事关闭的接受准则： 接受准则 1：安全团队同意该模式，将模式记录在此。 接受准则 2：代码通过自动化测试套件，以验证每个设计元素。 接受准则 3：该代码已经过信息安全架构的一名成员审查。 接受准则 4：警报流程与信息安全代表达成一致。 接受准则 5：审计鉴证过程与信息安全代表达成一致。

■ 案例研究：汽车交易（Auto Trader）的控制创新

汽车交易成立于 1977 年，是英国最大的汽车数字交易平台，拥有

800 名员工，为 13 200 名客户提供服务。汽车交易已经开始了从纸质到数字化的转型之旅。运营主管戴夫·怀特（Dave Whyte）和基础设施与运营主管拉斯·瓦曼（Russ Warman）分享了一个安全领域的故事与非"一刀切"的思维，它们有助于更快、更安全、更令人满意地交付更高质量的价值。

"汽车交易构建了一个私有云平台，事实证明，该平台能成功地帮助开发人员构建独立的应用程序并自行发布。它接纳了 DevOps 文化。我们计划将这个平台扩展至整个企业。

"一位客户要求对他们的终端用户个人身份信息（PII 数据）进行端到端的完全加密。这不是我们的交付平台能够解决的问题。工程团队认为这一目标可以实现（大约需要 6 个星期的时间，通过使用技术解决方案将加密与主应用程序分开处理）。大约 12 个星期后，我们所面临的技术挑战和复杂性证明我们无法满足客户的需要。我们也承认，让工程师持续维护它将是一个巨大的负担。

"随着时间的推移，几位工程师决定尝试另一种方法，利用一些标准的公共云服务来测试一种理论，即由于供应商平台上提供的功能，以这种方式必然能够更快、更容易地实现相同的结果。在几天内，他们成功创建了一个符合控制接受准则的概念证明。概念证明取得成功以后，我们完全从在数据中心内运行私有云转向大规模的公共云迁移，预计在两年内完全进入公共云。目前，我们已经走过了这段旅程的四分之三，所获得的效益是丰厚的，因为公共云使我们能够实现连续交付。我们保证了安全领域中的安全性，放弃了固定型思维方式，从而更快、更安全、更令人满意地交付更高质量的价值。

"图 6-8 显示了采用公共云后，通过持续交付，我们有能力更加频繁地发布。

图 6-8 2012—2020 年汽车交易的云采用

"客户需求促使我们以不同的方式思考，以保障客户的安全。我们想到的第一个解决方案未必是正确的。在风险降低方面，我们保持了灵活性，可以进行实验和学习，而不是在意识到某个东西不起作用时，又珍惜或完全依赖某个方法。我们还了解到，真正的云原生让我们能够以更少的精力、风险和成本更快地进行实验。"

"实际上，我们采用灵活的方法，满足了一位客户对风险的要求，进而对整个业务产生了积极影响，使我们能够更快、更安全、更令人满意地交付更高质量的价值。"

（四）风险意识

安全团队的重要贡献在与标准相关的结构化流程之外。这是提高整个价值流风险意识水平的好机会。增强风险意识，安全团队才能更加合理地将稀缺的主题专家资源分类，并集中到最高风险区域。这可能需要采用注册道德安全测试员委员会（CREST）组织的国际模拟目标攻击和响应以及 DevSecOps（开发、安全与运营的组合）运动中的思想领袖——如香农·莱茨（Shannon

Leitz）——所描述的模拟攻击。

在网络安全防御演练中，攻击团队通常被称为红队，防御团队是蓝队。在智能控制操作模式中，这些防御演练由信息网络安全部门负责，可以扩展到安全团队的日常操作中。路易斯·克雷曼（Louis Cremen）在《信息安全色轮介绍》（*Introducing the InfoSec Color Wheel*）中描述了在这些演练中与开发团队成为亲密合作伙伴的必要性："仅拥有红色和蓝色的安全团队还不够。应该将那些需要加以防御的程序的构建者也纳入其中。黄队（开发者）应当作为信息安全的一部分。"

（五）改进工件

与传统的系统生命周期（SDLC）一样，一些工件有助于为对话提供情境。从安全团队的角度来看，这些工件的缺失可能暗示产品风险的增加。产品寿命长且不断升级，智能控制模式（见图6-9）将用产品现有的操作文档作为风险评估的关键信息源，工件自然会随着时间的推移而改善和发展，团队不需要对每个结果或目标和关键成果进行核验。相关工件通常包括：

- 产品愿景。
- 架构愿景。
- 架构维基。
- 产品路线图。
- 威胁模型。
- 精益测试策略。
- 操作运行手册。

（六）候选发布版验证

如图6-9所示，候选发布版（即可能会发布的代码）的验证是智能控制模式中两个控制点中的第二个。与需要多个阶段—关卡流程批准的传统系统生命周期不同，如果与发布相关的风险故事已正式关闭，则领导有权批准发布产品的价值结果。如有任何强制风险故事未关闭，领导就不会授权发布验证，以阻止进一步的产品发布。

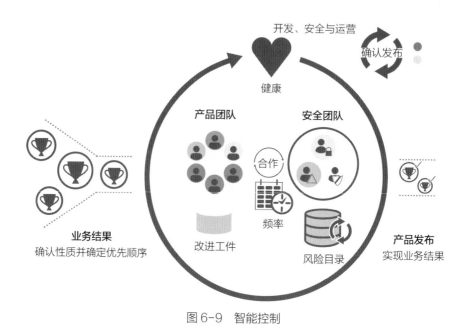

图 6-9 智能控制

在实际发布时，虚拟信息技术变更请求（CR）流程仍然可以用于解决信息技术管理目标，例如技术依赖性通知。由智能控制"验证发布"证书支持的变更请求能够遵循加速的且在某些情况下自动批准的流程进入常规节奏的生产环境。

随着开发、安全与运营流程在组织中的成熟度增加，流程可追溯性也有所提高，能够连接故事、发布版本、持续集成报告、工件和变更请求。这些过程提供了自动化的漏洞检查和库扫描，作为每个软件构建的标准，确保安全性是生产出来的，而不是检验出来的。通过智能控制将安全性纳入产品开发流程，这是安全团队工作的一部分。

虚拟安灯绳

当出现需要公仆型领导者解决的问题时，例如安全团队和产品团队之间沟通不良（如员工缺勤、缺乏响应能力或最小工件不足），任何一方都可以寻求帮助。就像丰田生产线上的安灯绳一样，在公仆型的领导风格下，拉动虚拟安灯绳可以通知安全部门和价值流领导，请他们提供帮助。要使这一进程发挥作用，文化至关重要。领导者的态度应该是"亲爱的团队，我能为大家提供什么帮助？"。与免责的事后反思一样，领导者提供的支持的重点在于改进工作系统。这有助于鼓励持续改进的文化。

（七）积极的领导力支持

智能控制模式允许将治理、风险与合规管理的优先事项注入"持续一切"的产品开发周期中，无须宏大的前期规划或连续的治理控制阶段—关卡。

在实现这种模式的价值最大化方面，价值流领导发挥着关键作用，包括：

● 承担风险，并积极推动团队之间的风险议程。

● 与安全部门的领导层合作，保障安全团队的生产力，包括共同出资，如果这是实现更快、更安全、更令人满意地交付更高质量的价值的最佳方式（记住：障碍不在道路上，道路本身就是障碍）。

● 与安全团队合作，借此扩展价值流领导力，以关注积极因素；保持对风险的讨论。

（八）风险矩阵

从智能控制过程中获取的数据使价值流领导能够将相对风险区域可视化，从而在风险较高的地方提供更多支持。安全部门领导可能需要不同的方式，但每个人都需要访问相同的数据。

与流程合规相比，了解更高的风险等级是一个略有差异的方式。有许多数据点可以用作关键风险指标，使相关团队就驱动因素提出问题（且不会受到指责），从而改进工作系统。交付过程中的关键风险指标示例如下：

● 价值流中所有产品都有正在进行中的业务成果。是否存在长时间不与安全团队联系的情况？为什么？

- 价值流中的产品是否与安全团队长期处于低健康状态？为什么？

- 价值流中的产品是否存在长期未解决的风险？为什么？

- 价值流中的产品，在一段时间内实施了变更请求——有多少变更请求与验证发布证书无关？为什么？

（九）工具

我发现，如果一个企业拥有大量的价值流、数百个正在开发的产品和大量的安全团队，在规模化之前，一定程度的工具整合与自动化是必不可少的。这样一来，团队才能高效运作，并建立透明度或流程。

最小可行工具的原则是通过使用产品团队的核心交付工具，使重复数据最小化。在许多大企业中，我们经常看到项目组合管理、标准和政策、工作管理、连续交付和服务运营的工具互不联系。智能控制工具将这些领域连接起来，使安全团队能够看到产品开发价值流，并访问简单的仪表板，从而使围绕风险的工作系统可视化（见图6-10）。

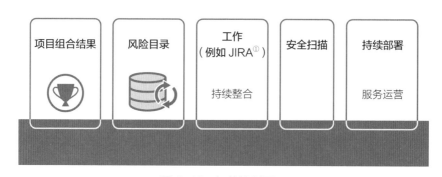

图 6-10　智能控制层

---

① 是一个具有有限功能的项目管理软件。——编者注

小 结

提高业务敏捷的安全性

在本章，我提供了一些在加快产品开发节奏时会增加风险的反面模式。正确构建新产品是一项挑战，需要优先考虑人的影响，然后是过程和工具。本章强调了高效风险管理中的人身安全与心理安全，组织应从依赖集中确定的固定政策的合规思维方式转变为赋能的成长型思维方式，并将实质性责任下放给安全团队和产品团队。如果组织能够保持对风险的讨论，那么该组织就更有可能变得更安全。

DevSecOps 运动长期以来一直提倡"将安全作为代码来开发"，本章讨论的正面模式主张将这种做法扩展到安全之外，并跨越治理风险和合规领域，我们将其统称为安全领域。这些正面模式强调了在所有安全对话中左移的重要性，即将其构建到价值流的正常工作系统中。情境敏感的参与方法确保风险缓释始终相关，并允许产品团队快速行动并保持在风险胃纳范围内：

$$控制需求 = 控制目标 + 情境$$

这些正面模式承认红蓝黄团队法在不断提高风险意识和"测试漏洞而不依赖扫描和理论漏洞"方面的关键作用。随着风险意识在产品开发生命周期中的左右转移，DevSecOps 背后的意图可以表述为：

风险开发、风险运营与风险的组合（RiskDevRiskOpsRisk）

遭到 NotPetya 病毒的破坏后，马士基集团需要 600 名救援人员在英格兰梅登黑德的一个救援中心工作。一开始好像什么都找不到。该公司实现数据恢复所需的每一个网络控制器的信息似乎都已被病毒清除。但事实上，有一个网络控制器得以幸免。由于加纳停电，远程办公室的一个网络控制器断开了连接，没有被病毒感染。马士基集团的一名员工立刻领命从加纳飞往尼日利亚，在机场将硬盘交给另一名持有签证的员工，让他携带硬盘飞往伦敦。

虽然本章列举的正面模式无法阻止各国制造代价高昂的破坏性病毒，但是这些正面模式可以提升安全性，进而降低风险，让团队成员不必在尼日利亚机场交出组织的全部数据。

在下一章中，我们将讨论敏捷环境中的领导力。

原则

安全领域中的安全性。

培养心理安全。

寻找积极因素，而不是消除消极因素。

安全团队与价值流保持一致。

长寿命价值流上的长寿命安全团队。

优化安全价值的持续快速流动。

共享安全所有权。

持续讨论风险。

最小可行合规性。

考虑到情境和风险胃纳，选择适当规模的风险缓释。

优先顺序是人、流程、工具。

行为、协作、对话是最有效的杠杆。

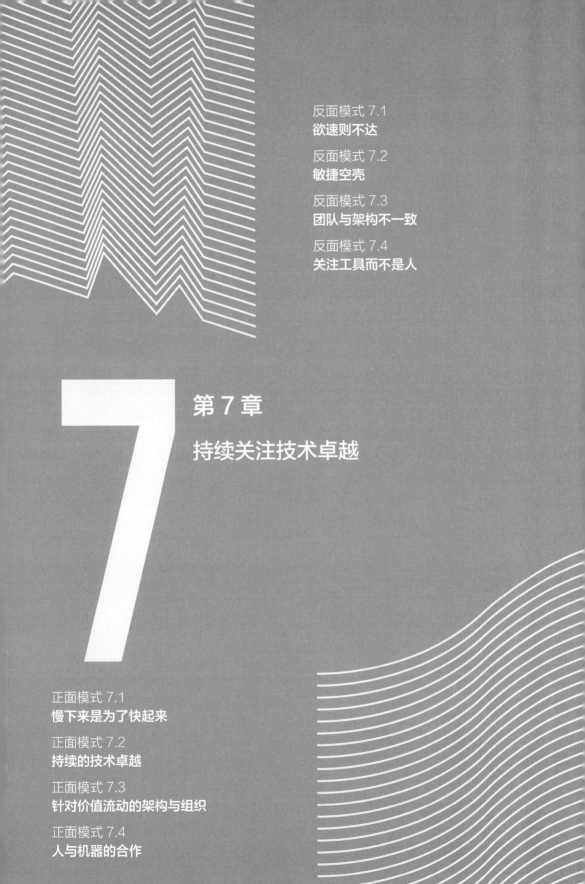

第 7 章

持续关注技术卓越

1938 年，南非东伦敦博物馆馆长马乔丽·考特尼-拉蒂默（Marjorie Courtenay-Latimer）接到一通来自当地码头的电话。一位渔夫钓到了一条奇怪的鱼。他知道考特妮-拉蒂默一直对不寻常的样本感兴趣，因此他认为她可能愿意来看看这条鱼。

到达码头后，考特尼-拉蒂默打开渔网，将一层层碎石拣出来。她说，她看到了自己这辈子见过的"最漂亮的鱼"。

考特妮-拉蒂默应该见过很多鱼。这条鱼有五英尺长，"浅蓝紫色，带有淡淡的白色斑点，通身散发着银蓝绿色的光泽"。它有四个像四肢一样的鳍和一条形状不规则的尾巴。考特妮-拉蒂默将它比喻成一只小狗的样子。她可能也见过很多种小狗。

考特妮-拉蒂默将这条鱼制成标本，并把它交给鱼类学家史密斯（J.L.B.Smith）。史密斯立即鉴定出，这是一条腔棘鱼，一种被认为已灭绝6500 万年的鱼类。考特妮-拉蒂默发现了一个活化石，它是记载于进化史中的仍然活着的生物。

生物进化理论专家曾经分成两个流派：一派认为，进化是随着时间的推移逐渐发生的；另一派认为，物种在经历了长时间的平静之后，受重大地质事件的影响，会突然发生变异。这两个流派现在已基本和解。进化是逐渐发生的，偶尔也会出现阶跃变化。

组织也是如此。它的变化是渐进的，而不是断断续续的，但偶尔也会因新的创新、监管或市场事件而发生破坏性变化。相关术语包括利用（现有商业模式）和探索（新的商业模式）。此外还有持续改进和突破性改善，例如精益。进化生物学中使用的术语是"间断渐变论"（Punctuated Gradualism，见图 7-1）。

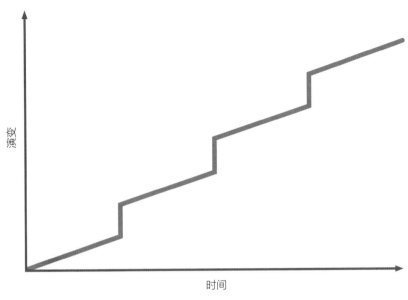

图 7-1　间断渐变

　　"渐变"也会变得更加急剧，持续变化的速度越来越快。但它偶尔会留下遗迹。例如，一台 1993 年产的康柏个人电脑，用从易贝（eBay）上回收来的零部件维持一条关键生产线的运行。许多自 2008 年起就已失去支持的应用程序仍在维持日常业务的正常运行。在开发人员的综合开发环境中，一些化石"以某种方式存活下来，并且偶尔还会浮出水面"。

　　产品开发团队很少会发现被遗忘已久的"鱼"。但他们经常发现自己在处理企业应用程序的遗留碎片，并被遗留下来的已经成为化石却依然存活的代码层绊倒。

　　即使在数字时代，许多老牌公司仍然保留着软件活化石，它们仍在进化。一些公司向新毕业生教授 COBOL[①] 语言，以便他们能够继续开发 20 世纪六七十年代编写的主机软件。其他公司还在维护 20 世纪 90 年代和 21 世纪初

---

① 第一个被广泛使用的高级编程语言。——编者注

为客户机—服务器体系结构构建的大型单体数据库。在许多组织中，关键流程都发生在胖客户机桌面界面上，即使现在大多数行业都默认构建浏览器前端。

在维持传统工作方式的组织中，变化（在独特的产品开发的情境下）不是连续的。用进化生物学术语来说，这是间断平衡，而不是间断渐变。它会经过漫长的停滞期，然后爆发破坏性（通常是负面的破坏性）变化，缺乏持续改进，就像一个舒适的现状被大预算、大时间表、大超支、大爆炸打断。

在以项目为中心的思维方式下，在已知信息最少的情况下预测未来，且财务流程已助长了不成熟的解决方案和确定性思维方式下，间断往往体现在部署另一个新的信息技术产品（应用程序）上。由于以前的项目团队已经解散，原本的知识已经分散，应用程序通常处于停滞状态。它们在点亮模式下运行，随着每一个新的应用程序的出现，用于"运行"支出的百分比会增加，用于自主作业的支出减少，这是一个常见的问题。就像任由杂草生长的花园。操作系统、编译程序、第三方库不再接受支持和修补。最终，花园杂草丛生，超过了不可逆转的临界点，唯一的办法就是将其铲除并焚烧，然后再做一个大预算、大爆炸、未开发的替换软件系统。于是，疯狂延续下去。这样做并不能实现更快、更安全、更令人满意地交付更高质量的价值。

应用程序和小狗有一个共同点：应用程序要终身使用，而不仅仅是为了过节。

本章的反面模式说明，如果未能认识到持续关注技术卓越的重要性，采用间断的变革方式，维持间断平衡，那么我们就无法优化结果。

相对应的正面模式则揭示了管理花园、在飞行途中升级飞机、持续改进、采用间断渐变方法，可以更快、更安全、更令人满意地交付更高质量的价值。

反面模式 7.1　欲速则不达

在这个常见的反面模式中，团队是一个生产"东西"的功能工厂，其重点是产量，经常使用的词语是"速度"和"说—做比率"（不要问……）。"东西"的生产优先于其他任何事情，并且需要在前一天完成。他们没有时间进行持续改进、重构，没有时间提高代码的可维护性、可扩展性、韧性，也没有时间提高自动化水平。

每个新功能都增加了人工测试间接费用。由于没有建立起支持能力，信息技术运营成本上升，代码变得乱七八糟，就像一个三岁的孩子在吃一碗意大利面。代码难以阅读、难以维护，也很难进行添加；为了满足发布功能的压力，执行人员需要走捷径，代码更改的时间是一年前的两倍；开发成本不断上升；前置时间（从概念到变现的时间）、学习的时间、响应客户反馈的时间都被延长；事故增加，团队的人事变更率更高。

只有任职时间最长的团队成员了解系统中最复杂的部分是如何工作的，他需要随时待命，以应对每次的中断。面对交付的压力，代码经众人之手，变得臃肿不堪，也没有被优先分解为单独的组件。每个人都必须同时协调测试和交付。架构变成了一个巨大的泥球。

随着进度放缓，利益相关者施加了更大的压力。他们说："你不是说过，你们是敏捷的吗？"团队结果领导说："但我们要交付更多的故事点。"这就像用一块红布对着一头公牛。于是人们不停地找捷径。最终有人说："停下！我们需要争取投资，从头开始重建这个应用程序，因为这款程序现在已经过时了。"于是，旋转木马继续转起来，这是构建遗留代码的最快途径。

如果不安排保养时间，你就无暇锻炼、保养汽车、打扫和整理房间、维修工厂机器，那么你本人、你的汽车、你的房间和你的机器会退化（有时退化的方式是令人意想不到的且灾难性的），这是任何人都不想看到的结果。你不仅欠了债，这笔债务还附带利息。健康债、保养债、技术债等。如果不偿还债务，一切都会变慢。

因此，在更快、更安全、更令人满意地交付更高质量的价值时，我会强调"更快"，而不是"更迅速"。"更快"是缩短学习时间、响应时间、前置时间，从而实现结果最大化，完成创新并且花时间与客户交谈。它并非只追求产量而放弃持续改进信息技术产品或工作系统。

这种反面模式在反面模式 4.3、5.2 和 5.3 中均有体现。它并非通过嵌套的学习环路优化业务结果，而是预先制订一个不切实际的计划，对活动做出"承诺"，设置"截止日期"或"最后期限"。如果未能如期完成，则要面临"死亡"威胁。技术卓越、重构、自豪感和员工参与度都会完全消失。技术债务增加，进度缓慢，形成一个恶性循环，这个恶性循环可以分为三部分：缺少合作、涌现性需要持续改进和系统熵。

（一）缺少合作关系

一个常见的说法是"业务只想要更多的功能"。有时这是一种集体思维的假设，一种受害者心态，缺乏关于持续重构的重要性的对话。有时利益相关者缺乏了解，并且采取（或继续采用）独裁的方式。有时，添加新功能的决定是合理的，体现了企业家精神，因为它具有先发优势，值得为此承担短期技术债务。

决策应该由价值结果领导、团队结果领导和架构结果领导共同制定。但这种反面模式的核心是"我们和他们"、命令下达者 / 命令接收者、独裁者、命令和控制、旧的工作方式。

商业和技术之间的传统分歧，"我们和他们"的行为规范，按职能角色而非价值流划分的部落认同，都无助于减少对软件开发工作性质的任何误解。不仅在信息技术领域，还在"我们的业务"中，人们越来越需要 T 形技能。如果非技术专家能够理解技术，就可以增加更多价值。技术专家也应该深刻理解他们所处的业务价值流。然而事实并非如此。人们经常观察到，一些人常常站在命令下达者的立场上，认为只有直接用于实现业务功能的工作才有价值。

在某些情况下，利益相关者或合作伙伴长期缺乏对重构和技术卓越的重视，他们的行为模式更加偏向独裁和微观管理。我看到团队实际上隐藏了技术改进工作，因为他们认为有必要保持或增加流程，努力减少为未来工作投入的精力、成本，并缩短实现价值的时间。

在数字时代，由于长期以来缺乏对改进工作的重视，人们觉得有必要向同事隐瞒这一点，认为这对组织和结果都有好处，这种做法无疑是疯狂的。人人都应该有主人公意识，既是为了了解技术模式，也要让技术专家不表现出受害者心态，并提出商业借口：由于缺乏对偿还技术债务的关注，"价值生产力"随着时间的推移而下降了。

缺乏合作也体现在衡量的内容与方式上。对工人而不是工作进行衡量，这是一种反面模式。我经常看到有人试图衡量一个开发人员的生产力。这是泰勒制中命令和控制的方法，它试图衡量个人的技术水平，导致人们缺乏心理安全。它驱动着一个老大哥，缺乏信任文化，对员工的敬业度毫无帮助。更糟糕的是，如果衡量标准包括"生产时间"或代码行数，人们可能会钻系统的空子，剪切、粘贴，写出冗长、臃肿的代码，用来应付这种没有意义的衡量标准。这将抑制创新，并减少与客户和利益相关者的交谈时间。技术债务的恶性循环图见图 7-2。

（二）涌现性需要持续改进

在这个反面模式中，当工作具有独特性与"未知的未知"时，如果缺少持续的重构和改进，那么 BVSSH 结果将朝着错误的方向发展。

产品开发具有涌现性。人们不知道自己想要什么，也不知道具体怎样开发软件，因为以前从来没有做过这样的工作。相同的软件不会被编写数千次，人们只写一次（然后需要重写几次），然后运行多次。因此，这是一项独特的工作，每次开发软件都是一个吸取经验教训的过程。后见之明也是好事。

如果吸取了经验教训并采取了相应的行动、完成回顾并具备持续改进的能力，那么所有未来的软件产品开发都可以被更快完成。作为一种涌现性活动，一种需要智慧、科学、艺术和协作的活动，软件需要定期重构代码。这是为了提高它的可维护性和可扩展性，使其更易于阅读，复杂性更低，缺陷

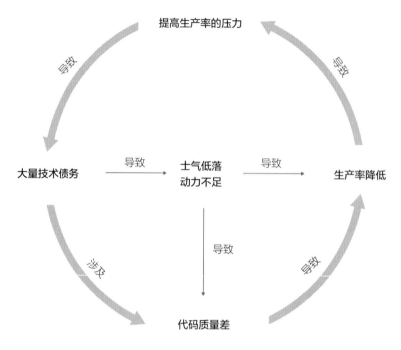

图 7-2 技术债务的恶性循环图

更易被修复、更易变更（甚至可能将一个庞然大物分解成多个组件）。编写更简单的代码需要更长的时间。

如果将这些经验教训放在一边，只希望快速实现下一个功能，那么我们就难以利用这些深刻的见解。也就是说，在一些例外情况下，第一个进入市场的产品值得承担技术债务。然而，这些债务最终需要偿还。如果不偿还，一味地追求速度，只能导致速度越来越慢。

除了重构代码之外，持续改进也能使工程受益，从而使工程"符合目标"。对于人来说，就是吃好，睡好，行动敏捷。就像在个人健康上投入时间一样，我们也需要在工程健康上投入时间。测试优先开发、自动化测试、静态代码分析、基于主干的开发、非功能测试性、可扩展性、可支持性、可观测性和韧性等，这些都相当于人们的健身房。如果不在这些方面投入时间，就终会导致质量降低、速度放慢、风险增加、交付的价值减少，且员工与客户的满意度降低。

因此组织必须专门拿出时间进行重构和持续改进，才能更快、更安全、更令人满意地交付更高质量的价值。

（三）系统熵

随着时间的推移，所有系统的熵都会增加。面对无序状态，什么都不做比静止更加糟糕。前者实际上是在倒退。这就是热力学第二定律，即任何封闭的系统都会走向无序。

信息技术系统周围的环境不断变化。数据的格式、类型和及时性、业务活动、硬件、操作系统、编译程序、第三方软件库、安全漏洞、人员和流程都在变化。

由于缺乏对技术卓越的持续关注，组织中的关键任务系统依赖一个不受支持的编译程序，因此它需要一个不受支持的操作系统，进而需要不受支持的硬件。它还要求开发人员继续在这种不受支持的组合上开发代码。这已经超出了无路可退的地步。新业务无法得到处理，唯一的办法就是将它们全部铲除和焚烧。它走入了死胡同。对组织来说，这样的成本和风险远远高于持续关注技术卓越所带来的成本与风险。

"保持常绿"是为了阻止熵增，使应用程序始终有技术支持，并使用最新的安全补丁。否则，组织可能会出现广泛开放的漏洞，造成严重的后果。例如我们在第 6 章中看到的 NotPetya 和 WannaCry 病毒的影响。

组织必须保持对技术卓越的持续关注，坚持"持续一切"的原则，经常进行小规模的重构，并定期进行更大规模的重构，比如从整体到微服务，从本地部署到云，等等。与进化一样，软件应该通过间断渐变来进化，以优化结果。

多年来，那些在技术上"足够好"但尚未达到技术卓越的团队（我曾多次见过这种情况），如果要实现更快、更安全、更令人满意地交付更高质量的价值，就需要安排时间让他们的实践达到标准。他们不必完全停止开发业务功能，可以每周或每月安排几个小时或几天，专注于改进工作，比如架构、测试、部署等。最终，改进会变成常规，成为日常实践的一部分。如果不能从长远角度优先考虑持续的技术卓越，组织就无法对 BVSSH 结果进行优化。

反面模式 7.2　敏捷空壳

这个反面模式即使没有追求功能的压力，也会形成"敏捷空壳"，即运用敏捷工作方法，比如 Scrum，但不关注技术卓越。它仅仅是敏捷的工作管理，所处的环境通常存在预先确定的庞大的架构设计和审查。它只有一个敏捷的外壳，缺乏核心的技术优势，无法优化结果。

《敏捷宣言》明确指出："持续地追求技术卓越和良好的设计，以此增强敏捷的能力。"这是十二条原则之一。注意其中提到"持续"一词。

Scrum 或看板方法是工作方法，并没有明确涵盖技术卓越原则和实践。它们适用于更广泛的情境，而不仅仅是软件开发。这通常会导致以软件开发作为主要活动的组织关注 Scrum 或看板的机制和工作管理，忽视了技术卓越。一段时间后，随着代码库的可维护性降低，进度会变慢。软件内部质量变差，难以添加新功能。随着时间的推移，所有权的总成本增加，流动性降低。原本希望减少时间与成本，结果反而增加了时间与成本，这是任何人都不想看到的结果。《敏捷宣言》的签署人之一福勒称之为"松弛的 Scrum"。

（一）"瀑布敏捷"解决方案架构

更糟糕的是，在采用基于迭代的方法之前，通常有一个传统的、庞大的、预先设计的解决方案架构和设计阶段，这是一种瀑布式 Scrum。因此技术设计是详细且确定的，难以应对涌现性，导致变化被抑制，人们花费大量时间在气泡中进行设计，缺少真正的学习或反馈环路。如果组织采用这种"瀑布敏捷"方法，没有"持续关注技术卓越和设计"，就无法对结果进行优化。我们应该做出足够的技术架构设想，不能过多，也不能过少。它应该是持续的，与长寿命信息技术产品的每日、每周、每月和每季度的嵌套结果节奏相匹配。

（二）传统企业架构

此外，在项目和解决方案架构的层级之上，企业架构流程通常不够精益或敏捷，不支持持续关注技术卓越和良好的设计。

根据我的经验，企业架构功能通常与某种形式的技术治理和减少重复有关，其重点是技术标准、软件和基础设施开发政策。传统工作方式中的企业架构师通常只在重要的新架构或重构的早期阶段参与软件开发计划，审查设计文档是否符合政策或标准，预先通过阶段—关卡予以批准，然后就结束了。

即使团队需要几个月而不是几分钟来交付功能，大规模的前期设计评审也几乎毫无用处。应用程序交付团队总会在软件构建的实际过程中发现复杂性，这意味着提交给设计部门或架构委员会的设计很少与最终交付的软件相似。这是控制的战场，不适合安全价值的快速流动。

如果不能给予技术卓越持续的充分关注，业务敏捷之路便障碍重重。

反面模式 7.3　团队与架构不一致

在这个反面模式中，技术架构和人员架构没有得到优化或出现了不一致。如果不加检查，就会忽视技术卓越，无法优化结果。另一个与此相关的场景是按技术层组织人员，抑制了技术卓越实践和流动。

1967 年，计算机科学家梅尔·康威（Mel Conway）撰写了一篇文章，提出了康威定律（Conway's Law）："设计系统的组织，往往被组织的架构所限制，最终设计的结果是这些组织的沟通结构的副本。"

也就是说，如果将人们组织成基于职能的大型团队，比如一个由 100 人组成的项目团队，其中 30 人负责开发，那么他们更有可能生产出庞大而单一的软件。如果将人们组织成跨职能的小型团队，他们更有可能生产出组件化的软件。2008年，哈佛商学院发表了一项研究成果，证实了这一假设。

一个有高内聚性和低耦合性的组件化技术架构，往往能够提高敏捷性，因为它的复杂性更加适合我们的大脑。它在团队的认知负荷之内，依赖性更低，团队能够以自己的节奏释放价值。因此，设立多个跨职能的小型团队是更好的选择，其优势不仅在于增进人际交流。

康威定律的一个推论是，一个组织的结构本身可能会受到他们多年前设计的架构的约束。如果没有刻意的行动，这就是一种进退维谷的局面。爱因斯坦说过："我们不能用制造问题时的同一水平思维来解决问题。"

这种反面模式的一个例子是操作模型的错误应用，没有考虑技术架构，可能导致额外的依赖和交接。将人员从单一的、基于职能的大型团队简单地重组为与价值流一致的小型跨职能团队，忽视技术架构整体的演变，充其量只能带来次优的改进。

最坏的情况是，重组增加了另一层协调和依赖关系管理。新团队可能要使用一个应用程序架构，在该架构中，功能需要跨多个组件进行变更，并且需要与其他价值流协调，进而延长了前置时间，降低了流动效率。

通过技术层组织企业

另一种情况是，组织通过技术层（见图7-3）而不是履行端到端流程的能力来组织人员和架构。例如，跨组织、业务单位或价值流的分层技术架构。在应用程序开发的职能筒仓中，这相当于将所有前端开发人员放在一个池中，将数据库开发人员放进另一个池中，人们通常认为这样做所需要的资源更少，因此成本更低。但奇怪的是，它最终会因为更多的交接、依赖关系和工作排队，导致组织的成本增加、流动效率降低、流动性降低、人们的满意度降低。时间被进一步切割，交付价值的数量减少，速度降低。解决方案架构漏斗与分层组织见图7-4。

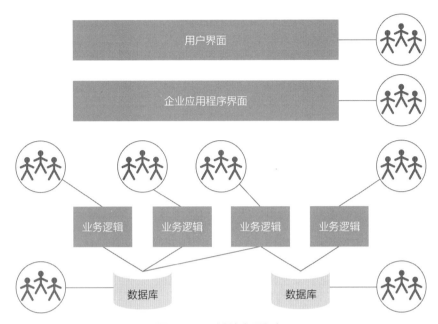

图 7-3　通过技术层组织

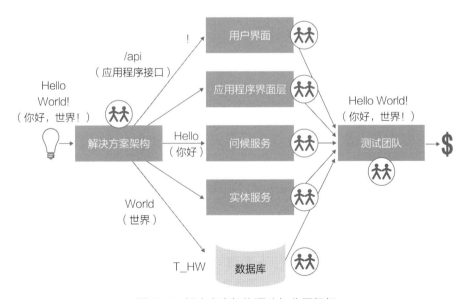

图 7-4　解决方案架构漏斗与分层组织

人们被限制在自己的层中，缺乏对应用程序的整体认识。在团队能够处理这些功能之前，绝大部分有价值的功能设计由另一个角色的子专业人员（解决方案架构师）在团队之外完成。团队几乎没有自主权，为了支持同步交付，必须估计并承诺时间框架。一些最简单的功能需要多个团队合作才能交付价值。仅靠各层上的局部知识，人们很难进行估算、设计、构建、测试、调试和支持。团队对结果几乎没有共同所有权。为了交付价值，没有一个团队能够满足所有需求。

《DevOps 全球状态报告》和《加速》（*Accelerate*）都将技术卓越与高效能组织联系起来。观察高效能团队和组织的技术实践，我们可以看到，当人员架构和企业架构按技术分层组织时，这些团队和组织的效率会明显下降。

正如马修·史坎顿（Matthew Skelton）和曼纽尔·派斯（Manuel Pais）在《高效能团队模式》（*Team Topologies*）中所述："组织设计和软件设计实际上代表了一个硬币的两面，两者都依赖于一群经验丰富的人员来推进实施。"

反面模式 7.4　关注工具而不是人

关于对技术卓越的持续关注，另一个常见的反面模式是关注工具而不是人。似乎只要安装了 JIRA（项目与事务跟踪工具）和 Jenkins（基于 Java 开发的一种持续集成工具），他们就认为敏捷了。此外我们还经常看到对自动化的过度依赖，以及技术专家缺乏职业路径。

如果流程、工作系统和行为规范、组织和激励方式没有改变，那么只关注工具是无法改进结果的。与其先关注工具，不如遵循人—过程—工具的顺序。

（一）DevOps 转型的重点在于工具

一个常见的场景是，一个组织正在进行 DevOps 转型，他们所进行的主要是工具转换。

工具（如构建和发布自动化、源代码控制和二进制工件存储库）为支持DevOps、敏捷和精益软件开发的协作和流动效率提供了必备的基础。人们常常认为安装现代开发工具链是 DevOps 的必经之路。但实际上，它有点像网球机，会通过网络以更快的速度将软件二进制文件发送给信息技术运营部门。例如，企业通常会关注支持自动化构建和部署的工具，并将其误认为"CI/CD（持续改进 / 持续部署）"，但大多数使用自动化构建和部署的团队没有进行持续集成，也没有持续交付，当然也没有持续部署。技术卓越实践与技术层组织见表 7-1。

表 7-1　技术卓越实践与技术层组织

技术实践	技术层组织所产生的障碍
测试自动化 / 持续测试	紧密耦合意味着团队在没有大量集成测试的情况下无法获得信心，而集成测试往往又需要等待其他团队
部署自动化	组件的自动化部署需要团队或复杂的自动化编排，需要将众多团队的贡献汇集在一起，以实现业务功能
松散耦合架构	将多层合并以实现单个业务功能虽然有可能实现松散耦合，但困难重重。功能变更通常需要跨多个团队进行协调
持续集成	跨团队的持续集成具有挑战性，但也并非不可能 [例如，使用 "monorepo"（一个代码库）方法]，只是它需要对非标准工具和流程进行大量投资
频繁或持续重构	跨越团队边界的重构是一项重大挑战，同样需要工具和流程的改变

"狭隘的 DevOps"重点关注的是工具而不是人，它是对信息技术的局部优化，并没有针对结果进行优化。DevOps、持续集成和持续交付（甚至持续部署）都以一种文化为基础，这种文化关注跨职能的合作与协作，以优化安全价值的快速流动。工具只能支持技能、文化和流动，充其量是提供鼓励。工具无法取代人的作用。正如 DevOps 运动之父帕特里克·德布瓦（Patrick

Debois）常说的那样："DevOps 是人的问题。"

（二）软件开发者缺少技术职业路径

通常情况下，技术专家很难获得职业晋升路径，你可能想要认可度高、影响力大、薪酬高、安全感强、有趣的工作，并参与管理，但实际上你只有个人贡献。提供职业路径是信息技术组织的第二天性，但它不是传统非信息技术组织（尽管这种组织有成千上万的工程师）的第二天性。

许多企业未能认识到高层中的个人贡献者（非管理者），至少是那些实际参与软件工程的贡献者的价值。在信息技术行业以外的传统组织中，软件开发者不得不停止编码，转而从事线性管理或做 PPT，以提高自己的资历。

晋升为管理者，管理你曾经从事过的工作，这是一条行之有效的晋升途径，也是一些人的愿望。但对那些拥有软件工程思维的人来说，从实际操作的工程师到管理工程师，这样的转变可能是一个挑战。并非人人都能从事人事管理，它也不应该是那些想进一步拓展职业生涯的工程师的唯一选择。

我们也会在许多组织中观察到另一种"向上"的路径［从动手编码到"设计"或"架构"（输出幻灯片或流程图之类的东西）］。考虑到技术的持续快速发展，那些不开发或操作软件的人，或者已经多年没有开发或操作过软件的人，通常具有极大的危险性，因为他们会向那些开发或操作软件的人下达命令和控制指令，要求他们处理架构和设计工件。

（三）机器取代测试者

有时，在自动化方面，尤其是测试自动化方面，平衡可能会被打破。那些从未被考虑采用自动化的场景，仍然需要一定的人性化。它们应由人来完成"异常路径"测试。此外，自动化目前无法持续改进，据马斯克称，特斯拉的过度自动化导致他们无法实现预期产量。

自动化测试和测试优先开发是现代软件工程的重要实践。自动化功能测试可防止新功能给现有功能造成障碍。在对软件进行微小改动时，它们会重复运行，这对于向小批量工作和连续交付的转变至关重要。如果没有全面、自动化的功能测试，敏捷软件开发、DevOps 和持续交付中的所有实践都没有效果。

测试驱动设计（或行为驱动设计或示例引导设计）是驱动简单、可维护、敏捷软件的核心实践，可以随着时间的推移而发展。软件顾问费瑟斯明确表示，测试和设计是互补的，前者可以告诉后者："如果难以为代码变更编写测试，那么你的代码可能应更加模块化，且模块应该相对较小……故障是误解的症状之一。有了模块化，质量也会随之提升。"

然而，组织经常"把婴儿和洗澡水一起倒掉"，认为有了开发者编写的自动化测试，就再也不需要测试专家了。由于不再将测试人员包括在团队中，他们错过了那些擅长寻找"异常路径"的人。

针对这种方法，情境驱动测试方法的支持者迈克尔·博尔顿（Michael Bolton）和詹姆斯·巴赫（James Bach）发出了危险警告。他们将测试与检查区分开来，认为测试是一种基本类似于编程一样的人类活动，而检查是一种重复性任务，包括设置、执行与断言行为，通常由测试员手动完成，也可以用软件自动操作。

博尔顿和巴赫断言，测试的人为因素是在其操作环境中探索构建产品或功能，以便通过实验评估其质量。他们拒绝重复"探索性测试"（这只是"测试"）的需要，并利用赫伯·西蒙（Herb Simon）的"满足"概念，将"满足"和"足够"结合，认为测试活动永远无法完全证明产品或功能毫无缺陷。无论自动化程度如何，测试过程都只能让人们看到进行了哪些探索和评估，并就向用户发布的功能的风险提出建议。

　　# 从反面模式到正面模式　　

追求卓越

本章所列出的反面模式的一个共同点在于未能持续关注技术卓越。

人们可能会对"速度"一词过度索引，从中长期来看，他们过度关注功能工厂，没有足够的精力偿还技术债务，甚至没有精力进行持续改进以建立技术信用，因此无法更快地完成未来的工作。人们可能只关注敏捷工作管理，结果忽视了技术敏捷。技术架构和人员架构不一致，组织不应将重点放在工具上，忽略了人。

当然，有一些正面模式可以对抗这些反面模式。它们利用了在产品开发情境下数十年的制造与软件开发经验。

例如，"慢下来是为了快起来"；将部分能力放在优先地位，以便持续改进；避免技术债务的复利；从恶性循环走向良性循环。敏捷性以坚实的技术为核心，优先考虑技术原则和实践。组织应针对团队的认知负荷进行设计并打破依赖关系，关注人的智慧与机器的结合（丰田称为"自动化"，这是一种有人参与的自动化）。

组织要将这些正面模式应用于具体的情境中，从而更快、更安全、更令人满意地交付更高质量的价值。

正面模式 7.1　慢下来是为了快起来

高效能组织认识到，他们需要放慢速度才能变得更快。与体能耐力项目（如马拉松或自行车运动）的训练一样，恢复日与训练日同样重要，因为这是身体逐渐适应并进一步提升运动表现的时候。没有充足的恢复时间会导致过度训练、疲劳，最终导致疾病或受伤。我们在反面模式 7.1 中看到了与此类似的产品开发过程，因为组织过分关注速度，导致技术债务，进而使速度变慢。

为了更快、更安全、更令人满意地交付更高质量的价值，组织应认识到，在所有软件开发过程中都要拿出一部分时间（按周甚至按小时计），用于持续关注技术卓越，而不是只关注功能交付。当然也有例外情况，例如，为了获得先机而特意承担技术债务。但这种债务必须偿还，否则未来还会拖慢工作速度。下面我们将讨论四个关键点：可视化、可视化、可视化；优先改进日常工作；指导技术卓越；测量和反馈环路。

（一）可视化、可视化、可视化

"行为上的忍者移动"直观地表示每次迭代或一段时间内完成的不同类型的价值项数量。用多米尼加·德格朗迪斯（Dominica DeGrandis）的话来说，是"让工作看得见"。工作至少有四种类型：①新功能；②失败需求（修复缺陷）；③风险故事（见第 5 章）；④改进故事。米克·科斯腾（Mik Kersten）在他的"流框架"中将工作分为功能、缺陷、风险和债务四类。在敏捷术语中，这些价值项通常处于"故事"层面。每个价值项都应该很小。

将每种类型工作的时间可视化（见图 7-5），就像在黑暗的房间里打开一盏灯。假设用蓝色表示"功能"，用红色表示"缺陷"，用黄色表示"风险"，用绿色表示"债务"，如果我们看到了一片蓝色的海洋（一个功能工厂），那么它将释放出一个强烈的信号，即在未来的某个时刻，它将成为红色（缺陷）和绿色（债务）的海洋，而蓝色（新功能）将被排挤出去。

如果工作类型之间能够保持健康的平衡，没有一类工作占据绝对主导地位，组织可以持续关注技术卓越，那么从功能到补救的摇摆不定的情况可能会大大减少。它可以在未来改进交付结果。这就是有效的可视化方法，能够使团队进行检查和调整。

大部分情况下，改进工作（要么偿还债务，要么积极主动地工作以免欠下债务）是持续改进。这是敏捷和精益的核心，是一个基于洞察力不断反思和改进的过程。在丰田，知识型员工预计将 40% 的时间用于改进活动。

但有些时候，改进工作是突破性改善或根本性改变：重写而不仅仅是重构应用程序；转移到云；其他需要计划、资金和时间的重大架构变更。工作类型之间需要保持平衡，持续改进和突破性改善之间也需要保持平衡。

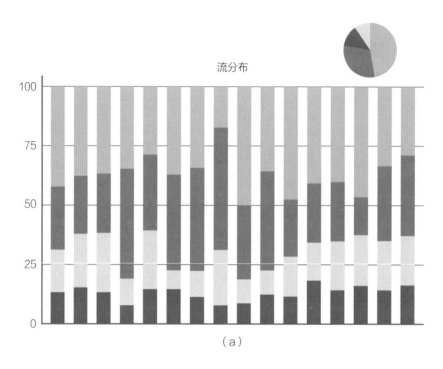

（a）

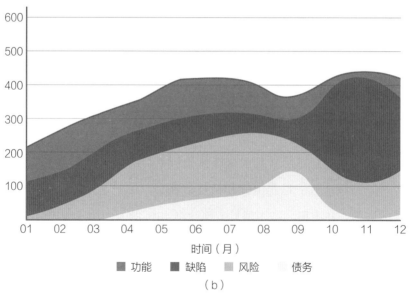

时间（月）

■ 功能　■ 缺陷　▨ 风险　□ 债务

（b）

图 7-5　流分布

（二）重视对日常工作的改进而不是日常工作本身

在《独角兽项目》中，吉恩·金写道："第三个理念是改进日常工作。反思丰田安灯拉绳教给我们的东西，组织必须重视对日常工作的改进，而不是日常工作本身。"这是"慢下来是为了快起来"模式的第二部分。

至少，组织和团队应该在待办列表中保留一定的空间，用于技术改进活动。根据我们的经验，合适的比例至少是20%。

在很长一段时间内，功能工作和改进工作应达成平衡。如果一个时间段内需要更专注于业务功能，那么在接下来的一两个时间段内，组织需要更关注其他工作类型，以维持平衡。

我发现，当组织的高层（理想情况下是首席官层面）达成一致意见时，这项工作最有成效。他们提供理解、支持和鼓励，使功能、特性和特征的短期承诺与持续改进保持平衡，允许任何因商业原因而有意产生的短期债务，例如抢占市场先机。

正如反面模式7.1所示，组织在一个涌现领域中需要持续重构，因为存在许多"未知的未知"。此外，我们还看到了封闭系统的熵会随时间的推移而增加。这两方面都要求我们持续关注技术卓越和设计。

关注和激励更快、更安全、更令人满意地交付更高质量的价值，会影响期望行为，因为我们需要不断进行技术改进，才能使BVSSH的每一项度量指标呈现积极趋势。这需要价值结果领导、团队结果领导和架构结果领导这三个角色之间的妥善配合、协调与合作。

（三）指导技术卓越

正面模式2.1讨论了从小到大的方法。同样的方法也适用于应用程序交付团队的技术实践。尽管有优秀实践，但由于我们处于一个具有涌现性的工作领域，因此不存在最佳实践。大多数体现技术卓越和良好设计的实践都需要根据情境加以调整。而且，在拥有实践经验的软件开发专业人员的帮助下，团队可以充分利用其中的大部分实践。组织提供帮助的方法有两种：一种是在组织内提供跨团队的指导；另一种是建立"道场"——独立的学习环境，塔吉特公司（Target）、威瑞森通信公司（Verizon）、沃尔玛（Walmart）等公司都采用了这种方法。

根据反面模式 7.4，我们应该将重点放在人而不是工具上。工具本身不能完成或领导具有高度可维护性的软件的大多数优秀实践。但将一些工具因素与人为指导相结合，可以帮助团队实现技术卓越。表 7-2 列出了关键的技术实践，以及工具对它们的支持程度。

表 7-2　技术实践不能仅依赖技术，还需要人的指导

技术实践	工具是否支持?	人为因素	工具因素
测试驱动（或行为驱动，或实例引导）设计 / 开发	支持	理解测试、模块化与巧妙利用双重测试之间的相互作用。理解行为和实例的嵌套层级——从功能注入层级的客户或用户行为到方法或功能行为。在没有任何自动化的情况下使用行为驱动开发，探索通过功能注入增强场景	测试 / 行为驱动开发与模拟框架（mocking framework）。变异测试框架，检查测试本身的质量
领域驱动设计	不支持	适当应用领域驱动设计的社交和设计模式，如通用语言或限界上下文	不适用
简单设计；清洁代码	不支持	YAGNI 法则——不要实现没有必要的东西；选择简单性；良好的命名；适当规模的分类与方法	不适用
代码集体所有权与编写代码标准	支持	对个人拥有代码的概念的高度化变革	现代源代码控制支持代码集体所有权。现代编写代码标准通常是高度自动化的

续表

技术实践	工具是否支持?	人为因素	工具因素
SOLID[①]原则	轻度支持	合理利用	适当情况下的静态类型语言中的依赖注入框架（但只能在适当的情况下）
重构	高度支持	重构的目的是促进人与人的交流	大多数现代集成开发环境支持大量重构
持续交付	轻度支持	涉及交付团队中多个利益相关者对通过传输路径交付质量的持续信心的判断	需要如上所述的持续改进／基于主干开发的能力，将其扩展为一键部署到整个生产系统
基于主干的开发／持续集成	支持	持续集成／基于主干的开发目标是在持续可用的主干（master/trunk）上建立一个完全集成的代码库，以辅助协作。停止并修复实践（例如，每个人都专注于修复一个异常构建）并利用结对编程或对较小的拉取请求进行更频繁的审查，确保流动顺利，这通常是重大的文化变革	需要将源代码控制系统、构建服务器和测试自动化相结合。一些工具有助于修复异常构建
可观测性	高度支持	要求开发／运营团队优先考虑快速诊断生产问题所需要的信息	现代结构化日志、监视、可视化、查询和警报功能

---

① 是面向对象设计和编程中的几个重要编码原则的首字母缩写。——编者注

续表

技术实践	工具是否支持?	人为因素	工具因素
生产环境下的测试	高度支持	生产环境下的测试需要利益相关者深信新功能的影响半径是有限且高度受控的。它是对所有常规测试形式的补充，而不是替代，因此，它更加安全。它承认预生产环境和生产环境之间的真实差异，显著降低了风险，并采取了小规模增量发布，而不是大爆炸式发布	配备基础设施，以支持蓝/绿部署、金丝雀/环式部署、功能标记等

团队和组织应该利用内部专业知识和经验，或者从外部引入专业的敏捷软件开发指导。这些指导比"敏捷过程指导"更加珍贵。将敏捷作为工作管理方式（或充其量将敏捷作为产品开发方式）与将敏捷作为软件开发方式，两者的差异显而易见。敏捷教练应该提高人们的技能，帮助他们理解软件工程实践与他们以前以敏捷方式工作时的实践有何不同。

极限编程（XP）使用的设计指导模式是让团队使用"无序"结对编程，持续指导自己进行适当的技术实践。我们将在正面模式8.2中进一步讨论这个问题。极限编程中有一个明确的角色，即"教练"，他们为团队注入经验。对设计质量来说，这是一种协作而非命令和控制的方法。

第8章中讨论的丰田套路也适用于此。丰田套路允许团队在实践中学习，团队领导者通常扮演指导者的角色。

（四）衡量和反馈环路

"慢下来是为了快起来"正面模式的第四部分是衡量关键目标完成与否。没有衡量，就无法提高。此外，并不是每一件能够计算得出来的事，都有意义；也不是每一件有意义的事，都能够被计算出来。在持续关注技术卓越的情境下，所有对 BVSSH 的衡量都很重要，因为 BVSSH 的各个方面需要相互平衡。也就是说，最重要的两个指标是更快（周期）和更高（质量）。提升这两个方面，将对更令人满意、更安全与价值产生积极的影响。

"更快"衡量的是可持续的交付速度。一个易于衡量的指标是发布节奏，即软件发布的频率。发布节奏是最简单的指标，因此它的意义最小。例如，你看到 6 个"项目"同时推进，每个项目都有 6 个月的前置时间，且项目之间间隔一个月。这给人的印象是团队每月都在进行迭代。事实上，由于大量的情境切换，流动效率始终很低，6 个月的前置时间难以实现技术卓越，流动障碍仍未解决。

《DevOps 全球状态报告》与《加速》都讨论了概念兑现价值流中的一个分段：从代码签入到生产所花费的时间。作为端到端流程的一部分，这是一个很好的衡量指标，可以用来衡量技术卓越性。对其进行优化（尽可能快地完成这一过程，包括其组件元素，如构建时间）是一项值得努力的工作，因为它将推动对技术卓越的需求，并提供快速的反馈环路。也就是说，你要关注端到端，警惕局部优化，如果发现正在强化的不是 BVSSH 结果链中最薄弱的一环，那么停下来，转向最薄弱的环节。

考虑到概念兑现的更大范围的端到端前置时间，以及反面模式 4.1 中描述的"紧迫性悖论"，我们将在正面模式 7.2 中看到企业架构历史、决策和设计如何对"更快"产生重大影响，而不仅仅是影响单个产品开发团队的改进。

还有一个指标（对速度同样有一定的影响）是"更高质量"。质量应该是连续的，质量是生产出来的，而不是检验出来的。衡量"更高质量"的一个滞后指标是"生产中的事故"。这是一个主要的衡量指标，因为空谈不如实践。非生产环境下的缺陷不是质量的衡量指标，它们只是未完成的工作。

此外还有一些重要的质量衡量指标，如静态代码分析度指标。SonarQube等工具可以帮助我们对代码层级的设计质量的某些方面进行高质量的数据可视化。它们还可以发现安全漏洞和潜在错误、测试代码覆盖率、剪切和粘贴重复代码，发现违反代码编写规范的地方，判断代码复杂性等［将这样的工具插入开发人员的集成开发环境（IDE）中，从而将这些质量检查移到最左边（例如，SonarLint，SonarQube 的集成开发环境插件，或 FXCop、Checkstyle、ESLint 等语言专用工具）］。

代码的可维护性是优化结果的关键。所谓可维护性，即代码容易理解（无论是单行代码，还是方法代码或功能代码，抑或设计的嵌套模块）。静态代码分析可以帮助我们找出那些本不需要如此复杂的代码。

分阶段实施这些方法已经取得了显著成效。你可以首先将代码质量可视化并呈现给团队，然后让团队遵守质量标准。例如，SonarQube 区分了库存（旧）代码和流动（新）代码，并允许团队在代码流上设置质量标准，从而支持持续改进。

不管被衡量的是什么，衡量的对象始终是工作而不是员工，并且我们要关注随着时间推移的趋势，因为情境不同，一切都不是绝对的。正如反面模式 7.1 所示，衡量员工并不能优化结果。一个团队作为整体取得成功并共同学习。工作的原子单位是信息技术产品或团队。如果需要对比异常值、了解工作表现，我们可以对比团队，然后由团队持续改进和 / 或指导他人。如果团队中有人在生成低质量代码，团队最擅长解决这个问题。

正面模式 7.2　持续的技术卓越

在反面模式 7.2 中，我解释了敏捷工作管理如何制造"敏捷空壳"，它无法改进技术实践。与之相反的做法是，团队层面和企业层面的技术生态系统支持持续的技术卓越。这使敏捷性具备了坚实的技术核心。

2012 年，黛安娜·拉森（Diana Larsen）与詹姆斯·肖尔（James Shore）提出了敏捷流畅度模型，他们提出了一种渐进方法，使团队和组织采用多层的敏捷方法。该模型不是成熟度模型，也不是团队或组织目标的基础。凯尔西·亨特（Kelsey Hunter）指出，在该模型中，"如果较低的流畅度对你的情境有意义，那么团队可能会故意倒退"。

流畅度1级，专注，只关注敏捷工作管理。拉森和肖尔将其描述为"敏捷基础""这是展示成功并吸引进一步投资的绝佳方式"。

流畅度2级，交付，这是大量利益开始累积的地方。拉森和肖尔描述了极限编程中的技术实践与DevOps的一些技术方面如何超越Scrum提供的纯工作管理的"专注"优势，创造出"低缺陷率和高生产率"的成果。他们指出，流畅度2级是"技术层面最流畅的区域"。

但流畅度1级是我们看到采用敏捷方法最多或转型停滞的地方。这是许多敏捷教练感到最舒适的地方，也是大多数流程培训的焦点。但是，正如《加速》一书所说，"低缺陷率和高生产率"对应的是敏捷流畅度2级及以上的技术实践，它也需要指导。

（一）日常工作中的技术卓越

根据这一模式，我们不能将软件交付中的技术工作和功能工作视为两个独立的部分。组织不应该出现敏捷空壳。整体的技术卓越原则和针对具体情境的实践应该有明确的界定，并成为过程的一部分。组织在构建过程中需要一个坚实的技术卓越核心。

极限编程及其支持者明白，要实现软件敏捷性，组织需要在整个工作系统中贯彻轻量级软件实践。从一个概念的高层次定义到交付价值，我们应持续将上述许多实践配合使用。技术卓越实践应当成为日常工作的一部分。

这些技术实践主要集中在团队和个人应用程序层面。我们还需要了解这些团队和应用程序如何共同改变，以构建有价值的业务结果。

（二）公仆型领导

为技术工程提供公仆型领导，应涵盖软件工程和基础设施工程（后者在现代云环境中正逐渐转变为软件工程）。

根据正面模式 4.1，为了保证敏捷具有坚实的技术核心，我们可以建立一个小型的、共享的软件工程卓越中心（又名行会或实践小组）和一个自愿参加的、开放的实践社区。卓越中心不是一个就业中心，恰恰相反，它是一个小团队；负责支持组织中的工程专家；他们与价值流保持一致，遵循公司的软件工程原则，对实践提出建议，确定最小可行护栏；捕捉不断冒出的障碍并消除这些障碍，将人们联系在一起；改进流程，提供工具，共享，将学习气泡相互连接，培养技术职业路径；吸引并留住工程师，最终能够更快、更安全、更令人满意地交付更高质量的价值。

（三）企业架构开发卓越

我们已经看到，现有的企业体系结构设计，尤其是分层架构及其组织结构，可能是流动的一个主要障碍。它会极大地影响团队层面技术实践的有效性。我们不仅要关注团队或应用程序架构，还要关注企业架构的卓越性。

企业架构实践应像第 5 章所描述的业务结果驱动方法一样，且其策略应该不断发展，以优化安全价值在企业应用程序中的快速流动。我们应该关注流动与自主性（以及"能力"）的架构（不仅针对单个应用程序，还要针对企业应用程序生态系统的相互作用）。这对传统的企业架构功能来说往往是违反直觉的。团队可能有季度的业务成果，这些成果集中在企业架构重构上，它将通过项目组合路线图的形式进行。这种方法的好处在于，它推动了重构过程中的业务价值表达，有助于团队在"我们的业务"中进行合作。

正如第 5 章所述，组织需要对企业架构与价值流团队的互动方式进行优化，以实现安全价值的快速流动。企业架构成员是价值流安全团队的一部分，他们不仅仅在前期进行互动，还会在情境中频繁进行轻量级的互动。

如正面模式 5.1 所述，对长寿命信息技术产品的持续改进也应属于业务成果。团队应该意识到，在本季度进行这组实验时，他们会采用正确的方式，将企业架构发展为进一步支持团队自主性的结构。

正面模式7.3　针对价值流动的架构与组织

反面模式7.3体现了对康威定律的忽视。我们看到一个模型，其中团队和技术围绕组件层进行组织，我们也看到人员架构和技术架构不匹配所造成的影响。如果在不改变技术架构的情况下，试图改变团队模型，就可能出现上述反面模式，反之亦然。

如正面模式4.1所示，以价值流为中心的组织正在对快速的价值流动进行优化。为了实现结果最大化，避免产生额外的依赖关系，组织首先要考虑软件工作的基本技术性质，其中价值流包括信息技术。

康威定律及其反面的含义也需要考虑在内。对拥有大量遗留技术的企业而言，技术架构将继续限制组织的最有效结构，必须努力对两方面加以改进（见图7-6）。

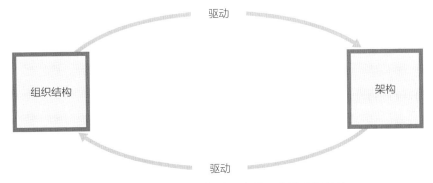

图7-6　组织结构驱动架构，架构又驱动组织结构

（一）临时共享的服务价值流

一团"泥球"似的信息技术系统是一个庞然大物。它作用在许多价值流上。它是紧密耦合的。由于缺乏组件化能力，它很难表现出敏捷性。它有很

多分支，其复杂性往往令一个人的头脑难以应对。它通常要求每个人同时进行测试和发布，无论他们是否愿意。它给流动和质量带来技术上的瓶颈，因此，要优化 BVSSH 结果，组织必须改变这个信息技术系统。

要针对价值流动进行架构和组织，组织需要将它放在一个临时共享的服务价值流中，如正面模式 4.1 所示，然后，可能在几年之后，将其分解为许多小型的、可独立测试和部署的组件，并采用合适的人员架构，如小型敏捷团队和小型敏捷组件。组织可以采用"绞杀者模式"（Strangler Pattern），这是福勒于 2004 年首次提出的模式，以澳大利亚一种名为绞杀无花果的植物命名。福勒说：

可以选择这样一种方法：在旧系统的边缘逐渐创建一个新系统，让新系统在几年内缓慢生长，直到旧系统被绞杀。这么做听起来很困难，但我逐渐发现，这是一件值得尝试的事情。

随着时间的推移，软件组件应该处于适当的长寿命价值流中。最终，你可以停止使用临时价值流，巨大的"泥球"将不复存在。这需要时间。没有快速的解决方案。因此，最佳开始时间就是现在。

（二）针对团队认知负荷进行设计

在《高效能团队模式》中，作者史坎顿和派斯参考康威定律，描述了架构和组织结构的交点。他们认为，可独立部署的软件组件的规模应该与一个拥有 T 形技能（见第 8 章）的 9 人敏捷团队能够开发和运行的规模相当。他们补充道，这类组件大多应交付独立的业务价值，需要少量的专用组件和薄薄一层基础设施。

史坎顿和派斯明确表示，这种方法未必意味着要使用微服务架构。也就是说，精心设计的现代"较大"（注意不能太小）的微服务的本质符合这种模式。这些微服务应该拥有自己的数据，将其保存在一个只有服务才能直接访问的逻辑数据存储或数据库中。它们应该有自己的业务逻辑，可以基于"有界上下文"，并且可以在微前端模式中拥有自己的前端。它们还应该通过事件或消息与其他服务松耦合，较少依赖应用程序编程接口（API）调用，并且可以独立测试、部署和扩展。

针对价值流动进行架构和组织时，建议针对史坎顿和派斯所说的"团队认知负荷"或特霍斯特-诺思所说的"适合你的头脑的软件"进行设计。

我们需要特别关注持续改进，在飞行中升级飞机，并让每个人都认识到"保持常绿"和持续技术改进是一项重要工作。正如本章所述，持续改进与突破性改善是一个日常过程。这是间断渐变论。

我曾经成功运用的一项原则是"多速度并行"。它可以每天部署价值碎片，生成快速反馈和快速价值。它每月进行一次重构，比如使用新技术进行首次小型实验，或者拆分一个开始缺乏高内聚性的微服务。此外它还可进行更大规模的季度改进（仍然采用小处着手、快速学习、降低风险的方法）。这可能是我第一次从本地部署到云，或者用一种新的数据流技术进行实验。

（三）不要只管理依赖关系，要打破依赖关系

我们必须努力打破技术组件与团队之间的依赖关系。打破依赖关系可以实现敏捷与 BVSSH 结果。

我曾看到的一个错误是，组织花费太多时间管理依赖关系，而不是打破依赖关系。因此组织需要调整方向，将精力放在打破依赖关系上。组织有许多方法可用，除了上文所述的将一个庞然大物转变为可独立测试和部署的组件，还有服务虚拟化（模拟在依赖服务上完成的工作）、功能转换（以便工作可以被发送、关闭）、共享代码所有权、在某些情况下将开发人员安排到其他团队（减轻人员的依赖性）。你要根据你的情境选择合适的方法。最重要的是检查、调整和持续改进的能力。习惯行为和你所拥有的支持对于构建元级别

的能力非常重要。

这些方法可以提高企业架构中的高内聚性和松耦合，从而提高敏捷性。特别值得一提的是，这些方法抛开了企业敏捷框架中许多工作管理的方面。当依赖关系被打破，团队具有高度自主性、高度一致性，并且具备独立向生产释放客户价值的技术能力时，它就不需要再将大量时间花在协调、同步发布、大批量集成测试或依赖关系的协调上。

这些框架的规模化实践大多是团队间硬依赖的规模化管理。从传统上来看，企业会针对安全价值快速流动以外的因素优化其架构，因此我们可以从一些用于规模化框架的实践开始，而不是将其视为目的地。它们将实现渐进式变革。相反，自治团队和架构则有可能实现指数级的根本性变革。

■ 案例研究：CSG 从"一刀切"的敏捷转向注重结果和行为

2007 年，电信行业软件和服务提供商 CSG 国际（CSG International）决定从 20 多年的瀑布式实践转向完全敏捷方法。他们以大爆炸的方式推行这种方法，在 50 个团队的 600 多人的项目组合中推行相同的实践和职能。两年后，这项努力宣告失败。软件工程高级副总裁斯科特·普鲁特（Scott Prught）解释道：

"为了取代'一刀切'的方法，我们的团队后退一步，在软件开发的情境下关注几个团队的技术实践。这些实践在团队中的作用类似，都'为生产铺平了道路'，是一种'大处着眼，小处着手，快速学习'的方法。这么做提高了反馈速度，从而大大促进了学习，对改变人们的工作和行为方式至关重要。

"2009 年，功能的前置时间仍然很长，客户的需求没有得到满足。我们意识到，除非继续提高敏捷性，否则整体的前置时间无法缩短。具体来说，我们发现，在端到端的价值实现时间中，从交接到排队的等待时间占据了很大的比例。流动效率很低，有大批量的工作（200 多个功能）待完成，上线时间超过 430 天。而且质量仍然存在问题。在许多基于职能的工作交接中，出现了推卸责任的问题。

"除非解决这些交接中存在的问题，增强端到端的责任感，打破使人联想到 20 世纪初的泰勒制的职能筒仓，否则就无法达到下一个层次。2012 年，我们将职能筒仓重组为跨职能的产品协调小组。团队将发布节奏加倍，从每年两次增加到每季度一次。这将我们的批量规模缩小了一半，并提高了向客户交付价值的速度。

"下一个浮出水面的障碍是信息技术运营部门难以加快步伐。为了改进这一点，我们启动了'共享运营团队'，他们'拥有'非生产环境和生产环境，并且每天部署到非生产环境。起初，这种行为的改变非常困难。团队花了几个月的时间将环境间的差异合理化，并将日常部署所需的许多手动任务自动化。这个尝试的结果是惊人的。通过每日部署，运营团队能够了解即将出现的功能和变化，并不断改进部署和运营环境。形成这个新习惯后，程序发布变得无关紧要，运营工程师甚至可以在部署发布的时候玩电子游戏。

"我们发现发布的质量非常好，但生产中 98% 的问题发生在发布之外，其中 92% 的问题可以由信息技术运营部门快速修复。我们发现，虽然进展速度很快，但在操作墙的另一边，有很多需要返工的地方。要将软件投入生产，仍有许多手动过程。更糟糕的是，开发人员对生产了解甚少，也不了解信息技术运营团队在使用难以运行的软件'把事情做对'时面临的压力。

"我们决定设计一个团队拓扑结构，使同一个团队承担对软件及其运行方式的责任和理解，实现'开发运营一体化'。为此，我们将开发和运营团队合并在一起，形成跨职能的 DevOps 团队。这些团队负责从产品设计到运营的整个生命周期。我们也提供了很多自服务，以进一步减少交接和等待时间。

"为了达到在这一方面的整体改进，我们花费了很多年的时间，而这趟改进之旅永远没有尽头。我们取得了令人惊讶的结果。整体质量提高了约80%（更高），交易增加了700%以上（价值）。我们推出功能的时间和学习时间几乎提高了五倍（更快），从249天减少到56天。最令人惊讶的是，我们的员工满意度更高了。在这一时间段内，员工净推荐值增加了400%以上。我们正在更快、更安全、更令人满意地交付更高质量的价值，此外我们还将进行更多的改进。"

正面模式 7.4 人与机器的合作

在反面模式7.4中，我们看到，在不考虑人为因素的情况下，采用工具优先的方法无法优化结果。在构建和操作软件方面，技术可以带来进步，但这不会抵消我们对熟练人才的需求。相反，技术为有技能和有才能的人提供了一定的基础，使他们可以专注于创造性的知识型工作，而不是重复的体力劳动。在智能团队中，将人的智慧与机器相结合，丰田称为"jidoka"或"自动化"，它能够实现更快、更安全、更令人满意地交付更高质量的价值。这种模式包含四个部分：通过行为改变文化：小处着手和实验；拓展技术生涯；自动化：质量专家与机器配合；建立韧性。

（一）通过行为改变文化：小处着手和实验

首先要记住的是以人为本。持续关注技术卓越和良好的设计需要对文化进行变革，而不是一个全新的过程或闪亮的工具。"不管乍看如何，这始终是关乎人的问题。"工具可以起到辅助作用，但文化变革模式，如忘却学习和再学习、安全学习实验、根据创新扩散曲线邀请创新者并创造社会认同，都是实现持久成功的必要条件。重点是按照人—过程—工具的顺序。

全球精益联盟（Lean Global Network）主席约翰·肖克（John Shook）认为，在改变行为之前，我们不能先改变文化或思维方式。我们首先要以一种较微小的方式改变行为（用行动实现新的思维方式），随之思维方式也会改变。你要以身作则，而不是强制实施一个过程，要在人的背景下分享或建议一种实践。

通过这种方式，我在指导技术卓越方面取得了巨大的成功，例如，我曾与一个团队合作，尝试采用基于主干的开发实践，分享由此带来的变化。我了解团队应用这种方式可能会遇到的障碍，于是分享它的优势，然后让团队单独进行几周的实验。他们可能会选择继续采用这种方式，也可能会恢复原来的工作方式。

正如正面模式2.1所示，这种转变最理想的形式是"从小到大"和S曲线发展，让文化变革以人们忘却学习和再学习的速度进行。它可能遭遇顺风，也可能遭遇逆风。我们无法强迫变革以一定的速度进行。这样可以避免给旧行为贴新标签。打破大型企业中开发人员与运营人员、开发人员与测试人员、业务分析人员与开发人员、客户与业务分析人员之间的障碍，需要循序渐进。按照正面模式3.2，组织应邀请而不是要求。从天生的创新者开始，他们是你最初的拥护者。

正如肖克观察到的那样，对过程的改变通常会催化行为的改变。我们往往不希望将过程强加给人。也就是说，每个中型和大型组织都有文件化的政策、标准、控制和流程，用于变更交付和服务管理，它们是控制环境的一部分。

我在许多组织中看到，工作方式团队如何掌握这些过程［如正式软件交付生命周期（SDLC）或发布管理过程］的所有权，并更新这些过程，以允许和激励团队，让他们实际拥有自己的应用程序。这样做是因为，这些正式流程是为了清晰地显示控制，保持一致性，因此应更新这些流程，以优化持续交付，实现安全价值的快速流动。这需要获得高级管理层和内部审计的支持。

团队自主性的提高可以带动技术卓越与质量的提高，因为人们会更加强烈地感受到对结果的共同所有权。此外，跨职能的团队与价值流保持一致。从合作的角度来看，不应该区分我们和他们，不应该存在基于职能的交接，应在价值流中形成部落认同，团队应作为整体取得成功或学习。这样一来才能产生良性循环。

当然，正如前文所述，一些现代工具可以起到辅助作用。但工具也需要在人的背景下使用，这取决于人们的学习速度和接纳变革的能力。

（二）拓展技术生涯

组织必须要铺设一条通往最高层的技术职业路径。与信息技术公司相比，一些传统的组织起步较晚，但也已经开始为软件工程师制定技术专家职业路径，采用的方法不是让软件工程师管理其他工程师或者制作 PPT。

杰出工程师计划

包括 IBM 在内的技术公司长期以来都设有对杰出工程师的表彰。其他企业，特别是金融服务业，也启动了类似的计划，以表彰和奖励杰出的个人贡献者。在不同的组织中，它都可以代表技术专家职业生涯的巅峰。

单独对少数杰出人士进行表彰非常重要，在数万或数十万人的组织中，这样的杰出人物的数量通常是两位数；然而，对于经验丰富的开发人员的职业生涯来说，仅靠激励、聘请和奖励是不够的。培育计划可以使更多获得高度认可的初级专家或企业工程师达到接近杰出工程师的水平，比如成为专家工程师。

与信息技术相关或无关的一些行业都有明确的管理 M 轨道和技术专家 S 轨道。不管如何构建，对于那些希望继续亲力亲为的软件和基础设施工程师来说，组织的职业结构都应该清晰地体现晋升与获得认可的道路，但同时要避免"英雄"或"摇滚明星"文化，并确保他们的经验可用于指导下一代优秀的技术人员，成为指引他们前进的灯塔。

英国政府数字服务技术职业框架

英国政府数字服务是技术职业发展框架的典型例子，能够给许多企业带来启发。

该框架描述了不同资历等级的角色，包括一系列技能水平和预期技能水平。例如，软件开发人员有 6 个级别，从学徒到主要开发人员，还有两个具有不同技能期望的轨道，一条通向管理层，另一条通向技术专家。他们即使到了最高等级，仍然会亲自参与技术工作。

（三）自动化：质量专家与机器配合

这一模式的第三部分是关注"自动化"（包含人的因素的自动化）。在反面模式中，我们看到，仅靠自动化不能优化 BVSSH。

在质量的保护伞之下，测试人员的作用是找到"异常路径"。在开发人员认为完美交付的功能中，测试人员可能会发现缺陷。现代测试方法将质量左移。它将尽可能多地重复性检查自动化，采用测试优先（愉快路径）开发，并在需要独特的测试思维和技能组合时为人的交互留出空间。这些场景可能是开发人员没有或无法考虑到的，因为有 300 个认知偏差会影响他们的思考。这些情况可能包括在开发新功能或故事之前发现未考虑的缺陷或异常路径。组织在构建过程中也可以进行人工测试，因为开发人员可以在几分钟或几小时内构建小型的价值切片。测试专家在桌面或聊天软件上应与开发人员密切合作，而不是等待正式交接。测试可以在构建之后，功能即将发布的时候进行，测试人员可能会在最后发现用户体验和业务功能中不可预测的"未完工作"。如果团队采用类似"开发运营一体化"的工作方式，测试人员也可以追踪生产中的缺陷。

组织的诀窍是在产品开发团队中培训和培养测试专家。这样可以提供质量保证，它的关注重点在于人的创造性思维，而不是执行机器人可以并且应该承担的重复任务。人类无须去完成数百个预先编写的手动测试的电子表格。

（四）建立韧性

由于测试左移，以及对质量而不是测试的关注度的提高［因为质量是生产出来的（例如，测试优先开发），而不是检验出来的］，因此团队的重点也应该转向韧性。这意味着团队要预设故障，并能够从容地处理故障，而不是像过去那样努力避免故障，最后在故障发生时出现灾难性的结果。我们需要关注平均恢复时间而不是平均故障间隔时间。

韧性是技术卓越的一部分，组织需要始终将它考虑在内。组织在设计时需要考虑韧性，对韧性进行测试，并在学习的基础上对其进行改进。我们需要采取积极主动的方法。建立韧性的方法之一是混沌工程，故意将故障注入生产环境中，类似于网络情境下的红队测试。这种方法可以帮助我们快速获得反馈，在实际停机之前以有限的"影响半径"识别缺陷。它有助于开发人员更加充分地考虑自然场景下的故障模式，以及如何架构容错系统。这是一种对人为"异常路径"的测试，在工具的支持下注入故障，从而建立韧性。

〰〰〰〰〰 小 结 〰〰〰〰〰

慢下来是为了快起来，否则你会变得更慢

技术卓越的反面模式有很多种，例如过分关注新功能，导致技术债务积累；缺少合作伙伴关系，无法处理系统的熵，形成敏捷空壳；缺少坚实的技术卓越核心，人员架构和技术架构失调，将工具的重要性置于人之上。

缺少对技术卓越和设计的持续关注，会给软件交付速度和质量带来挑战。缺少持续关注，导致系统的熵增。软件的持续简化总是困难重重。

有一个关于程序员的笑话：初级开发人员编写代码；高级开发人员删除代码；专家级开发人员一开始就避免写代码。对于企业层面上的简化和技术卓越，我们需要建立意图，并将其放在优先的地位上。这需要刻意练习。

慢下来，你可以将工作类型可视化，将技术卓越作为日常工作的一部分，

提供公仆型领导，协调人员架构和技术架构，打破依赖关系，将人与团队的智慧与机器结合，最终达到快起来的目的。

随着时间的推移，这些模式共同优化了更快、更安全、更令人满意地交付更高质量的价值。

原则

持续关注技术卓越。

技术卓越、运营卓越、良好的设计和优秀的设计师，是可持续业务敏捷的关键。

如果你仍在使用遗留技术，你需要分配更多的时间来偿还债务。

针对价值流动进行架构。

持续快速的价值流动是软件交付的首要目标。

间断渐变（多速度并行）。

渐进式方法结合周期性的革命式方法，实现最大价值。

从日常持续关注到周期性的革命性架构变革。

自动化：人与机器和谐相处。

DevOps 并不意味着让人失业。

明智地利用自动化和工具，让优秀的人变得更加优秀。

文化是最有效的杠杆，有时工具无法改进结果。

第 8 章

打造学习生态系统

1910 年至 1920 年，美国底特律的人口翻了一番，达到 100 万。人口增长的主要原因在于，汽车行业的发展吸引了大批移民前来就业。这些人来自奥匈帝国、意大利、俄国和东欧国家。1915 年的一项调查发现，在制造 T 型车的福特高地公园工厂，工人所说的语言种类超过 50 种。这么多并不精通英语的工人是如何相互配合，组装出如此复杂的工程杰作的呢？

在泰勒制和福特制时代，工人不需要互相交谈。流水线上的装配工人有各自的分工。第一人拧螺丝，第二人拧螺栓，第三人检查螺丝和螺栓，然后在方框里打钩。每个人都清楚自己要做什么。这非常简单，在流水线上，他们不需要与旁边的人交谈。他们不需要制订计划或分享信息或交换学习成果，只需要拧紧螺丝、螺栓或进行检查。在同一家工厂里，工人们说着 50 种不同的语言，大家的语言几乎不相通，但这没有关系。因为人们不需要沟通，人就是机器。

100 年后的今天，劳动力由知识型员工组成，他们往往遍布世界各地。例如，微软的业务活动遍布 190 个国家。在同一价值流中的团队可能会说多种语言。在数字时代，产品开发是独一无二的，缺乏协作和共享学习对生产力和组织结果会造成直接的负面影响。团队必须沟通、协作、共同创造、反思、分享他们的发现，并建立一个学习生态系统（无论他们身处何地，也不管他们的母语是什么）。

本章将关注学习以及如何在组织内部共享知识，使个人、团队和企业能够以最快的速度完成学习，持续实现更快、更安全、更令人满意地交付更高质量的价值。

反面模式 8.1 信息与学习筒仓

小时候你可能玩过一个叫"传八卦""打电话"或"悄悄话"的游戏。在游戏中，所有人排成一排或围成一圈。第一个人向第二个人悄声传话，第二个人再悄悄地将信息传递给第三个人，以此类推，直到将信息传递给最后一个人，由他大声重复信息，然后所有玩家会因信息在传递过程中的变化而哄堂大笑。这是一个最简单的例子，它体现了由于无意识的错误累积，信息丢失的速度有多快。

在业务环境中也会发生同样的信息丢失。分析师将工作交给设计师，设计师再交给开发人员，开发人员再交给测试人员，在这个过程中，有关工作的一些信息就会丢失。每次交接可能都会附带文档，但与工作的每一次相互作用也会产生"隐性知识"，即无法书写又难以分享的经验。迈克尔·波兰尼（Michael Polanyi）在《隐性维度》（*The Tacit Dimension*）一书中表示："我要重新考虑人类的知识，从我们能够知道的事实而不是我们能够讲述的事实开始。"

精益软件的先驱玛丽和汤姆·波蓬蒂科（Tom Poppendieck）估计，每次交接都会丢失多达 50% 的信息。这意味着，如果工作经历了 4 次交接，接收者只能获得的与工作相关信息只有 6%（见图 8-1）。

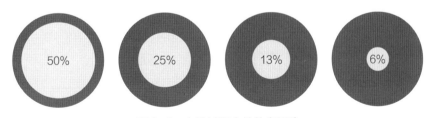

图 8-1 交接过程中的信息丢失

在 21 世纪的第一个 10 年，我在一家大型医疗保健软件公司工作，该公司正在建设医院信息系统。公司聘用了临床分析师、医生、注册护士、剂量师等，他们都是在各自领域拥有多年实践经验的主题专家。主题专家负责编写需求文件。他们将描述在不同的医疗情况下，系统需在何时向医院工作人员显示哪些内容，然后开发人员据此规划功能。例如，在手术室程序中，软件需要显示患者记录、生命体征等。

需求文件很长，通常会超过 50 页。它们很少包含哪怕是传统意义上可以被视为需求的信息。它没有提供业务逻辑，也没有描述输入和可测试的预期输出。开发人员可能会阅读一篇关于如何进行伽马刀手术的有趣报道。但他们并不会因此就更加清楚地知道伽马刀手术软件究竟需要做什么。

好在公司认识到了这个问题，并聘用了系统分析师。他们的职责是将这些由主题专家创建的冗长文档翻译成开发人员能够理解的语言。他们收到了来自主题专家的"悄悄话"，又将这些"悄悄话"转告开发人员，开发人员再将这些"悄悄话"告诉测试人员，以此类推。

就像传话游戏一样，这个过程没有输赢，但也毫无乐趣。每次交接都会丢失信息，造成累积误差。因为这些大型的、预先设计的需求文档需要花费很长时间进行编写（通常是几个月），然后再经过几个月的翻译、设计、编写代码和测试，执行人员会将原始想法与最终结果进行比较，因此用户验收测试要在 12 ～ 15 个月后进行。从概念到学习需要经过漫长的过程。这也是一个漫长的传话游戏。对于原始文件中的意图与最终结果之间的差异，人们的反应不是一笑了之，而是激烈的争论与指责。

问题是，该公司的结构由筒仓组成，筒仓的墙壁由质量门把守。信息只能以固定的格式偶尔在筒仓之间传递。激励只发生在筒仓之内。

这种结构很常见。公司通常会创建基于职能的信息和学习筒仓。还有公司会建立临时团队。他们利用项目作为临时工具，组织一群人来完成任务。项目结束或进入减速阶段后，团队将解散，成员将被分配到其他项目中。团队在整个项目中积累起来的知识就这样遗失了。而且，由于每个新团队都要经历塔克曼所说的组建、激荡、规范和执行，因此会产生额外的成本。他们失去了团队建立的学习、凝聚力和社会纽带。

技术顾问特霍斯特–诺思喜欢做一个思想实验：如果你可以用相同的团队、相同的组织限制因素和相同的情境再次运行一个项目，与上一个项目的唯一区别在于团队此时具备通过上一个项目积累的知识、经验和教训，那么你认为第二个项目需要多长时间完成？答案一般是上一个项目完成时间的一半到五分之一。这就是团队学习的价值所在。引用丹的话来解释："无知是产能最大的阻碍。"

早在 1936 年，赖特（T.P.Wright）博士就在飞机成本研究的基础上提出了一种学习曲线理论。简单来说就是：你做得越多，就能做得越好。实践中产生的经验和知识可以有效降低生产成本。知识只有在跨筒仓共享时才能为组织提供其全部价值。

反面模式 8.2　关注产量而不是结果

在一条旧的汽车生产线上，忙碌和生产率（单位投入的产出量）直接相关。工人拧的螺丝和螺栓越多，工厂的生产率就越高。这一"遗迹"至今仍非常鲜活。

现在的组织仍在努力将这些原则应用于知识工作者的世界。但它们已经失效。编写的代码行数、交付的故事点数、满足的需求数或设计的功能数等产量只能表明人们的忙碌程度，但无法体现组织的结果。一些公司会采用极端的方法，关注键盘使用时间，测量一天中按键的次数，以此来衡量开发人员的业绩。就像足球比赛中只凭借运动员跑动的英里数来衡量他的表现。如果在比赛过程中，一名替补队员一直在场边跑来跑去，那么在 90 分钟的时间里，他的跑动距离会超过守门员。但实际上，守门员对比赛结果的影响远远大于这名替补队员。

关注产量而不是结果，这一反面模式仍然很常见。在一次会议上，一位演讲者怀着积极的意图，描述了公司如何在过去一年交付了 1500 多个功能，他在台上分享这段经历，期待获得掌声。但他没有说明从结果中获得的经验教训，例如客户的反应、这些功能的订阅量，或者它们对组织效能的影响。与结果相比，产量更容易被定义、监控和跟踪。

需要注意的是，我们构思、设计、构建和交付的所有东西，即我们创造的所有产出，都来自我们、我们的团队和组织。但是，能够判断我们是否交付了一件有价值的东西的，并不我们，而是客户。因此，如果你更加关注或只关注对产量而不是结果的定义和跟踪，学习可能会受到抑制。此外，关注产量几乎不需要持续的学习和反思。遵循规定的计划，将学习放在最后。相反，关注结果可以获得定期反馈，将学习融入日常活动，人们会思考如何在快速变化的环境中实现最佳结果，从而完成具有独特性的工作。

反面模式 8.3　气泡效应

蔡美儿（Amy Lynn Chua）在《政治部落：群体本能和国家命运》（*Political Tribes: Group Instincts and the Fate of Nations*）一书中指出，人类是部落的。她写道："我们需要归属于群体，渴望联系和依恋，所以我们热爱俱乐部、团队、兄弟会和家庭，几乎没有人是隐士。即使僧侣和修道士也属于宗教团体，部落本能不仅是一种归属的本能，它也是一种排斥的本能。"这种排斥的本能导致社会气泡的产生，无论这是有意识的还是无意识的。这些社会结构除了具有一定的积极作用外，也造成了一些我们不希望看到的反面模式和气泡效应。

- **孤岛思维**：气泡中的人和团队形成孤岛思维。他们希望保护自己的信息，而不是与公司内的其他人共享信息。

- **有限的可发现性**：无法触及气泡之外的经验、知识和信息，或者发现学习存在局限性。我们生活在一个宇宙中还是多元宇宙中？

- **学习留存率低**：当人们离开公司时，他们学到的东西就彻底丢失了。

- **重复**：共享受限时，工作会重复。多个筒仓提出相同的想法，解决相同的障碍。

我们可以在组织中看到各种形式的气泡：职能筒仓、敏捷、Scrum、看板团队、长寿命价值流团队等。

（一）瀑布气泡

在一次有关新的 JIRA 设置的有效性的电话会议上，我们曾针对任务状态转变时如何配置通知机制进行了冗长的讨论。我提出疑问：为什么需要通知？如果开发人员忘记在面板上移动任务，并且没有触发通知，会发生什么？

人们以沉默回应了我。没有人能想到其他方式，让流程中下一阶段的人知道有工作在等着他们。知识型员工已经习惯于使用工具并在自己的筒仓中工作，以至于没有人想到，他们其实可以相互交流，拿起电话，或者隔着桌子喊出来，告诉别人他们已经完成了任务。

传统的瀑布式顺序交付会在每个职能筒仓中产生气泡。分析师与分析师交流。架构师们一起用餐。测试人员在测试时，开发人员在酒吧休息。信息技术运营人员忙着救火。通过交接与文件传递，信息在瀑布气泡之间传输，如反面模式 8.1 所述，这个过程中会发生信息丢失。

（二）敏捷团队气泡

敏捷团队的观念伴随着许多积极的行为模式。敏捷团队是小型、跨职能、多学科、长寿命的团体，具有明确的重点、责任感和自组织的自主性。团队成员建立了内向型的行为，不与组织的其他成员联系和分享经验。他们每天在团队内开展合作，计划和讨论进展、障碍和机遇。当敏捷团队运行良好时，成员会建立强大的社会关系和忠诚度。团队会取得成功或共同学习。

这些联系的加强有可能形成与组织其他部分脱节的气泡。即使是一个处理复杂工作的积极组织，如果并非有意为之，学习也可能被限制在无形的障碍内，无法在整个组织中自由流动。

（三）价值流气泡

围绕长寿命价值流构建的长寿命团队应提供一个稳定的最适合沟通和学习的流程，并使团队能够做出更好的设计。即使是这些团队型组织，也可能成为气泡。

问题在于平衡如何以及何时仅通过价值流引导交流，或与组织其他成员共享。为了优化价值流信息和学习流，组织有时会不慎切断价值流之外的沟通渠道。这样一来，组织的整体效能就得不到优化。

反面模式8.4　将确定性方法应用于涌现领域

就连爱因斯坦也会犯错。他曾说："上帝不会掷骰子。"从字面上来看，这句话可能没错。然而，世界被海森堡的不确定性原理所控制。任何东西都是不确定的。我们只能谈论风险和概率。我们唯一接近确定的事是，如果将确定性的泰勒制方法应用于一个具有涌现性的工作领域，我们可能会看到同样的错误一次又一次地发生，因为我们将未知视为已知。

确定性思维的背后是对不确定性的恐惧：害怕无法判断事情何时完成，或者害怕如果没有详细的计划，人们就无法做正确的事。这种担忧往往会导致一个漫长的前期规划过程和庞大的前期架构与设计，试图在已知信息最少的情况下详细地预测未来。这是工作方法（确定性）与工作领域（涌现性）的错配。尽管人们的意图是积极的，但仍有可能出现以下情况：意识不到产品开发的涌现性，或者内心惧怕学习一种新的工作方法（这种方法要利用涌现性，随着时间的推移增加价值）。根据第5章，我们可能仍然有固定的日期和路线图，只是做法不同。利用涌现性、学习、优化流程，并基于学习进行调整，可实现结果最大化。

确定性思维通常伴随着指挥和控制式领导。具有这些行为模式的领导者希望看到确定性的计划，在计划中设置一系列里程碑，这些里程碑与实际需要走的道路关系不大。对于一些人来说，这可能是一条舒适的毛毯，但充满"未知的未知"的未来让许多人感到不安。因此对他们来说，重点不是学习和调整方向，以到达最佳位置；而是按照两次技术革命前的做法，遵循命令。

正如我们所见，在这种情况下，目标是假的，无法实现，绿灯表示一切顺利，然而到了发布的前几天，突然一切都变成了红色。当我们要在不可知的情境中固定输出时，项目就会出现西瓜效应，即项目的外表是绿色，内部却是红色（因为以前从未做过这项工作，而且环境的变化速度比昨天更快）。由于缺乏心理安全，人们将坏消息掩埋，学习受到抑制，直至陷入失败的深渊。

组织要是没有学习空间或学习空间有限，用"大处着眼，小处着手，慢速学习"的方法会进一步加剧其的无知，在它没有时间做出反应的时候进一步延迟了反应的时间。

泰勒在《科学管理》（*Scientific Management*）中清晰地描述了这种方法，这是传统瀑布式工作方式的基础："我们不要求员工有主动性。我们不希望他们有主动性，只希望他们服从我们下达的命令，照我们所说的去做，迅速行动。"换句话说，组织不想让员工学习。

反面模式 8.5　把衡量指标当作武器

查尔斯·古德哈特（Charles Goodhart）在谈到基于目标实施货币政策的困难时指出，"任何能够观察到的统计规律，一旦出于控制目的向它施加压力，就会趋于崩溃"。玛丽琳·斯特拉森（Marilyn Strathern）发现，对学业考试成绩的预期也存在类似的问题，她提供了一个更简单的版本。她写道："当一个衡量指标成为目标时，它就不再是一个好的指标。"传统组织总会将衡量指标作为目标。

在敏捷活动中，组织者身穿蓝色衬衫，背上写着以下问题："你的敏捷性有多高？"这个问题的意图是积极的，旨在衡量团队的敏捷性，并最终衡量整个公司的敏捷性。组织想了解以敏捷方式完成工作的时间占软件开发时间的百分比。高层领导者要用这个数字来衡量进度。

针对这个问题的回答有四个敏捷等级：动员、过渡、已确立与优化。

前两个等级涵盖了实践敏捷，后两个等级针对的是已经变得敏捷的团队。每个等级都有一套衡量组织、文化、流程和技术卓越的标准。例如，动员需要改进流程、定期回顾、授权产品负责人、建立跨职能团队、确立代码编写标准等。已确立的敏捷性需要与单个产品或平台一致的长寿命小型多学科团队、适应性规划、较短的发布周期时间、自动化构建、重复任务的高度自动化、涌现架构等。

团队应定期进行自我评估并报告项目进展。以这些定义和标准作为指导，团队才能够更好地应用这些实践并提升到下一个等级。

然而事与愿违。正如我们在本书中看到的，每一个情境都是独一无二的。没有一个方法能够适合所有情况。障碍和重点优先事项都因环境而异。此外，没有完成，改进永无止境。你不可能达到最高水平然后就停下改进的脚步。

假设，某组织的业务部门开始朝着既定目标努力，比如到年底敏捷性达到 30%。这样一来他们可能会产生错误的行为。团队开始对指标进行博弈。如反面模式 1.1 所示，它会导致货物崇拜。人们用它来定义个人目标。尽管意图是积极的，希望借此提供指导，但这些指标对更快、更安全、更令人满意地交付更高质量的价值的结果无益，敏捷失去了意义。

2001 年，英国《健康服务杂志》（*Health Service Journal*）描述了医院急诊科使用"你好护士"（hello nurse）程序的情况。"你好护士"可以让患者抵达医院后的 5 分钟内受到接待，实现相关的目标。实际上，患者要等上好几个小时才能接受治疗，这不是目标原本的意图。

即使组织满足了"你的敏捷性有多高"的目标指标，也未必能够改进结果。通常，它只会给旧行为贴上新标签。每日的站会或强制规定两个星期的冲刺周期（如五次分析冲刺、五次开发冲刺、五次测试冲刺或瀑布 Srum 甘特图中的十次冲刺）也不一定能改进结果。跨职能团队可能仍然有基于职能的部落筒仓。缺乏技术卓越的自动化管道，团队可能无法交付正确的产品。团队可能只是一个功能工厂，追求更快地推出低质量的代码。

在这种反面模式下，人们关注目标的实现，而不是检查和调整，从而实现结果最大化。如果人们只遵循任务清单，就会忽视对学习文化的建立。我们应该要求团队发挥自己的智慧，以决定如何在安全护栏内改进结果，这样才能使团队重视学习文化的建立。

此外，正如这些案例所示，试图实现目标有时会助长不道德的行为模式。这会阻碍人们学习如何以最佳方式实现期望结果，因为它将重点放在实践敏捷而不是展现敏捷性上。

从反面模式到正面模式

联系与分享

这些反面模式在传统组织中非常典型：信息在多次交接中丢失；重点放在预先确定的产出上，而不是学习和调整以实现结果最大化；缺乏信息共享，只有信息气泡；将指标作为武器，从而使人们的注意力集中在实现目标上（不管目标是什么），或者将注意力集中于活动而不是结果。

造成这些结果的原因在于：没有优化流程；惧怕不确定性；害怕失去掌控力；认为信息就是力量，因此应该牢牢掌握信息；建立病态型文化或官僚型文化规范；形成孤岛思维；专注于忙碌而不是结果；没有采取明确的行动来提高透明度、分享学习，或建立一个反馈环路的行为规范，为尽早尽快学习奠定基础。

这些反面模式都产生了相同的效果：它们限制了学习与学习留存，并抑制了员工之间以及整个公司内的信息共享，使公司无法成为一个学习型组织，未能最大限度地实现更快、更安全、更令人满意地交付更高质量的结果。

幸运的是，有许多模式可以鼓励信息流动，并使团队成员相互分享经验教训。

正面模式 8.1　优化学习

以前，一个人学到的知识在一生甚至更长的时间里都是互相关联的。一个铁匠年轻时会学习如何制作马蹄铁或宝剑，并在职业生涯中继续以同样的方式制作马蹄铁或宝剑。

在铁匠去世之前，他或她会把自己的知识传授给一个年轻的学徒，再由学徒传给下一代，以此类推。在手工艺生产时代，技术变革缓慢，工作是可重复且可知的，因此相同的知识在很长一段时间内都是有价值的。

今天知识更新换代迅速。一项新技能的"半衰期"可以用年来衡量。今天的员工需要更快地进行忘却学习和再学习。奥雷利在他的畅销书《扬弃》中，将忘却学习和再学习的循环定义为三个步骤：忘却学习、再学习和突破。员工首先要抛弃阻碍你和企业向前发展的行为和心态，然后重新学习新技能，循环的最后一步是通过接受新的观点和思想来打破旧的思维模式和习惯。真正的掌握，而不是死记硬背。事实上，在元层面，一个组织能否快速有效地做到这一点，对于它在数字时代的生存和发展至关重要。

为了优化学习，组织必须了解知识是隐性的还是显性的，以及知识对实践的影响。他们必须找出组织内的筒仓，并将其打破，形成自组织团队，建立对话渠道。

（一）隐性知识与显性知识

波兰尼将隐性知识描述为"难以传递的信息"，而不是针对重复的已知任务的明确且有条理的知识，后者可以被书写、传递，并容易被接收者理解。例如，拼乐高模型的步骤很容易理解，假设零件齐全，遵循说明就有可能得到与盒子封面上的模型完全相同的结果。

要对模型设计的软件进行详细的构建说明更加困难。当这些指令被传递给设计人员、开发人员、测试人员时，结果将与最初的概念大不相同。

正如反面模式 8.1 所示，每次交接都会伴随严重的信息丢失。并非所有的知识都能通过写下来然后交给别人的方式轻松传递，因此游泳老师在教学生时从不会给他们一本游泳手册，而是让学生待在泳池里，练习手臂和腿的摆动，直到他们能够在无人帮助的情况下保持漂浮，最后游到泳池的尽头。

一些知识只能通过社会化的方式进行共享，通过头脑风暴、结对、面对面互动和行动共享知识经验。在实践中学习，就像铁匠训练学徒一样。

在引言中，我们介绍了斯诺登的 Cynefin 框架，了解了五个领域内的工作性质。如图 8-2 所示，该框架也可以应用于知识。它为如何根据领域优化学习提供了指南。右边是显性知识，为"有序域"；左边是隐性知识，为"无序域"。

在**简单**域中，员工遵循规则并应用最佳实践。这是线性知识的领域，可以通过简单的说明、脚本和指南分享经验教训，如搭建乐高模型。

繁杂域需要专家进行分析和响应。这不是儿童游戏。这一类工作已经完成了很多次，存在已知的未知。这是一个显性知识的领域，即使存在大量的细节，知识也可以被记录下来并传递出去。

复杂域是人们探索和响应的地方。该领域中的工作或者情境具有独特性和涌现性，存在未知的未知。员工需要应用概率方法并验证假设，才能完成学习。这是一个隐性知识的领域。正如反面模式 8.1 所示，隐性知识在传递过程中必然伴随严重的信息丢失。在这一涌现领域，基于技能形成筒仓是一种明显的反面模式。相反，优化学习同时要重视行动，通过实践和共同创造来避免对个人的依赖。

混乱域在因果之间有一条模糊的界线。这一领域的规则是行动先行，期待好的结果。任何学习都会产生隐性知识。

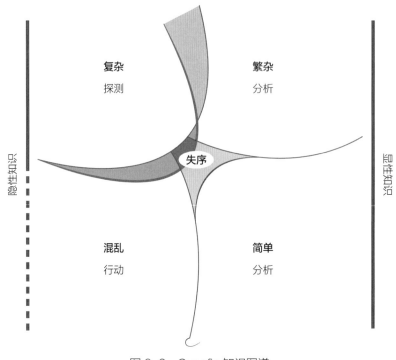

图 8-2　Cynefin 知识图谱

当你不确定自己所处的领域时，就处于失序状态。在这种情况下，你可以尝试创建一个更小的工作域。

在信息和知识的情境下，Cynefin 框架提供了有用的指导和见解，可以帮助我们了解如何进行学习并优化学习。

（二）找出筒仓并将其打破

端到端的透明性可以使筒仓和瓶颈清晰可见，从而让我们看到需要改进的流程。

知识是被创造出来的，不管是隐性知识还是显性知识，都应具备流动性。

信息和学习筒仓阻碍了知识的自由、不间断的流动。它们阻碍了跨价值流的学习。价值流映射能使我们看到那些导致阻塞的排队、交接与信息和学习筒仓。

从概念到生产，每个工作流现状的代表都应该参与价值流映射。与会者可能会忽略自己的周期，无论是冲刺周期、基于流程的周期、敏捷周期还是瀑布周期，只关注工作流程，以及从左到右完成生产所需的步骤。价值流映射可能需要两个小时或更长时间，通常需要两三张长桌或一面墙和大量便签。这是一个很好的学习活动，因为参与者会发现，他们对端到端的工作流程、谁在做什么以及需要多长时间做完都知之甚少。

这样的会议可以让我们更加清晰地看到筒仓、障碍和许多需要改进的地方。它能够突显瓶颈、过长的等待时间和在制品过多等问题。一个典型的结果是，组织需要将活动左移，构建后尽早尽快地开始合作。提高透明度和协作可以改进信息、知识和学习的流动。组织应定期重复这一学习周期，例如每季度一次，以持续改进流程、信息、学习，最终改进 BVSSH 结果。

（三）自组织团队

自组织团队与团队型组织能够使团队具备能够确保安全价值快速流动、反馈和端到端学习所需的所有技能，从而能以最小的信息损失实现共享理解，培养快速转向的能力，实现结果最大化。

但是，让团队具备所需的全部技能，使其成为跨职能团队，并不能预防团队成员在传统的基于技能的筒仓中工作（除非这项工作需要通过协作、配对和共同创造进行）。为了使团队所获得的知识能够顺畅地传递到最需要它的地方，团队需要有自我管理的自主权。

除了团队进行自我管理的自主权，其他几项促成因素也必不可少。人类系统动力学研究所创始人格伦达·欧阳（Glenda Eoyang）提出了人类系统动力学的理论和实践。她的自组织系统模型有三个维度：容器、差异和交换。

容器：具有明确战略意图和共同战略目标、目标、业务结果、共同信念和思维模式的长寿命嵌套价值流。可针对安全价值的快速流动进行优化，并与客户保持一致。具有高内聚性（做好一件事）和低耦合性（随着时间的推移尽量减少依赖性）。容器是相互依存的服务。

差异：指的是技能、知识、经验、性别和文化背景的多样性。这在跨职能团队中应该很明显。

交流：指的是沟通、反馈环路、信息流和学习。

自组织模式会出现在能够容纳多样性并允许自由交流学习的容器中。人们希望打破专业分化，发展新的技能。如图 8-3 所示，他们从单一的、有深度的专业知识转向广泛的交叉技能知识，并由多种深度专业技能支持，从 I 形技能转向 T 形技能，再转变为 Π 形技能，最后拥有梳状技能。

图 8-3　技能类型

物理学家杰里米·英格兰（Jeremy England）认为，在某些自然的条件下，物质会自发地自我组织。这也适用于团队和组织，无论他们是正式的还是非正式的。团队应该在自己的界限内拥有自我管理、自我设计和自我治理的自主权。领导者可以为团队和个人赋权，让他们决定自己如何工作以及希望遵循什么样的团队级流程。授权型团队和个人可以参与目标和结果路线图设置。他们设定共同的目标，并且可以决定如何实现目标。

激励应以团队而非个人为对象，以共享的、可衡量的团队结果为基础。陈旧的泰勒制方法会为表现出色的个人加薪，这可能会给团队工作造成负面影响。

1968 年，俄亥俄州七叶树橄榄球队提出一项传统：每场比赛后奖励表现最优秀的一位球员。教练会给最佳球员一张贴纸，上面画着一片七叶树叶子，球员可以将贴纸贴在头盔上。每个人都能看到他人获得的荣耀，每个人都会努力争取这项奖励。那一年，这支球队赢得了全国联赛的冠军。很快其他球队纷纷效仿这一做法。

到 2001 年，同样的激励传统仍在延续，但七叶树队已经成为一支平庸的中等球队，几乎到了无药可救的境地。球队的新任教练吉姆·特雷塞尔（Jim Tressel）引入了一种新的奖励机制。他不再奖励个人触地得分，而是在球队获胜或一场比赛得分超过 24 分时，对球队的每个人给予奖励。奖励团队而不是个人，这个方法取得了效果。球队再次赢得全国冠军，并成为联盟最成功的球队之一。

（四）对话

麻省理工学院组织学习中心联合创始人、对话项目负责人威廉·艾萨克斯（William Isaacs），将对话描述为拥抱不同观点，从字面上来看，它是共同思考的艺术。

敏捷工作方式以对话为基础。团队结果领导应当鼓励对话，让所有成员表达想法，确保每个人的声音都能被听到。他们提供便利和指导，确保所有的声音和想法都能受到尊重，无论它来自哪里。他们还要防止权力差异和反面模式，谨慎对待薪酬最高者意见。对话有助于优化学习。它能保障意见和思想的多样性，使人们积极地倾听并尊重他人想法，让每个人都有机会发言。对话可以成为团队章程的一部分，它有助于优化学习。

正面模式 8.2　内置反馈环路的嵌套学习

关注产量，而不是结果，这不利于持续的学习、反思和适应，它需要在已知信息最少的情况下遵循预先确定的计划。这将导致人们无法及时学习，会缩短能够做出响应的时间。

在学习型组织中，持续学习同时发生在个人、团队和组织三个层面。任何一个层面的缺失都会阻碍学习型组织的创建，使知识孤立地存在于学习气泡中。关注嵌套学习环路下的结果有助于组织学习和持续改进。这种模式分为个人层面、团队层面和组织层面。

（一）个人层面

《驱动力》的作者平克认为，自我超越是除了目标和自主性，激励个人的关键因素之一。他说，个体有提高技能、获得新知识和自我发展的内在动机。

当信息能够在组织中流动时，人们可以感觉到自己在不断进步，始终处在通往更高水平的道路上。他们希望经历学习之旅的守、破、离三个阶段：遵循规则的基础阶段、打破规则的中期阶段和创建新规则的高级阶段。他们一直在学习。

正如正面模式 8.1 所示，有了自主性、授权、意图和目标，个人将努力发展技能并实现自我超越。

其中一个明显的选择是培训。你是否参加过这样的培训课程，培训讲师站在教室最前面，一张一张地翻着幻灯片，你的感觉如何？这样的培训有效果吗？你学到了多少知识？你在课上打瞌睡了吗？

信息的传递方式很重要，它将决定学习的持续时间。莎朗·波曼（Sharon Bowman）在她的畅销书《4C 法颠覆培训课堂》（*Training From the back of the Room!*）中介绍了 4C 方法：联系（connections）、概念（concepts）、实用练习（concrete practice）、结论（conclusions）。整个培训及其子模块都被设计为嵌套的 4C 方法。在"联系"环节，学习者通过探索先前的经验和知识来联系主题。"概念"和"实用练习"环节以自学为主，配合大量互动实践技巧。在

"结论"环节，学习者对学习经历进行自我反思，并向课堂反馈。

学习者自己的情境也很重要。当学习者在自己的情境中进行练习并应用实践时，学习就产生了。例如，在阐述业务结果的概念时，培训师可以给每个小组一个活动挂图板，要求他们清楚地阐述其产品的业务成果。这样可以使结果（收获）切实可见，并让人们继续使用这些概念和实践。

发展技能和获取新知识还有其他方法，比如参加内部或外部聚会、会议，或者通过合作打破专业分化。我们将在后文对这方面做进一步的阐释。

（二）团队层面

个人层面的学习相对简单，但要以上一节所描述的适当条件为前提，而团队层面的学习更加复杂，并且有多种不同的方式：嵌套学习环路、持续改进与合作。

嵌套学习环路

团队活动，如日常协调、站会、每周复盘、演示、回顾以及每月展示和讲述，都是团队学习课程。除了结果，团队也需要通过这些课程学习团队流程、政策、工作方式、效率，并找到需要改进的地方。汇报是回顾的一种具体形式。战斗机飞行员和外科医生在每次任务或手术后都会进行汇报。汇报的目的是分享、交流，并从已经发生的事情、事情发生的原因以及如何改进中吸取经验教训。有效回顾或汇报的最重要因素是心理安全。在一个安全的环境中，团队成员可以提出问题和担忧，不必担心招致对自己不利的后果。因此，汇报应遵循"无等级"原则，同样，回顾要建立"非汇报线"。

在学习型组织中，学习以季度、年度和多年度为时间单位的嵌套环路进行（见图8-4），它包括可衡量的领先指标和滞后指标。这些指标可以帮助我们定期了解预期结果是否实现。学习环路包括每日、每周和双周循环的功能、故事和任务分解反馈，从而完成日常学习和对战略意图的反馈。

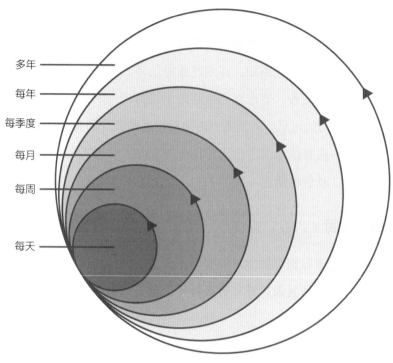

多年
每年
每季度
每月
每周
每天

图 8-4　嵌套学习环路

持续改进

建立了寻求与获得反馈的常规程序后，下一个要构建的模块是通过学习进行改进。本书前文阐述过一个强大的实践，即鲁斯所阐述的丰田改进形。这是一个从当前状态迭代到新的期望状态的程序，它让我们看到有哪些障碍需要解决。图 8-5 所展示的改进来自吉米·詹伦（Jimmy Janlen）的"改进主题"，左边两个象限显示了当前（上）和未来（下）状态，由数据和领先指标与滞后指标予以表达。右上角是下一个目标状态。右下角是一个看板，上面有到达下一个目标状态所需的步骤。

合作

确保团队始终能够接收信息的一个简单方法，是让每个人都能看到他们的价值流中发生了什么。看板可以做到这一点，但合作也是如此。

开发通常是一项孤独的工作，由个人在屏幕前戴着耳机完成。敏捷先驱

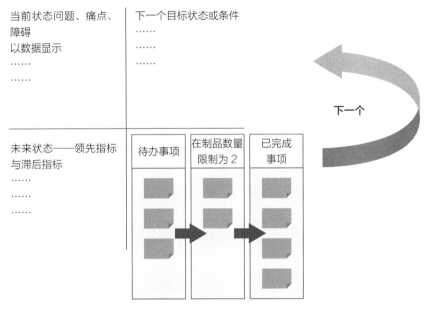

当前状态问题、痛点、障碍
以数据显示
……
……

下一个目标状态或条件
……
……
……

下一个

未来状态——领先指标与滞后指标
……
……
……

待办事项

在制品数量限制为2

已完成事项

图8-5　丰田改进形

注：改编自吉米·詹伦的"改进主题"。

阿利斯泰尔·科克伯恩（Alistair Cockburn）曾将产品开发形象地描述为一种"合作游戏"，它可以由团体完成。例如，在结对编程过程中，两个程序员坐在一起。坐在"热"座位上的程序员负责编写代码，而坐在"冷"座位上的程序员负责检查。一段时间后，两人互换角色。一些人把结对编程比作汽车拉力赛中的驾驶员和领航员。驾驶员关注是什么和怎么样，而领航员则关注是什么和为什么。

并非所有组织都将结对编程视为好方法。两人共同完成一项工作，并不意味着会损失50%的生产力。根据科克伯恩和劳丽·威廉姆斯（Laurie Williams）的研究，结对编程使开发时间增加约15%，这是从慢到快的一个典型例子，可以减少生产事故、提高设计质量、降低人员风险、提高技术技能、改善团队沟通并提高团队成员的满意度。它使工作变得更好、更安全、更令人满意，并确保在工作中发生的任何学习都是共享的，这也有助于实现更快地交付更高质量的价值。它会带来集体代码所有权，并通过共享学习体验打破专业分化。

组织可以再进一步。Mob 编程[①]是结对编程的一种扩展，它让整个团队在同一台计算机上同时处理同一代码。这种做法植根于极端编程，但就像结对编程一样，它并不局限于编写代码，也可以用于其他类型的工作，如分析、定义用户故事等。

例如，美国零售商塔吉特公司创建了一个道场，这是一个沉浸式的学习场所，有助于员工针对本公司产品进行共同学习。实现合作未必需要一个有足够多设备的宽敞会议室。合作的目标是在专家和教练的帮助下，通过分享与合作，学习新技能（无论是技术方面的技能还是与卓越产品相关的技能）。

（三）组织层面

对组织来说，最复杂且最具挑战性的问题就是确保组织层面的学习。要在整个组织中分享个人与团队的知识，我们可以采用内部聚会、会议、非正式会议、网络研讨会、午餐研讨会以及展示和讲述等方法。这类行为值得认可和奖励。

非正式会议是由参与者驱动的会议。参与者推动议程，提出自己的想法，并对他们所讨论的想法进行投票。常见的一种非正式会议是精益咖啡会议，与会者在便签上写下自己的想法，用圆点投票，并对获得圆点最多的想法进行讨论。讨论有时间限制，参与者可以投票决定在下一段时间内继续讨论同一个想法，还是讨论圆点最多的下一个想法。

开放空间是另一种常见的非正式会议。与精益咖啡会议一样，与会者也会提出自己的想法和话题进行讨论。墙上或活动挂图板上有一个空白的时间表，标有时间段（见图 8-6），有专门的讨论站或分组讨论区。

---

① 是一种以团队合作和协作为中心的敏捷软件开发方法。——编者注

	房间 1	转角	房间 2
10：00-10：30	内部开放源代码	领导力指导	人力资源中的敏捷性
休息			
10：45-11：15	运营支出、资本性支出核算中的敏捷性	衡量什么？	内部敏捷奖励

图 8-6　开放空间时间表

与会者宣布他们的主题，并将主题放在议程中的空白位置。通常，主题比空白位置多，因此主持人会对主题进行分组。然后，小组会在特定的分组讨论区中对每一时段中的每一个主题进行一定时间的讨论。

开放空间有四项原则：来的人都是对的；无论发生什么事，都是当时只能发生的事；该开始时就开始，该结束时就结束；规则是去你想去的地方，去你觉得可以做出贡献和学习的地方。

正面模式 8.3　沟通，沟通，沟通

在反面模式 8.3 中，我们看到了各种形式的学习气泡是如何出现的，带来了哪些负面结果（如孤岛思维、有限的发现能力、学习留存率低和重复性工作）。组织要打破组织中互相孤立的气泡，可以通过奖励、实践社区和 ASREDS 学习环路（见图 8-7）等方法。

（一）奖励

沟通对于一个学习型组织来说必不可少。沟通的形式多种多样，讲故事、案例研究和经验报告都对组织学习很有帮助。但是，我们必须展示这些故事

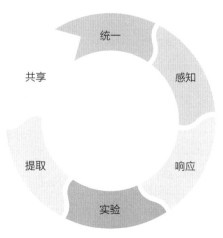

图 8-7　ASREDS 学习环路

与人们的见解，否则任何伟大的东西都只能留在他们自己的气泡中，并且我们也应努力为其他团队和整个组织带来利益。

此外，正如正面模式 3.2 中提到的创新扩散曲线——邀请而不要求。在初期，大多数人不愿意接受新事物，因此必须先产生社会认同。当新事物被认为是安全的并受到认可后，快速追随者会出现。通过持续沟通、建立安全感并获得认可，他们将帮助你到达临界点。人们认识到，变革需要根据情境进行，这种成功将获得认可。

作为组织工作方式团队中的成员，我采访了公司内部通信和内联网上公布过的团队。采访成果要经过多次编辑，必须获得批准后才能发表，能入选的内容有限。我们四处搜寻故事，同时又要为高层领导者的最新消息提供特殊的版面位置，最终成果寥寥。

因此，我们推出了"更快、更安全、更令人满意地交付更高质量的价值"奖。无论规模或领域如何，无论产品开发是否与信息技术相关，组织内的任何团队都可以提交他们的故事。在两周的时间里，我们收到了 80 多篇投稿，远远超过之前收集的所有故事数量。

团队需要提供来自客户和同事的事实证据、数据和报价，以展示他们在敏捷、BVSSH 方面的改进。

- **更高**：更高的质量，如减少生产事故、缩短平均恢复时间、提高韧性。
- **价值**：按季度衡量业务结果，包括领先指标与滞后指标，如市场份额、客户保留率、转介、收入、碳排放和多样性。
- **更快**：缩短端到端的前置时间，提高价值项的吞吐量，提高流动效率。
- **更安全**：持续的合规性，使团队敏捷而不是脆弱。提供改进安全性的例子，采用领先指标衡量，如主动完成的工作和滞后的改进，如控制或合规相关问题的减少。
- **更令人满意**：客户净推荐值、保留率和转介率提高，并改善公民与环境结果。

我们收到的大量数据和例证，不仅为我们提供了更多的故事，也提供了更加丰富的见解。各业务部门经验丰富的从业者组成小组，负责审查提交上来的文件。第一轮评比结束后，获胜团队的代表加入采访小组，最终选拔出冠军、亚军和特别奖。

工作方式大会和颁奖典礼并不是终点，而是分享这些经验报告的开始。我们在全年的时事报道中陆续发表这些故事。团队需要参加内部聚会和全体组织成员参加的展示和讲述。因此，团队和个人与获胜团队的同事建立联系，可以向后者寻求建议和实际的帮助。这种评比建立了联系，打开了信息渠道，加速了整个组织的学习。它也提供了社会认同，并让人们看到了团队层面的认可。

■ 案例研究：阿迪达斯（Adidas）如何改进工作方式

2019 年年初，在阿迪达斯成立 70 周年之际，人们开始探索更具革新精神的方法，以帮助团队改进产品开发工作方式。平台工程副总裁费尔南多·科纳戈（Fernando Cornago）解释道：

"我们要做的不是'实践敏捷'。我们认为，只有借助敏捷原则和实践，企业才能满足当时最具挑战性的行业所提出的要求。根据《2019年加速度 DevOps 状态调查报告》（*Accelarate State of DevOps 2019*），随着"零售业大动荡"的到来，零售和数字电子商务成为最具挑战性的战场。

"我们都希望保护团队层面的自主性，过去五年来，我们付出了巨大的努力，才培养出这样的自主性。与此同时，我们意识到该系统需要更多的激活和进步。

"作为一家公司，阿迪达斯拥有强大的体育和竞争基因。当你进入位于德国黑措根奥拉赫的公司总部，或者参加在西班牙萨拉戈萨的技术中心举行的冲刺回顾会议时，你都能感受到这一点。

"因此，我们决定发挥公司的优势，发挥其文化优势，以注入更多的目标、进步和乐趣。我们组织了首届'阿迪达斯 DevOps 杯'竞赛。该竞赛有两个目标，一是加快结果优化速度，二是衡量团队通过软件交付业务价值的技术精通程度。

"我们进行了一场比赛，其目的在于提高团队效能，以一组与 CALMS（文化、自动化、精益、衡量和共享）一致的指标进行衡量。团队必须证明这些改进带来的业务价值。

"比赛非常成功。220 人自愿参加，组成了 22 支队伍。他们由来自不同部门的高层领导者进行指导，在九个月的时间里完成了比拼。这场比赛促进了知识共享。

"团队在多个方面取得了数量级的改进，如向客户交付价值的频率（更快）和系统出现问题后的恢复时间（更高质量）。他们报告说，通过尽早尽快发布（更快），各个领域的收入（价值）大幅增加，并且通过自动化（价值和更快）节约了大量成本。最重要的是，由于竞争，业务团队与技术团队变得更加紧密（更令人满意）。

"最终获胜者是负责阿迪达斯移动应用程序的团队，他们将继续参加虚拟世界巡回赛，向全球各地的阿迪达斯团队讲述他们的故事，让他们意识到技术精通的重要性，以创造成功且可持续的数字产品，提高商业价值。

"考虑到文化特点，竞争对阿迪达斯来说是一种完美的机制，可以激励并加速变革，同时保持团队所有权、责任感和动力，而自上而下的命令下达无法实现这一结果。如今，阿迪达斯仍在开展其他内部竞赛，如技术债务比拼（GOTD）或自动化008许可证。"

（二）实践社区

实践社区是一种非常有效的共享学习机制。这些实践社区属于公司内部团体，面向所有人，人们可以自愿选择参加与否。此外，实践社区也符合达尔文主义。人们聚在一起，就会产生价值，没有聚在一起，就没有价值。实践社区并不依靠人进行维持。他们可能与卓越中心、行会或实践小组保持一致。重要的是，实践社区对所有人开放。这有助于找到天生的拥护者、创新者、热情的参与者和反叛联盟。

在一个组织中，经过6年的建设，我们共有37个实践社区，成员达到15 000人，他们都是自愿加入的。敏捷实践社区有2500人。并非所有的实践社区或成员始终处于活跃状态，这是事先安排的。来的人都是对的，无论发生什么事，都是当时只能发生的事。一位全职人员负责支持针对实践社区的实践社区；其他人自愿担任主席或发言者。实践社区也得到了内部社交媒体的支持。

根据我们的经验，一个成功的实践社区由两位联合主席和几位核心发言者（不到10人）组成。主席与核心发言者要确保内部和外部都有完善的展示和讲述待办列表。他们向所有人发出公开邀请。那些前来参加的人有助于进一步凝聚公司，加强共享学习。人们也可以只倾听不发言，利用社交媒体，促进共享并协助寻找专家。

对实践社区来说，比较合适的集会频率是每两周至少召开一次会议，保持规律性。这一点非常重要。会议的形式可以是午餐分享会，也可以是在一天工作结束时进行聚会，到了晚上还可以进行社交活动，如喝饮料、吃比萨。全球化组织可以选一个地点建立人们能够亲自参与的实践社区，并开放线上参与通道。随着它的发展，地区分会可以再建立实践社区。

除了线上会议外，实践社区最好举行实体会议，建立人际网络和关系，制定季度结果路线图，给每个季度设立一个与长寿命组织的北极星指标相一致的北极星指标。此外请记住，这一切都是自愿的，完成任何一项都值得被奖励。

每个实践社区都需要一位高层领导者提供支持，从而将想法付诸实践，并传递最重要的挑战、问题。最后，需要一个执行委员会负责提供整体支持，如果需要移动群山，他可以帮助大家将点连成线，并在移动群山时提供帮助。

（三）ASREDS 学习环路

当学习陷入气泡时，知识就被隐藏起来了。团队往往面临相似的问题，运行相似的实验，开发相同的反面模式，却无法借鉴彼此的经验。我们对这些反面模式的解决办法是 ASREDS 学习环路（见图 8-7）。

环路的起点是统一，确保与高层的意图、目标、北极星指标、任务或结果假设保持一致。这是学习环路的第一步——建立垂直方向上的透明性（正如前文正面模式 5.3 所示），它将战略团队与交付团队之间相互孤立的气泡连接在一起。确定统一的假设，即你希望在这里学习。

建立一致性后，下一步是感知情境、客户、情况、历史、行为模式、反面模式、潜在的心理模型、价值观以及迄今为止自己学到的知识。学习和理解起点，即独特的情境，这一点至关重要。正如 G.K. 切斯特顿（G.K.Chesterton）所说："在你知道建篱笆的原因之前，永远不要拆掉它。"从现在开始，向他人学习，感知外部世界，以学习新的潜在成功模式。

接下来是响应，设计一个或多个实验来验证假设。这些实验可能是新实验，也可能是对先前实验的扩大或缩减。然后，进行实验并提取结果，从而生成见解和指标。与实验参与者讨论；通过回顾或汇报，从而确定所学知识。

最后，将知识和更新的理论与模式共享。其他人能够在"感知"步骤中吸取这些学习成果与理论。环路中的最后一步"共享"是必不可少的，但我发现人们很少能完成这一步骤。

正面模式 8.4　适应不确定性

我们在反面模式 8.4 中看到，对不确定性的恐惧会促进确定性文化与指挥和控制式的领导。在这个模式中，我们将研究如何适应不确定性，从而优化 BVSSH 结果。

我们生活在一个充满不确定性的世界。它具有易变性、不确定性、复杂性和模糊性。变化的速度将越来越快。此外，组织是复杂适应系统，具有涌现性，独特的产品开发也具有涌现性。要应对这个复杂的世界，优化 BVSSH 结果，我们需要一种实验的思维方式。我们必须接受试错，实施实验，持续学习，然后利用结果来定义新的实验。

卡罗尔·德韦克（Carol Dweck）将思维模式分为固定型思维模式和成长型思维模式。两者分别描述了能力、天赋和智力发展的不同心理模型。

她认为，有固定型思维模式的人会避免挑战，轻易放弃，并且认为他人的成功会对自己造成威胁。他们往往很早就进入停滞时期，无法充分发挥自己的潜力。德韦克说："和其他固定型思维模式者一样，在拥有固定型思维模式的领导者的世界里，人有优劣之分。他们必须不断确认自己属于优秀这个级别，而公司正是他们展现优秀实力的平台。"

具有成长型思维模式的人乐于接受挑战，遇到挫折坚持不放弃，并从他人的成功故事中获得激励。德韦克发现，与提倡固定型思维模式的组织相比，在提倡成长型思维模式的组织中的成员对同事的信任感高 47%，对公司怀有强烈主人翁与奉献精神的可能性高 34%，认为公司支持冒险的比例高 65%，认为公司鼓励创新的比例高 49%。这些员工的敬业度指标与更高的财务回报以及作为招聘工具的文化相关。

具有成长型思维模式的领导者鼓励实验。他们将创新视为日常工作的一部分，并愿意分享这种创新。斯坦利·麦克里斯特尔（Stanley McChrystal）将军对两类领导者进行了对比，一类是如国际象棋大师一样需要控制组织各个方面的领导者，另一类是如园丁一样的领导者。园丁不会用甘特图和里程碑中详细的工作分解结构来命令植物生长。他们小心翼翼地照料花园，播种、浇水，如果照料得当，花园会变得多姿多彩。在培育型领导者的文化中，人们可以建立心理安全，这是影响高效能团队的最重要的一项因素。如果一个园丁型领导者愿意冒险在他认为应该种植玫瑰的地方种植雏菊，团队成员会获得足够的安全感，从而愿意分享他们的弱点。

正面模式 8.5 量化学习

正如道格拉斯·W. 哈伯德（Douglas W.Hubbard）在其畅销书《数据化决策》（*How to Measure Anything*）中所说："如果一项量化工作至关重要，那是因为它会对决策和行为产生一些可感知的效果。如果一项量化工作不能影响或改变决策，那么它就没有价值。"为了避免将指标当作武器（见反面模式 8.5），我们需要建立学习指标的基本构建块。

学习的衡量标准非常复杂，它们像洋葱一样层层递进，从最内层的数据开始，通过度量、分析和可视化层层构建。这些指标具有高度可视化，但如果缺乏一个能够提供支持的潜在心理模型，即一种学习型思维模式（位于最外层），仅靠量化也难以促进学习（见图 8-8）。

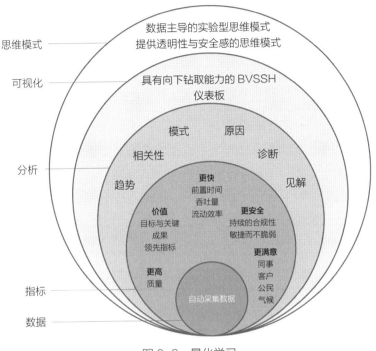

图 8-8 量化学习

（一）思维模式

在一个充满易变性、不确定性、复杂性和模糊性的世界里，鼓励以数据为主导的实验思维模式至关重要。玛丽莎·迈耶（Marissa Mayer）曾清晰解释了以数据为主导的重要性："如果没有数据，这个结果就不算是一个关键成果。"这些数据的表现形式是正面模式 5.2 所述的领先指标与滞后指标。与数据同样重要的是，领导者需要建立一个心理安全的环境。在这种环境下，人们不必担心泄露数据和共享数据。不要将数据当作指挥棒，它的作用是学习和持续改进。任何学习的量化都需要透明性和安全感。

如果你不知道自己以前的交付速度有多慢、现在的交付速度有多快，那么你就无法实现更快地交付价值。提高工作透明度，使工作更加可视化，这是与德格朗迪斯所谓的"时间窃贼"做斗争的首要基本构建块。有了透明度，我们可以衡量流动、观察趋势并了解工作方式的改变所带来的影响。

（二）结果的衡量指标

组织应从产量指标转移到结果指标。衡量产出会进一步鼓励错误的行为，从而导致繁忙陷阱，它不会带来任何见解或知识。如果一家公司上一年提供了1500多项功能，这有意义吗？一个有趣的方法是了解客户订阅了多少功能、有多少功能未被使用、有多少功能可能与客户净推荐值或市场份额的增加或碳排放的减少有关。

结果指标可以通过相应的领先指标和滞后指标进行表述。这些指标能够帮助我们感知并生成见解和知识。

更快、更安全、更令人满意地交付更高质量的价值的衡量指标如下。

更高：质量更好。根据你的情境，质量的衡量指标可以包括系统中断次数、恢复时间、直通式处理系统异常、错误率、协调中断、返工等。

价值：价值为你的业务所独有，通过目标和关键成果来衡量。特别是关键成果，由领先价值指标与滞后价值指标衡量，其中包括收入、市场份额、利润率、网站访问次数、新客户吸引量、客户保留率、交易量、多样性等。

更快：产品上线时间更快。衡量指标包括：前置时间，即从开始一个价值项到将价值交付给客户的时间；吞吐量，即在给定时间段内价值项的数量（随着交付周期的减少而增加）；流动效率，即工作等待时间在工作总时长中的百分比，它是需要重点关注的地方。我们要关注没有在进行工作的地方。缓解流动障碍可以缩短前置时间，提高吞吐量。它增加了"价值生产力"，在最短时间内实现了最大价值。

如图8-9所示，我们需要对前置时间的分布进行可视化。它显示了从价值项开始到将价值交付给客户的天数（横轴）与相同前置时间出现的次数（纵轴），曲线符合韦布尔分布。它类似于向左倾斜的正态分布。长尾向前置时间更长的方向延伸。在这个直方图中，建议衡量第85个百分位上的数据。

也就是说，根据经验证据，85%的规模相近的价值项（理想情况下，所有项目都大致相同，规模较小）需要用这些天数完成价值交付。组织可以定期绘制这个图表，查看其形状的变化。当第85个百分位点向左移动时，你可以更快地向客户交付价值（见图8-9）。

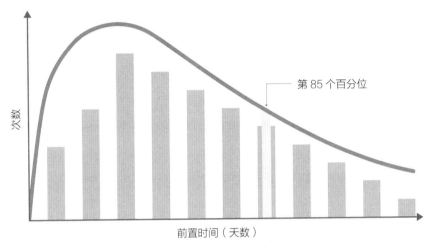

图 8-9　前置时间分布图

更安全：更安全是指治理、风险与合规管理。它是指网络安全、反欺诈、反洗钱、数据隐私、不泄露客户数据和避免登上新闻头条。它是敏捷而不是脆弱。在软件的情境下，衡量指标包括违规的百分比减少。所谓违规是指，未执行强制性风险故事，发布的软件二进制文件没有链接到正式控制环境，出现安全事故，等等。同样值得追踪的是，安全主题专家在反应性工作（救火）和主动性工作（提前构筑安全）上花费的时间百分比。安全性也是一种文化，保持关于风险的对话，不要将过去的成功作为未来成功的指标，在安全的范围内保持心理安全。

更令人满意：更令人满意是指让同事、客户、公民和气候更满意。员工参与度更高，客户满意度更高，企业承担社会责任，造福社会和我们的地球。衡量指标可以包括客户净推荐值、员工净推荐值、企业社会责任结果，以及气候措施（如碳负排放与根据可再生经济的再利用）。

（三）分析

使流程具有可测量性，开始衡量前置时间、吞吐量和流动效率，这些都需要时间。现有的工作管理工具中通常有可用的数据，可以提取这些数据进行诊断，从而尽早对端到端的流动形成高层次的见解。这些诊断与团队和领导的轶事一样，对于建立对当前状态的假设至关重要。

绘制趋势并找出相关性（例如，如果提高发布节奏，生产中的事故是否会减少？）有助于决定下一步应该采取哪些措施，从而对工作方式产生积极影响。

还要注意，相关性不是因果关系，两组数据之间存在相关性，并不意味着其中一个是另一个的原因。用现实生活中的叙述来检验结论非常重要，正如杰夫·贝索斯（Jeff Bezos）的那句名言："我注意到，当轶事和数据不一致的时候，轶事往往是正确的。这说明你测量的方式有点不对劲。"

（四）可视化

数据需要通过可视化的方式转化为信息，然后通过一定的工具转化为知识。工具可能只是一块看板和一支笔、一张纸（例如，计算每天的任务数，并计算平均每项任务在看板上横移到另一边所需要的天数）。如果需要更多的数据点、更多的源系统和规模化，并且需要趋势、相关性、自动化计算和可视化，那么我们有必要创建一个仪表板。

仪表板应该是自助式的，且团队和领导层都可以访问。实现这一点的最佳方法是购买或创建一个数据引擎，该引擎可以自动从整个管道中的所有数据源收集数据。你可以使用该数据层来建立并可视化更快、更安全、更令人满意地交付更高质量的价值矢量指标，即随时间变化的趋势，在不同层级（如应用程序、团队、产品、价值流和组织）进行聚合。你将获得数据，这些数据有助于提高透明度、了解进度并形成学习和反馈环路，进行定期的展示和讲述，为团队和领导提供培训和研讨会服务，让他们学习如何自我消费数据、如何对数据切片和切块，最后得出见解。我们应将仪表板视为一个产品——建立假设、实施实验、收集应用指标和服务后的反馈。定期（例如每月）制作海报和信息图，可以用来辐射信息。

数据可视化可以为团队和领导提供指导，帮助他们完成学习量化。为什么量化很重要？哪些内容需要量化？量化如何有助于实现持续改进并最终优化 BVSSH 结果？

还有一个有效的学习工具是调查——收集员工和客户的声音。作为工作方式团队的一员，我参加了半年一次的工作方式调查。我们采用的方法受加布里埃尔·贝内菲尔德（Gabrielle Benefield）的启发，2005 年她在雅虎（Yahoo!）调查了 150 个团队使用 Scrum 与敏捷实践的效果。我们的调查也要求参与者对生产力、学习、发展、成长、协作、客户满意度、质量和浪费的时间进行评价。

我们还询问参与者是否会向同事推荐这种工作方式，以及他们是否有其他意见。调查都是匿名的、自愿参加的，以确保参与者的隐私安全，鼓励他们诚实表达。平均来看，我们收到了大约 1000 条回复，其中 1/4 的回复给出了其他意见。调查问题是为自我评估而设计的（主要基于对比）。我们通过一些问题，让员工将现在的工作方式与 6 个月前的工作方式进行对比，对比结果包括"差得多""更差""不好也不差""更好""好得多"。问题包括"团队内的协作""团队交付价值的整体质量""学习、发展和成长的能力"。

因为每次都问相同的问题，所以我们可以进行比较、绘制趋势图并找出相关性。如果团队认为自己刚开始敏捷之旅，那么团队在敏捷的益处与净推荐值上得分会比较低。使用前面的类比，熟练掌握滑雪的团队在滑雪的益处与净推荐值上的评分明显更高。这也不足为奇。我们还看到，每一次行动都会出现第 2 章中描述的库布勒-罗斯曲线。一开始会看到曲线上升，等人们发现现实比他们想象的更加困难，曲线开始下降，最终会低于起点。3 年后，产品开发团队的外部同事参与度得分创下有记录以来的最高纪录。人们对更加人性化、回报更高的工作方式感到更加满意。

自由文本的信息量最大。人们有时会留下长达一页的评论，这些评论有助于我们制定战略、优先事项和下一个结果假设。我们生成词云来挖掘自由文本数据。每次进行调查，我们都会得到更加深入和复杂的反馈。这是一个明确的指标，表明该组织正在学习。我们也通过它来学习。

第一次调查中的自由文本显示，大多数团队都处于探索的初始阶段。他们的评论集中在团队层面的实践以及关于角色和敏捷性本身的问题上。在随后的调查中提出的问题趋向于组织范围、预算以及业务、开发和运营如何协同工作。他们开始关注整个企业的敏捷性和领导行为。这说明该组织正在学习。

小 结

转向学习型生态系统

孤岛思维会导致相互孤立的学习气泡、学习留存率低、知识发现受限和重复性工作。确定性思维与指挥和控制文化会导致个人和整个组织失去学习空间或学习空间有限。

如果团队和个人拥有自主性并获得授权，有正确的领导支持他们进行自组织、协作、发展新技能并打破专业分化，信息、知识与经验将更加顺畅地流动起来。具有内置反馈环路的嵌套学习可以在个人、团队和组织层面上实现持续的改进与学习。ASREDS、奖励和实践社区等方法有助于打破互相孤立的学习气泡，这些模式的结合最终促进了学习型生态系统的建立。

底特律已今非昔比。2018 年，美国人口普查局估计该市人口不足 67.3 万，是峰值人口数量的三分之一。2020 年 1 月的一项调查显示，在美国 182 个城市中，底特律的就业市场排名倒数第一。工人只是站在生产线上，无须分享知识、经验或学习，这样的时代已经结束了。今天的组织需要成为再学习组织。

原则

优化快速学习。

有意优化协作和共享隐性知识。

打破学习气泡。

创建嵌套学习环路。

建立嵌套学习环路，以每天、每周、每月、每季度、每年和多年为周期。

实现个人层面、团队层面和组织层面的学习。

沟通，沟通，沟通。

沟通的次数是你认为有必要的次数的三倍。

通过 ASREDS、实践社区和奖励等方法来打破相互孤立的气泡。

学会适应不确定性。

保留选项，鼓励实验，提倡成长型思维方式，适应量化学习。

数据驱动的反馈环路。

在仪表板上建立刻度盘。

支持以数据为导向的实验型思维模式，提升"更快、更安全、更令人满意地交付更高质量的价值"的可衡量性。

9

第 9 章

种一棵树的最佳时间是二十年前，
其次是现在

在 2017 年 9 月出版的《哈佛商业评论》中，时任通用电气公司首席执行官的杰夫·伊梅尔特（Jeffery R. Immelt）说："我们是一家典型的企业集团。现在人们都说我们是一家拥有 125 年历史的初创企业，因为我们是一家数字工业公司，正在定义物联网的未来。尽管我们的旅程尚未结束，但我们在战略、投资组合、全球足迹、员工队伍和文化方面都取得了巨大的进步。"

10 个月后，即 2018 年 6 月，通用电气公司被踢出道琼斯工业平均指数，自 1896 年至此，道琼斯工业平均指数的所有初始成分股全部出局。从 2017 年到 2018 年，通用电气公司的股价下跌 75%，股息大幅下跌 95%，至每股 0.01 美元。造成这一局面的重要原因之一是通用电气能源集团（GE Power）。该集团为发电厂制造涡轮机。从煤炭和天然气到可再生能源的转变，让通用电气公司措手不及。在伊梅尔特的领导下，通用电气公司在化石燃料上双倍下注，2015 年斥资 95 亿美元，收购了阿尔斯通公司（Alstom）的电力业务。这桩交易最终酿成灾难，2018 年冲销 220 亿美元。通用电气公司继续高买低卖的做法，于 2017 年 7 月完成了对石油和天然气巨头贝克休斯公司（Baker Hughes）的收购。不到一年后，到 2018 年 6 月，通用电气公司宣布将剥离其 62.5% 的股权，预计冲销 96 亿美元。截至 2019 年 9 月，贝克休斯公司再次成为一家独立公司。

2019 年，通用电气公司收入最高的业务领域是航空。随着新冠疫情的暴发，全球交通运输中断，与许多公司一样，通用电气公司创收最高的业务也受到了重创。2020 年 4 月，受新冠疫情的影响，美国石油价格历史上首次跌至负值，原因是石油储存空间告急。

我们正在经历一个 40 年到 60 年一遇的事件，即从石油和大规模生产时代到数字时代的转折，传染病的全球大流行加速了那些仍躺在过去功劳簿上的组织的灭亡。面对最新的技术革命和相关的工作方式，他们无动于衷，起步太晚，因而难以适应。

在数字时代，如果有竞争的欲望，每个公司都可以是信息技术公司。即使是工业领域的企业，也不应将信息技术视为成本中心，将信息技术的能力外包。自动驾驶汽车、数字孪生、电传飞机（空客 A380 有 25 000 个传感器）、以每秒 5000 个数据点的速度收集信息的喷气发动机、机器学习、物联网、通过手机应用程序就能让你坐起来的床等都涉及信息技术……为了生存与繁荣，组织需要掌握新的生产方式与新的工作方式。

正如第 7 章所述，改进伴随着"间断渐变"，即持续采用渐进式方法，偶尔采用革命式方法。那些擅长持续改进与突破性改善的组织，具有心理安全和公仆型领导力，提倡实验、快速反馈环路并注重结果而非产出，这样的组织才能生存和繁荣。它们的海洋中没有活着的腔棘鱼。

在本书中，我与贝伦德、奥格尔维和罗勒一起，分享我们所收获的经验教训。我们总结出在优化工作方式的过程中出现的反面模式与正面模式，以帮助组织通过更好的工作方式，更快、更安全、更令人满意地交付更高质量的价值。我们希望这些反面模式与正面模式能帮助你避开陷阱，找到更加人性化和更有价值的工作方式。我们经过数十年的从业积累，从艰苦卓绝的实践与学习中总结出这些经验，即团队协同工作、实验、快速且低成本的失败，以更快地取得成功。组织应通过"场天才"学习，调整方向并再次前进，努力保持勇气和韧性，从而改进结果，坚持到底。根据我的经验，最深刻的经验教训不会出现在第一年或第二年，它往往出现在那之后。人类忘却学习和再学习的速度有限；行为改变需要时间。即使在这之前，人们也需要花一定的时间才愿意进行忘却学习。根据邓宁-克鲁格效应，我们知道自己还有很多东西要学习，学习永无止境。正因如此，本书也没有彻底完结，它的书写同样没有终点。在写作本书的过程中，我们也收获了新知。我希望本书也具有涌现性，能够随着时间的推移不断更新，你可以分享自己观察到的反面模式和正面模式，并与他人交流学习。

从哪里开始？

在开始（或重新开始）之前，我们需要认识到，任何大型组织都不可能从 100% 的瀑布式传统工作方法开始。每一家公司，无论是通过"反叛联盟"（尽管是出于对组织的考虑），还是通过活动（因为有组织）或者员工中有人曾在其他地方工作过，都会在敏捷和精益工作方式方面有一定的经验。这种体验可能是正面的，也可能是负面的，或者两者兼而有之，这取决于你与谁交谈、那些体验会带来逆风、顺风或侧风。敏捷实践可能会出现互相孤立的敏捷岛。因此，真正的问题不是"从哪里开始？"，而是"如何从当前的起点和组织记忆出发，更好地快速学习，以优化整个组织的结果？"，但以此作为章节标题显然过于冗长。

重要的是体现出组织的同理心。粗暴地对待组织在过去留下的疤痕组织，难以带来好的结果。组织应建立情境意识，对历史、人、情绪、恐惧保持清醒；设法认识环境，从所在的地方开始。正如正面模式 3.1 所示，你的情境是独一无二的。没有"一刀切"的方法。

下面是开始（或重新开始）的准备清单。这本身就是一种模式，一种走向成功的方法，而且你的历程可能会有所不同。我们建议步骤如下。

1. 从为什么开始。

2. 关注结果：BVSSH。

3. 领导者先行。

4. 创建工作方式支持中心。

5. 小处着手，以 S 曲线推进变革。

6. 邀请而不要求。

7. 从上到下，让所有人参与进来。

8. 崇尚行动。

9. 成为再学习型组织：学习永无止境。

最终，你要寻找一系列你的组织特有的"文化忍者"行为，扩大那些能够使仪表板上的刻度盘朝正确方向移动的行动。这些行为最后会成为一种新习惯，每个人都在学习并根据学习采取行动，进而优化结果。

（一）从"为什么"开始

正如正面模式 1.2 所示，如果还没有清楚地理解"为什么"，那么就从"为什么"开始。要回答的问题不是"为什么敏捷？"或"为什么精益？"，而是"为什么要改变？"。敏捷和精益是达到目的的手段，而不是目的本身。随着变革的推进，学习焦虑逐渐减少，并最终被克服。一些存在了几十年的习惯或许已根深蒂固。如果维持现状会怎么样？有哪些地方并无不妥？为什么人们需要经历变革所带来的不适和掌控感的缺失？什么东西能吸引自私的基因？人们会有一系列情绪，从"谢天谢地，终于来了"到"如果我不能改变怎么办？"，抑或是"又来了"，甚至是"不要高兴得太早"。你的组织需要有一个独一无二的令人信服的理由，这就是行动号召。"我们想变得更加敏捷"，这样的行动号召缺乏力量，同样的，"降低成本提高产量"也不足以作为行动号召。为什么要变得更加敏捷？为什么要降低成本提高产量？

我发现做"五问为什么"练习很有用，这是最早由丰田公司提出的一种方法。他们让团队成员两人一组，互相提问第一个问题"为什么要改变？"，再根据答案提问第二个为什么，请对方回答原因，接着以第二个问题的答案为基础，提问第三个为什么，以此类推，直到提问五个为什么。这样可以帮助我们突破表层思维，让我们更加深入地思考。我常常发现有些人的观点事关组织的存在性，"如果不做出改变，组织就无法生存"。

"为什么"不应该像往常那样只关注短期股东回报、财务状况或成本削减，或者是不希望自己或同事失业。"为什么"应该包括社会、气候、客户、公司、团队和个人。

BVSSH 中"更令人满意"的对象包括员工、客户、公民和气候。这是构成"为什么"的关键元素。这是一种更加人性化的工作方式，可以提高员工参与度。价值的质量越高，交付速度越快，客户的满意度也越高。此外，组织应该关注在社会和气候方面的效益。从一定程度上来说，更好的工作方式应当为不幸的人提供帮助，并尽快减少化石燃料的使用，避免不可逆转的气候变化。

这里有一个重要的概念，即倾斜，这是经济学家约翰·凯（John Kay）提出的术语。在一个复杂域内，如果你直接关注一个目标，比如财务目标，你很可能会得到不利的结果。例如，我们在第 6 章中看到的波音公司的问题。如果从一个倾斜的角度来看待你的目标，比如主要关注质量、价值、上线时间、安全性以及同事、客户、公民和气候的满意度，你将更有可能实现财务目标。

（二）关注结果：更快、更安全、更令人满意地交付更高质量的价值

知道为什么需要改变以后，下一步是阐明价值观与原则（根据正面模式 3.1 中的 VOICE 模式），并就期望结果达成一致（根据正面模式 1.1）。价值观与原则可以指导每个人每一天的所有决定。它们提供了行为准则，并指出在需要做出权衡的情况下，应该优化什么。它们也允许处在初级职位的员工可以提出建设性意见，挑战自己的上级。根据正面模式 3.1，价值观与原则的来源有很多，包括本书最后列出的原则。你不要追求完美，从某个地方开始，最适合你的组织的原则会随着时间的推移而迭代。

有了指导行为的初始原则，接下来要关注的是期望结果。诺基亚的故事告诉我们，实践敏捷并不是目标（参见反面模式 1.1）。团队"实践敏捷"（即遵循敏捷流程），但由于缺乏心理安全，人们并没有看到塞班操作系统较长的前置时间。敏捷和精益不是目的。我们的目标是更快、更安全、更令人满

意地交付更高质量的价值。敏捷、精益、DevOps、系统思维、设计思维、约束理论等都是工具箱中的工具，是在情境中应用以实现预期结果的知识体系、智慧、原则和实践。

近年来，"敏捷"本身已经发展成一种可交付的产品。这样的敏捷可以被描述为敏捷行业综合体、盒子里的敏捷、"一刀切"的敏捷或敏捷万金油。除非与世隔绝，否则人们总会听说竞争对手正在经历"敏捷转型"，并相信如果自己要与时俱进，保持竞争力，也应该这样做。此外还有非传统竞争对手的威胁，他们是"天生敏捷"的独角兽。除了吸引市场份额，他们还吸引了许多从官僚制传统组织中出走的人才。尽管有积极的意图，但对具有传统确定性思维的人来说，现代工作方式是新颖的，他们希望以自己所知道的唯一方式来应用这种工作方式。也就是说，面对一个项目，自上而下地制定一套方案（包括一个详细的计划、开始日期和结束日期、里程碑和 12 个月的倒计时），然后宣布革新。很多人愿意销售这类"敏捷安装包"。正如伊拉斯谟（Erasmus）在 1500 年左右所写："在瞎子的国度，独眼便能称王。"

同样，云转型本身并不能改进 BVSSH 结果。它是一个问题的答案。一个组织可能在弹性基础设施上花费大量资金，然后发现他们在一个如同 20 世纪 50 年代的拖拉机一般的组织里安装了一台一级方程式赛车的发动机，赛车发动机的功率被降低到 5%，大多数创新都无法发挥作用。云是敏捷的推动者。但它不是主打乐队，如果基础设施是最大的障碍，那么它只是工具箱中的一个工具。

在保持工作方式不变的情况下采用云，除了能计算更多和存储更多你已经在做的事情，对 BVSSH 的结果几乎没有影响。即使不是最有价值的活动，它可能依然需要较长的前置时间，因为组织的敏捷性很低，需要适应新的经济模式，这本身就需要敏捷性。与弹性基础设施相比，组织中的财务或项目管理办公室流程可能会对价值结果造成更大的阻碍。组织应首先关注结果，然后找出最大的障碍，当它不再是链条中最薄弱的一环时，停止强化它，要寻找下一个最大障碍，解决障碍，重复这个过程，永无止境。

正如反面模式 6.1 所示，一些高层领导者担当了被动的角色，而不是作为期望行为的典范，没有进行忘却学习和再学习，认为变革就是更新组织结构图、应用 Scrum、安装 JIRA 等。尽管意图是积极的，但他们可能没有意识到，组织中的行为规范是优化结果的最有效杠杆，重点在于人。

我们的目标是改进结果，如正面模式 1.1 所示，更快、更安全、更令人满意地交付更高质量的价值。这个过程没有终点。我们需要建立新的肌肉记忆，不断提高能力，打造一个再学习型组织，一个最擅长优化、平衡的组织。

就结果而言，更快、更安全、更令人满意地交付更高质量的价值需要相互加强和平衡。我们不能在这些结果中做取舍。强行提高其中一项，可能会导致其他几项结果被削弱。例如，通过迫使人们更加努力地工作来实现"更快"，会抑制"更好、更安全、更令人满意"，最终导致价值的降低。通过改进工作系统，为员工赋能并提供支持，才有可能进入良性循环。降低工作难度，才能实现"更快"的结果。它会提高人们的满意度，因为人们能够更加频繁地看到自己的劳动成果，且因果关系明确。"更快和更令人满意"会促进"更高质量和更安全"，因为人们的参与度更高。复杂性更加适合你的大脑，它可以让你进行更小规模的安全试错。通过提高反馈速度、减少返工、减少被动救火的工作、减少花在"运行"活动上的时间，从而增加价值，进一步提高客户满意度。

这些 BVSSH 结果应该被衡量并可视化。它们是仪表板上的刻度盘。除了独特的业务单位价值度量外，所有这些度量都可以聚合到组织层面，并分解到价值流或团队层面。重要的是关注一段时间内的趋势，关注改进的相对变化而不是绝对值，因为每个人的起点不同。我们的目标是持续改进。

（三）领导者先行

根据正面模式 6.1，领导者应当发挥领导的作用。领导团队是第一团队。

理想情况下，这个团队是执行委员会，即最高领导层。随着时间的推移，改进工作方式可能需要涉及组织的各个部分。任何方面都有可能制造障碍，包括法律、财务、人力资源、内部审计、房地产或采购。各个方面都在改进的范围之内。最高层领导者应当将更好的工作方式的气泡固定在最高层。

组织有必要让领导团队参与进来。有了关于原因、原则和结果的初始假设，团队需要达成共同的理解、完善最初的假设、商定优先事项，并邀请参与。最开始会出现拥护者和批评者，这可能会增加顺风或逆风。理解、知识、经验和信念的水平将发生极大的改变。从探索为什么开始，如果不需要改变，就不要改变。如果一致认为需要变革，整个团队都需要做出承诺。

组织应该明确将更快、更安全、更令人满意地交付更高质量的价值作为少数几个首要任务之一，给予支持，不必规定实现的方式，也不必规定目标，或者将它作为整个组织中为数不多的持久价值观之一。这能够为行动创造动力。人们能够优先考虑的事项是有限的，要将改进工作方式作为优先事项。改进工作方式能够带来认可和奖励，带来奖金、薪酬和晋升，激励行为，能帮助我们开启大门，创造顺风，加速结果的改进。

改变是一种社会活动。正如第 6 章所述，高层领导者会对行为规范产生巨大的影响。信任与行为榜样至关重要。现代工作方式的核心是创造高度一致性和高度自主性。针对嵌套的北极星指标可以做出结果假设，并确保人们能够了解这些假设（见第 5 章），然后在最小可行护栏内授予团队自主权（见第 6 章），使团队能够快速、安全地进行实验，以最佳方式实现结果。高层管理者要做公仆型领导者，支持团队，创造心理安全环境，并调动组织资源来缓解障碍；营造生机型文化，将决策权交给掌握信息的人，并在各级设立领导者。根据起点的不同，完成这一切需要的时间也不相同。就像学习滑雪一样，教练的指导大有裨益。也就是说，领导者需要针对工作方式提供指导。这是一个在心理安全的环境中学习的机会，它能让我们真实地看到自己、反思并改进。

（四）建立工作方式支持中心

正如正面模式 1.2 所示，为了取得成功，组织需要有全职担任公仆型领导者的人来协调整个组织的工作系统改进。这通常是一个具有多学科技能的小型敏捷团队，由教练团队与根据需要专注于关键促成因素的团队提供补充。对于一个大型组织来说，成功的模式是建立联合的工作方式支持中心，每个业务单位或价值流都应有一个中心，而处在中央的工作方式支持中心则负责协调团队型组织。

联合的工作方式支持中心处理影响 BVSSH 结果的障碍，目标是将这些障碍的影响降低到尽可能低的水平。他们不是一个持续改进的部门，而是帮助改进行动越过藩篱。"公仆型领导者"的"公仆"性是支持团队更快、更安全、更令人满意地交付更高质量的价值。你要列出一个待解决障碍列表，让工作方式支持中心安排组织中合适的人员，帮助缓解在团队影响范围之外的、需要优先解决的障碍。例如，按需组织培训并提供指导。

"公仆型领导者"的"领导"性体现在工作方式上的领导力上，他要担任教练，指引人们，对内对外分享知识，沟通，创建社区，奖励和认可期望的行为和结果。为了能够在这一方面发挥领导作用，理想情况下，工作方式支持中心的领导或联合领导应具备指导组织完成类似历程的经验。一个跨职能团队也应该包括那些已经在组织中建立了良好网络，并知道如何通过非正式的方式完成工作的人。工作方式支持中心的成员应该是"框架不可知论者"。也就是说，他们拥有多种方法的实践经验，因此不会教条主义。他们可以针对情景试验合适的方法，然后在最小可行合规护栏内不断改进方法（见第5章）。

（五）小处着手，以 S 曲线推进变革

正如第 2 章所述，从小到大，而不是从大到小。这类工作具有涌现性，

一群试图做某事的人（一个组织）也具有涌现性。我们需要通过快速、安全地试错来尽量减少学习时间。扩大那些效果良好的实验，迅速缩减那些效果不佳的实验，这样我们才能将敏捷思维应用于敏捷。

请记住，人们忘却学习和再学习的速度有限。你不能强迫人们按照一定的速度实施变革。否则，只是给旧行为贴新标签，会制造货物崇拜。试图加快变革的步伐将导致长期的混乱，导致库布勒-罗斯曲线的低谷变得更长和更深，降低优化结果的可能性，给组织留下疤痕组织，使原本就有难度的工作变得更加困难。变革可能面临顺风，也可能面临逆风。正如正面模式 1.1 所示，根据创新扩散曲线，人类接纳变化的过程是一条 S 曲线。因此我们也最好利用 S 曲线推进变革。

组织应大处着眼，小处着手，快速学习。"一法则"意味着在生产环境中与一个团队或客户进行一次实验。如果实验结果良好，就扩大至第二个团队、第二个客户或第二个交易；如果 10 个团队都表现良好，就逐渐提高每一次参与的团队数量，一次 5 个团队，然后再扩大至一次 10 个团队，以此类推。S曲线起始处的梯度会不断增加。一开始是最困难的。组织是复杂适应系统，我们需要关注它如何响应。

根据反面模式 3.1，没有"一刀切"的方法。情境非常重要。每个环境都是独一无二的。小处着手可以帮助我们安全地学习，在风险胃纳内进行改变，并获得针对情景的社会认同。它能减少人们的恐惧心理，降低改变的门槛。随着时间的推移，人们在丛林中开辟出一条路径并建立社会认同，接纳改变的梯度可能会增加。最终，接纳改变的人数比例达到 80%，人们接纳的速度放慢，进入了滞后者阶段和更加棘手的边缘情况。

敏捷实践会令人沮丧，充满了混乱和颠簸，因此需要个人韧性。一开始是最困难的，随着社会认同的建立，团队取得突破，敏捷实践也开始变得更加轻松。最终，它会形成自己的动力。

（六）邀请而不要求：从天生的拥护者开始

根据正面模式 3.2：邀请而不要求。组织要满足人们对能动性与控制的心理需求，以及对自身命运的掌控感；让创新者，即天生的拥护者形成自我认同；设置一个员工参与模式，让每个人自愿做出贡献，塑造自己的命运；邀请参与，并给予拥护者支持。除了一些显而易见的邀请参与的方式外，还有一个好方法是建立一个工作方式实践社区，这样人们就可以自愿选择参加与否。这是一种定期举行的、对所有人开放的内部会议，配有聚光灯和程序的演示版本，并邀请外来的演讲者，进行共享学习。移动法则同样适用于这种社区。成员的参与完全出于自愿。无论发生什么事都是对的事，来的都是对的人。每次都会出席的人就是你的天生拥护者。

你要为拥护者提供所需要的指导和支持，以交付更好的结果。通过各种可用机制让人们看到、接收并认可这些好处后，早期采用者希望加入进来。他们是快速追随者。他们可以看到，探索是安全的。其他人走在了前面，并因此得到了认可。（水很温暖，你可以将脚伸进来。）你要逐渐邀请他们加入，邀请方式要符合忘却学习和再学习的速度与风险胃纳。"说服"和"抵抗"都不应出现在词汇表中。如果出现了"说服"和"抵抗"，说明变革的方式是错误的。这个过程需要时间，因此要有耐心，因为它会带来更好的结果。

强迫改变会引发恐惧和外在动机，无法满足人们对能动性和控制的心理需求。邀请参与者会吸引开拓者，他们充满激情，愿意踏上坎坷的旅程，做好基础工作，面对最难以克服的障碍。但任何变革都会遇到滞后者。根据我的经验，当他们成为组织内格格不入的人时，可能会因为不想显得自己特立独行而加入变革，或者离开去其他地方工作。无论哪种情况都是他们自愿做出的决定，都是好结果。

（七）从上到下，让所有人参与进来

正如上文所述，找到天生的拥护者之后，你不要强制实施自上而下的变革。同样，自下而上推进变革很快就会触及天花板。因此你需要自上而下和自下而上同时进行。按照正面模式 2.3，你应邀请组织的一个或多个垂直切片，从小处着手。处在最困难的位置的是受迫中层，他们在任何情况下都要交付成果，现在他们被要求改变工作方式，并继续交付成果。这是一个困难重重的角色，在由高层支持并在基层实施的变革中经常会被忽视。

丰田改进形和教练形是实施科学思维的好方法，它们通过实验取得结果。特别是教练形，能够让各级领导者（包括受迫中层）指导团队的思维过程，以及如何处理障碍或改进，但这种指导并非命令。

（八）崇尚行动：沟通，沟通，沟通

正如反面模式 6.3 所示，在产品开发的情境下，传统的瀑布方法遵循确定性思维。有一种错误的观点认为，独特的知识型工作是已知的、可预测的，就像在工厂中制造数千个相同的小部件一样。带着这样的观点，人们会预先进行宏大的设计，在已知信息最少的情况下执行详细的计划，将任务分配给他人，设定最后期限并预计产量。它删除了一切可能的选项。学习开始得太晚，几乎没有时间做出响应。"大处着眼，大处着手，慢速学习"的方法已经不适合当下。早在 20 世纪 70 年代，就曾出现了第一篇有关该问题的文章。文章指出，在产品开发的情境下，这种方法意味着"风险和失败"。那么现在你为什么还要这样做？

在数字时代，随着新的生产方式的出现与变化速度的加快，越来越多的工作具有了涌现性。产品开发具有涌现性。重复性任务的改进也具有涌现性。组织是复杂适应系统，同样具有涌现性。一只蝴蝶扇动翅膀，可能引发千里之外的龙卷风。更快、更安全、更令人满意地交付更高质量的价值，这个结果的实现过程也具有涌现性。正如引言所述，这是 Cynefin 框架中的复杂域。在这个领域中存在未知的未知，因果关系不明朗。要知道干预是否会产生假设的效果，唯一的方法就是用快速反馈进行安全试错。

注重行动，在风险胃纳内从小处着手，然后扩大或缩减实验。由于事先不清楚因果关系，因此这是确定下一步行动从而进一步接近预期结果的唯一方法。社会和组织心理学先驱库尔特·勒温（Kurt Lewin）曾说："在你试图改变一个组织之前，你无法理解它。"与边做边学的方式相比，经过漫长的诊断，制订一个详细的计划，这种方法的效果极不理想。正如反面模式 1.2 所示，它将旧的思维模式应用于新的工作方式。真正有效的方法是"大处着眼，小处着手，快速学习"。

沟通的次数应该是你认为的有必要的次数的三倍，要沟通，沟通，再沟通。变革是一种社会活动。你要利用所掌握的每一个沟通渠道，并不断增加沟通渠道，利用沟通渠道强化"为什么"、价值观和原则、结果，认可期望行为并讲述故事，让高层领导者认识到团队在改善结果方面所做的大量工作，并让团队分享他们的故事。根据第 8 章所述的 ASREDS 学习环路，团队学到新知识时，应将其分享并传递给需要的人。我发现，除了实践社区，举办内部工作会议也是分享学习和提高标准的好方法。

（九）成为再学习型组织：学习永无止境

你要坚持下去，这需要奉献精神与韧性。要实现可持续、持久的文化变革，要实现真正的敏捷，需要很多年的时光。对于一个处在顺风中的大型组织来说，可能要三到五年的时间，而面临逆风的组织则需要更长的时间。这个过程没有捷径。如果强迫他人按照一定的速度进行变革，你就无法将敏捷思维应用于敏捷。它遗漏了人的作用，会导致变化曲线出现一个更长、更深的低谷，带来极高的风险。相反，有了 S 曲线，组织就可以朝着正确的方向发展，每个人都可以在各层级的领导和指导下，不断检查、学习和适应，并与结果保持一致。你应让自己的组织成为一个再学习型组织，尽力做得更好。

更快、更安全、更令人满意地交付更高质量的价值

没有通用的工作方式，也没有通用的改进工作方式的方法。我们经常能看到一些反面模式和正面模式，它们会阻碍或帮助我们更快、更安全、更令人满意地交付更高质量的价值。将这些反面模式与正面模式作为灵感和实验，你会找到适合自身情境的方法。

无论选择何种模式，无论选择哪条路，目的地只有一个，那就是兼顾各方，更快、更安全、更令人满意地交付更高质量的价值。这个目的地就在地平线之上，而我们对它的追求永远没有尽头。

组织应该提供更高的质量，无论衡量标准是客户投诉减少、生产事故减少、恢复时间缩短还是任何其他适合你的情境的指标。

组织应该从更大的价值中受益。这是组织开展业务的原因，是它所能交付的效益。你可能会看到收入、利润增加，在排行榜上的位置上升，或者碳排放量下降、犯罪率下降或住院人数下降。

组织应该更快地实现目标，改善流程。我们应该更快地学习，更快地交付最大价值。

组织应该更安全。这包括治理、风险与合规管理，如信息安全、网络、数据隐私和反欺诈。我们不希望客户的信用卡信息被泄露到互联网上。根据情境，"更安全"可能还包括人身安全。组织要实现敏捷而不是脆弱，兼顾速度与控制。汽车的刹车系统越好，行驶速度越快。

组织应该更令人满意，应提高客户、员工的满意度，为公民福祉与气候环境做出贡献。BVSSH的目标之一是让工作更加人性化、更具吸引力、回报更高，同时使组织承担社会责任、改善社会、关爱地球。

我们希望听到你的故事、你的反面模式与正面模式。我们都在共同学习的道路上。